Gerd Ziffus · Stephan Dolle

Marketing und Management in der tierärztlichen Praxis

Parey Buchverlag im
Blackwell Wissenschafts-Verlag GmbH
Kurfürstendamm 57, D-10707 Berlin
Zehetnergasse 6, A-1140 Wien

e-mail: parey@blackwis.de
Internet: http://www.blackwell.de

Anschriften der Autoren:

Stephan Dolle
Brunnenallee 32a
34537 Bad Wildungen

Gerd Ziffus
Marketing- und Managementconsulting
Untere Meerbach 2c
56179 Vallendar

Weitere Verlagsniederlassungen:

Blackwell Science Ltd
Osney Mead, GB-Oxford, OX2 0EL
25 John Street, GB-London WC1N 2BL
23 Ainslie Place, GB-Edinburgh EH3 6AJ

Blackwell Science, Inc.
Commerce Place, 350 Main Street
USA-Malden, Massachusetts 02148 5018

Blackwell Science Asia Pty Ltd
54 University Street
AUS-Carlton, Victoria 3053

Blackwell Science KK
MG Kodemmacho Building, 3F
7-10, Kodemmacho Nihonbashi
Chuo-ku, J-Tokio 104

(Bestellungen von Dateien auf CD-ROM/ Diskette zu diesem Buch bitte an Gerd Ziffus richten. Zusätzlich besteht die Möglichkeit, im Internet unter **http://www.blackwell.de/buecher/7/26332830.htm** Arbeitsblätter und Tabellenkalkulationen abzurufen.)

Gewährleistungsvermerk
Die Wiedergabe von Gebrauchsnamen, Handelsnamen, Warenbezeichnungen usw. in diesem Buch berechtigt auch ohne besondere Kennzeichnung nicht zu der Annahme, daß solche Namen im Sinne der Warenzeichen- u. Markenschutz-Gesetzgebung als frei zu betrachten wären und daher von jedermann benutzt werden dürften.

Die Deutsche Bibliothek – CIP-Einheitsaufnahme

Ziffus, Gerd:
Marketing und Management in der tierärztlichen Praxis : ein Buch für Kleintier- und Pferdepraktiker, solche, die es werden wollen und solche, die dem Tierarzt helfen wollen / Gerd Ziffus ; Stephan Dolle. – Berlin : Parey, 2000
  ISBN 3-8263-3283-0

© 1999 Blackwell Wissenschafts-Verlag, Berlin · Wien

ISBN 3-8263-3263-0 · Printed in Germany

Dieses Werk ist urheberrechtlich geschützt. Die dadurch begründeten Rechte, insbesondere die der Übersetzung, des Nachdrucks, des Vortrages, der Entnahme von Abbildungen und Tabellen, der Funksendung, der Mikroverfilmung oder der Vervielfältigung auf anderen Wegen und der Speicherung in Datenverarbeitungsanlagen, bleiben, auch bei nur auszugsweiser Verwertung, vorbehalten. Eine Vervielfältigung dieses Werkes oder von Teilen dieses Werkes ist auch im Einzelfall nur in den Grenzen der gesetzlichen Bestimmungen des Urheberrechtsgesetzes der Bundesrepublik Deutschland vom 9. September 1965 in der Fassung vom 24. Juni 1985 zulässig. Sie ist grundsätzlich vergütungspflichtig. Zuwiderhandlungen unterliegen den Strafbestimmungen des Urheberrechtsgesetzes.

Einbandgestaltung: Rudolf Hübler, Berlin, unter Verwendung von Abbildungen von Wilhelm Dolle
Satz und Repro: Schröders Agentur, Berlin
Druck und Bindung: Druckhaus Köthen, Köthen

Gedruckt auf chlorfrei gebleichtem Papier

Geleitworte

Die überwiegende Mehrzahl der in Deutschland approbierten Tierärztinnen und Tierärzte strebt nach dem Abschluß der Ausbildung in die lukrative Praxis. Viele junge Kolleginnen und Kollegen favorisieren heute die Kleintier- oder Pferdepraxis, weil diese Bereiche am ehesten ihrem Berufswunsch entsprechen. Spätestens dann, wenn mit dem Aufbau einer eigenen Praxis begonnen wird, kommt aber die Erkenntnis, daß selbständige Tierärzte auch Unternehmer sein müssen. Der Erfolg einer selbständig geführten Praxis hängt nämlich nur zum Teil vom veterinärmedizinischen Sachverstand ab. Auch die kaufmännischen Entscheidungen müssen richtig getroffen werden.

Bisher haben es die tierärztlichen Bildungsstätten versäumt, den Studierenden auch Rüstzeug für die kaufmänische Praxisführung und das Praxismanagement mitzugeben.

Natürlich müssen im kurativen Teil der tierärztlichen Ausbildung Pathogenese, Diagnostik und eine rational geleitete Therapie die zentrale Stelle einnehmen. Es kann aber nicht befriedigen, wenn in der Ausbildung wichtige Bereiche einer erfolgreichen Praxisführung völlig unberücksichtigt bleiben. Es ist deshalb erfreulich, daß die beiden Autoren aus ihrem umfangreichen Erfahrungsschatz, den sie bei der Untersuchung zahlreicher Kleintier- und Pferdepraxen gewonnen haben, berichten und daraus Erkenntnisse für eine erfolgreiche Praxisführung ableiten.

Wirtschaftliches Denken und Handeln ist besonders bei der Gründung einer Pferdepraxis von Bedeutung, da eine solche Spezialpraxis heute, anders als in der Vergangenheit, einen hohen Investitionsaufwand verlangt. Vom Pferdebesitzer wird der Einsatz verschiedener Apparate wie Röntgengerät, Endoskop oder Ultraschallgerät in der tierärztlichen Praxis erwartet. Nur wenn diese Geräte kostenbewußt erworben und eingesetzt werden, können solche Investitionen zum wirtschaftlichen Erfolg führen. Hier nun setzen die Autoren an und beleuchten die wirtschaftliche Effizienz der gesamten Handlungen in der tierärztlichen Praxis. Die Autoren weisen auch darauf hin, daß zum unternehmerischen Erfolg einer Praxis neben der tierärztlichen Qualifikation nicht nur zusätzliche Kenntnisse auf der kaufmännischen Seite vorhanden sein müssen. Es wird auch auf die besonders wichtige Komponente hingewiesen, daß Patientenbesitzer quasi Kunden sind, denen eine Leistung verkauft werden soll, die nicht nur dem Patienten dient, sondern auch den Kunden zufriedenstellen soll. Voraussetzung dafür ist eine erfolgreiche Kommunikation mit dem „Kunden", also dem Patien-

Vorwort

Warum dieses Buch?

Der Markt für Tierärzte wird in der Zukunft immer schwieriger. Die Zahlen auf den nachfolgenden Seiten dokumentieren dies.

Bereits heute ist es wichtig, sich über z. B. Spezialisierungen und Praxisform (z. B. Gemeinschafts- oder Einzelpraxis) Gedanken zu machen.

Der Tierarztberuf hat heute nur noch wenig mit der vom Kino und Fernsehen vermittelten „Romantik" zu tun. Wer als selbständiger Tierarzt erfolgreich sein will, muß hart arbeiten, hat sich mit einem immer stärker werdenden Wettbewerb auseinanderzusetzen und muß klare, manchmal auch harte unternehmerische Entscheidungen treffen. Mehr noch: Der Tierarzt muß „Unternehmer" werden und betriebswirtschaftlich denken und handeln, will er langfristig bestehen können. Ein Trostpflaster: Hat es der Tierarzt einmal „geschafft", dann hat er sehr gute Aussichten: Die Kundenanbindungsquote ist nach wie vor sehr hoch.

„Quo vadis?" bedeutet für den angehenden Tierarzt auch, sich darüber im klaren zu sein, daß zukünftig einem „exzellenten" Kundenservice eine nachhaltige Bedeutung zukommt. Nur wer es als Tierarzt versteht, den Kunden optimal anzusprechen, bindet ihn hierdurch und sorgt für eine marktsichernde Multiplikation seiner „guten" Leistungen.

Insofern verstehen wir dieses Buch als Anleitung für den selbständigen Praktiker, seinen Kunden noch besser bedienen zu können und damit seine Praxis noch erfolgreicher, insbesondere aber langfristig sicher zu machen. Eine Zielsetzung, die für jede Praxisart und jeden Praktiker, unabhängig von seiner Berufserfahrung, von hoher Relevanz ist. Es gilt die „Aktie" Tierarztpraxis in ihrem Wert so zu entwickeln, daß sie für den Anleger interessant wird. Das heißt auch, daß sie einen entsprechenden Wert bei einem teilweisen (Gemeinschaftspraxis) oder vollständigen Verkauf (Praxisübergabe) erzielen kann. Unter anderem hierfür sollte der Tierarzt arbeiten, damit sein Lebenswerk ihm auch die „Schlußrendite" bringt, die zufriedenstellend ist.

Welche Tierärzte wollen wir ansprechen?

Dieses Buch richtet sich in erster Linie an moderne, zukunftsorientierte Kleintier- und Pferdepraktiker. Es behandelt sowohl die Aspekte einer Einzelpraxis als auch die weitreichenderen Überlegungen, die in einer Gemeinschaftspraxis oder großen Praxis bzw. Klinik angestellt werden müssen. Gerade für die Letztgenannten sind die Kapitel 'Praxisformen' und 'Personal' von entscheidender Bedeutung.

Wie können Sie das Buch zeitsparend/nutzbringend einsetzen?

Durch die einfach strukturierten, in sich abgeschlossenen Kapitel können Sie mit einem beliebigen Thema beginnen. Sie müssen sich also nicht unbedingt von vorn bis hinten durcharbeiten.

Für diejenigen unter Ihnen, die sich gerade erst (neu) niederlassen wollen oder die eine Umstrukturierung oder Erweiterung ihres Unternehmens „Tierarztpraxis" vorhaben, empfehlen wir zur Orientierung das Kapitel „Strategie".

Wer zu speziellen Fragestellungen Informationen, Anregungen oder Checklisten sucht, kann dies am besten über das umfangreiche Register tun.

Welche Anforderungen stellen wir an unsere Leser, also an Sie?

Modernes Marketing-Management bedeutet immer mehr „Denken im Kopf des Kunden oder des Mitarbeiters". Wir werden Sie daher immer wieder auffordern, Ihre eigene Sichtweise der Dinge zugunsten der Kunden- oder Mitarbeiter-Sicht zurückzustellen. Das bedeutet selbstverständlich nicht, daß Sie Ihre eigenen (unternehmerischen und privaten) Ziele aus dem Auge verlieren sollen. Aber Sie werden durch das Hineinversetzen in Kunde oder Mitarbeiter sowohl Ihre medizinische Leistung als auch Ihre anderen Dienstleistungen bzw. Ihren Service mit anderen Gefühlen wahrnehmen. Und wir versprechen Ihnen, daß Sie dadurch unwillkürlich Verbesserungspotentiale entdecken oder neue Ideen entwickeln. Versuchen Sie immer daran zu denken, daß die Grundlage für „hervorragenden Service" darin besteht, daß Sie sich in die Sichtweise des Kunden hineinversetzen können.

Das Buch soll Ihnen Anstöße geben, eine gewisse Sicherheit bieten für – aus Ihrer heutigen Sicht – ungewöhnliche Maßnahmen. Alle Empfehlungen sind durch eigene oder uns berichtete Erfahrungen belegt und durch praktikable Checklisten und/oder Beispielrechnungen belegt. Aber eines kann und will dieses Buch nicht leisten: Die individuelle Gestaltung der Zukunft Ihres Unternehmens können nur Sie selbst bestimmen und vorantreiben.

Wir wünschen Ihnen dabei viel Erfolg und hoffen, daß Ihnen die eine oder andere nutzbringende Anregung aus diesem Buch weiterhilft. Unser Ziel ist erreicht, wenn Sie dieses Buch immer wieder zur Hand nehmen! Die Tips stammen übrigens alle aus der Praxis. Nichts von dem Beschriebenen ist fiktiv.

Schreiben Sie uns doch einmal über Ihre Erfahrungen!

Herbst 1999   Gerd Ziffus / Stephan Dolle

Danksagung

Es gibt viele Menschen, die uns immer wieder motiviert haben, dieses Buch zu schreiben. Leider würde der Platz nicht ausreichen, allen namentlich zu danken. Danke also an alle, die uns kennen, mit denen wir über dieses Projekt sprechen und diskutieren durften.

Danke auch an alle Tierärzte, die uns in Seminaren, Vorträgen und Beratungsprojekten immer wieder aufgefordert haben, unser Wissen zu Papier zu bringen. Ohne diese vielen, vielen Tierärzte, die uns eine Gelegenheit zur Kommunikation gaben, die uns ihre Erfahrungen mitteilten (gute wie schlechte) und die mit hohem Engagement daran arbeiten, daß sich in der Branche etwas zum Positiven ändert, wäre dieses Buch nicht zustande gekommen.

Und ganz bestimmt wäre dieses Buch nicht zustande gekommen, wenn wir nicht sehr große Unterstützung von seiten unserer Familien erhalten hätten. Sie haben uns, trotzdem wir bereits in sehr zeitaufwendigen Berufen stehen, immer wieder die Zeit und auch die Kraft gegeben, dieses Buch zu schreiben und fertigstellen zu können.

Ein ganz besonderer Dank gilt dem jüngsten Mitwirkenden an diesem Buch: Wilhelm Dolle, 14 Jahre alt. Von ihm stammen die nach unserer Meinung sehr gut gelungenen Zeichnungen, die dem Buch und seinem Inhalt noch einmal eine besondere „Würze" verleihen. Wir hoffen, Sie empfinden es ebenso.

Last but not least ist dem Unternehmen Boehringer Ingelheim Vetmedica zu danken, welches uns in unseren Bemühungen, eine zukunftsträchtige und -fähige Vision für die Veterinärmedizin zu entwickeln, nicht nur unterstützt, sondern uns stetig gefördert hat. Dabei stand ein nachvollziehbares Eigeninteresse stets im Hintergrund.

Gerd Ziffus / Stephan Dolle

Wichtiger Hinweis

Die in diesem Buch veröffentlichten Tips und Hinweise sind nur nach bestem Wissen und Gewissen zusammengestellt. Wir haben uns bemüht, nur Dinge aufzunehmen, die der täglichen Praxis bei einigen oder vielen deutschen Tierärzten entsprechen. Natürlich kann es nicht gelingen, alle individuellen Details und Gegebenheiten wiederzugeben und zu berücksichtigen. Hier ist also auch der Wille, die Konsequenz und die Phantasie und Geschicklichkeit der Leserinnen und Leser gefragt. Aus diesen Gründen können wir keine Haftung für Planungs- und Umsetzungsfehler bzw. die Funktionalität vorgeschlagener und umgesetzter Ratschläge übernehmen. In Zweifelsfällen können Sie gern Kontakt zu den Autoren aufnehmen bzw. sollten Sie sich an anderer Stelle fach- und *sachkundigen* Rat holen.

Über die Internet-Seite des Verlages (http://www.blackwell.de/Buecher/7/26332830.htm) können Sie umfangreiches Dateimaterial zu diesem Buch herunterladen (Checklisten etc.). Weiterhin können Sie gegen eine Unkostenerstattung auch Disketten mit ständig aktualisierten Dateien bei den Autoren bestellen (s. Anschrift auf der Impressumseite).

Inhaltsverzeichnis

Geleitworte	V
Vorwort	IX
Warum dieses Buch?	IX
Welche Tierärzte wollen wir ansprechen?	IX
Wie können Sie das Buch zeitsparend/nutzbringend einsetzen?	X
Welche Anforderungen stellen wir an unsere Leser, also an Sie?	X
Danksagung	XI
Wichtiger Hinweis	XII
1 Ihre Begleiter durch dieses Buch	1
Teachie Turtle	2
Kunz Kauz	2
Harrie Hai	2
Ede Friend	3
2 Der Markt für Tierärzte	5
Allgemeine Betrachtung	5
Die Betrachtung im einzelnen	6
Einige betriebswirtschaftliche Daten	9
Die Entwicklung des Wettbewerbs	10
Was sind die „Todsünden" der Tierarztpraxis?	12
Personalplanung und -führung	12
Organisation	13
Finanzmanagement	13
3 Kauf- und Konsumentenverhalten	15
Was läuft schief?	17
Der Preis	17
4 „Kundenselektion" / Welche Kunden haben Sie verdient?	19
5 Was gibt der Markt wo her?	21
Ermittlung von Tierzahlen	21
Was macht der Wettbewerb?	22
Standort	23

Körpersprache 141
　　　Vom Umgang mit Aggressionen 144
　　　Wie wäre es mit einem Lächeln? 146

17 Werbung und Verkaufen in der Tierarztpraxis 149
　　　Auf den Punkt gekommen: Werbung und Standesrecht 149
　　　Verkaufen: Eine Grundbetrachtung 151
　　　Verkaufen: Eine Folgebetrachtung 152
　　　Werbung in und für die Tierarztpraxis 153
　　　Das Logo der Tierarztpraxis 153
　　　Briefbögen/Visitenkarten 154
　　　Praxisschilder 155
　　　Adreß- und Telefonbucheinträge 156
　　　Slogans 156
　　　Praxisbroschüre 157
　　　Informationsschreiben an Kunden 158
　　　Beispiel für ein (regelmäßiges) Kundenanschreiben 159
　　　Selbstgedrehte Videos 160
　　　Anzeigen 161

18 Umgang mit dem Telefon 163
　　　Verkaufen und Anbinden 163
　　　Organisation des Telefons 164
　　　Telefonmeldung 165
　　　Wichtige Checkpunkte, nicht nur für Telefongespräche 166
　　　Beispiel für aktives Telefonmarketing 169

19 Schlußwort 171
　　　Ein wichtiger Hinweis zum Schluß 172

Farbtafeln 173

Literaturverzeichnis 177

Sachwortverzeichnis 179

Ihre Begleiter durch dieses Buch

Wir schreiben das Jahr 2020 und befinden uns in Animal Creek, einer kleinen Bucht im Norden Floridas, auf der Golf-Seite. In Animal Creek wurde im Jahre 2010 eine Tierklinik, oder besser gesagt, ein Tier-Resort mit angeschlossener High-Tech-Klinik gegründet. Die damaligen Gründer, eine amerikanische Kleintierspezialistin, ein deutscher Tierchirurg, ein japanischer Tier-Physiotherapeut, ein amerikanischer, ehemaliger Manager von Disney-World und schließlich eine spanische Tierpsychologin hatten eine Vision. Sie wollten nicht nur die Tierbesitzer, sondern auch die Tiere als ihre Kunden sehen und ihnen optimal dienen, ohne jedoch die Ökonomie außer Acht zu lassen.

Was haben sie gemacht, um ihre Vision zu realisieren?

Sie haben zunächst einmal den Markt erweitert, indem sie neben modernsten medizinischen Methoden eine „Full-Service"-Betreuung nicht nur der gewöhnlichen Haustiere, sondern quasi aller einheimischen Tiere anboten. Das wurde nicht zuletzt deshalb möglich, weil dies von den Einwohnern gefördert und gewünscht wurde.

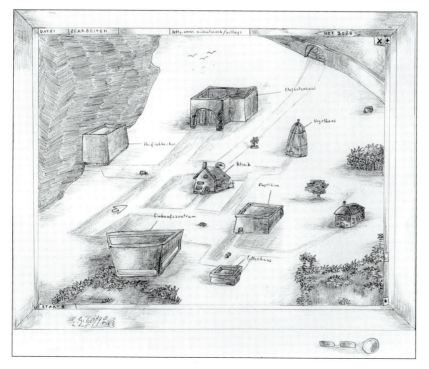

Abbildung 1.1
Animal Creek

Das Animal-Creek-Hospital hat von Anfang an die Tiere und deren Bedürfnisse in den Mittelpunkt ihres Geschäfts gestellt. Mittlerweile verfügen die über 100 Mitarbeiter über ein enormes Wissen, wie die schwierigsten medizinischen Probleme kostengünstig und trotzdem hoch effektiv gelöst werden können. Kleiner Nebeneffekt: Anerkannte Humanmediziner geben sich hier die Klinke in die Hand, weil sie für ihre Arbeit unschätzbare Informationen erhalten. Ja, es geht sogar so weit, daß einige Tiere bereits beratende Aufgaben für das Management übernommen haben. Das glauben Sie nicht? Na, dann lesen Sie mal weiter!

Teachie Turtle

... ist eine von ihnen. Diese sehr alte (Man munkelt, sie sei schon George Washington bei dessen Reise nach Florida begegnet!) und erfahrene Schildkröte war seinerzeit mit einer Verletzung ihres Panzers in das Hospital eingeliefert worden. Im Laufe der Jahre – nicht zuletzt aufgrund der Tatsache, daß die Tierpsychologin ihre Sprache erlernt hatte – war Teachie zu einem wahren Juwel geworden. Mit Hilfe ihrer Zukunftssensoren, gepaart mit ihrer enormen Erfahrung, kann sie Prognosen von unschätzbarem Wert abgeben. Wenn's später im Buch darum geht, allgemeine Erkenntnisse zu kommentieren, ist Teachie stets zur Stelle, mal eher erschrocken und ängstlich, mal unentschlossen, aber meistens freudig überrascht.

Kunz Kauz

... wie er in diese Bucht kam, weiß keiner so recht. Eines schönen Morgens lag er mit abgerissenem Flügel und fast erblindet am Fuße einer Palme. Just zu dieser Zeit hatte man in der Klinik begonnen, bionische Arme und Beine bei Hunden zu transplantieren. So verpaßte man Kunz Kauz in einigen Operationen einen funktionstüchtigen Arm. Ein Jahr später war man so weit, daß ihm auch eine Brille implantiert werden konnte. Mittlerweile gilt der kleine Vogel als „cleverer Analytiker mit Durchblickerbrille". Auf seine Bewertungen – nicht nur auf tierischem Gebiet – kann man sich recht gut verlassen. Er wird Ihnen im Buch des öfteren helfen, Erfolg und Mißerfolg von Maßnahmen abzuschätzen.

Harrie Hai

... war nach einer Kollision mit einem Motorboot im Hospital wieder gesund gepflegt worden. Trotz aller Fürsorge ist der Hai gefährlich und hinterlistig geblieben. Er hält immer wieder neue Waffen bereit, um seine Betreuer anzugreifen. Er lebt im großen Meeresaquarium, und man erhofft sich von ihm Warnhinweise beim „Eintauchen in unbekannte Gewässer". So wird Harrie Ihnen das eine oder andere Mal einen warnenden Tip mit auf den Weg geben.

Ede Friend

… der gutmütige Elefantenbulle, dem man sicher begegnet, wenn man durch Animal-Creek-Village läuft, war vor Jahren mit einer Arthritis eingeliefert worden. Dieses Problem konnte relativ schnell behoben werden. Aber auf einem seiner physiotherapeutisch bedingten Rundgänge hatte er seinen Rüssel zu lange in das Meeresaquarium gehalten und Harrie …

Wie bereits erwähnt, auch Ede hatte Glück im Unglück und erhielt einen bionischen Rüssel. Mittlerweile besitzt er deren vier, mit ganz unterschiedlichen Funktionalitäten. Und die gebraucht er auch, denn überall, wo schwere Arbeiten zu verrichten sind, ist er – der hoch motivierte Teamworker – zur Stelle.

Alles Spinnerei?

Nein, das glauben wir nicht. So oder ähnlich könnte sich eine Tierarztpraxis/-klinik entwickeln. Und da ist es doch ganz gut, wenn wir den einen oder anderen Rat der „visionären Tiere der Zukunft" an Sie weitergeben. Viel Spaß dabei!

2 Der Markt für Tierärzte

Ausgehend von dem „Alleskönner-Tierarzt" der Vergangenheit, der seine Praxis grundsätzlich als reine Fahrpraxis führte, setzte mit zunehmender, medizinischer Komplexität (Behandlungsformen und -möglichkeiten), mit zunehmender Dienstleistungsmentalität der Kunden (auch vor dem Hintergrund wirtschaftlicher Notwendigkeiten) und mit einer Sensibilisierung des Kunden hinsichtlich seiner Beziehung zu dem Tier (insbesondere Heim- und Hobbytiere = „elternähnliche Beziehung") eine Marktentwicklung ein, die den Markt der Tierärzte gründlich verändert hat. Die klassischen Großtier- und Gemischtpraxen weichen, wie in der Vergangenheit schon, zunehmend den Kleintierpraxen. Und aufgrund der Tatsache, daß immer mehr Tierärzte (und auch Kleintierpraktiker) den Pferdemarkt vollkommen neu für sich entdecken, entsteht eine andere Form der Gemischtpraxis, wie wir sie noch vor 30 Jahren kannten.

Allgemeine Betrachtung

Bildlich läßt sich die Gesamtentwicklung, schon über einen kurzen Zeitraum von fünf Jahren, wie folgt darstellen:

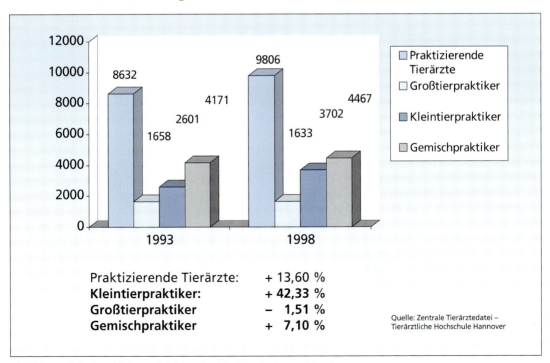

Abbildung 2.1 Anzahl der praktizierenden Tierärzte in Deutschland

Aus der feststellbaren Wettbewerbsentwicklung und Kundensensibilisierung ergibt sich, daß die zukünftige Marktentwicklung für den Tierarzt eine immer stärker werdende Spezialisierung (z. B. Orthopädie, Kardiologie, Chirurgie etc.) und Zentralisierung (tiermedizinische Behandlungszentren nach Vorbild der „Animal-Health-Center" in den USA) bedeutet, da der Kunde es von ihm aus Kompetenzgründen fordert (Emotionalisierung der Mensch-Tier-Beziehung = Spiegelbildeffekt humaner zu veterinärer Leistungen) und die zunehmend komplexer werdenden Behandlungsfelder und -möglichkeiten eine ethische und seriöse Arbeit nur so garantiert. Für die praktische Arbeit bedeutet das Handeln des Tierarztes mit seiner integrierten Gesamtleistung eine stärkere Orientierung hin zum Kunden (Menschen) und damit die stärkere Hinorientierung auf emotionale Bedürfnisbefriedigung. In diesem Sinne sind funktionale Begriffe wie „Patientenbesitzer" und „Tierhalter", sehr einfach ausgedrückt, nicht mehr zeitgemäß und sollten im Denken des modernen Unternehmer-Tierarztes nicht mehr vorkommen.

Der früher auf den gesamten Tiermarkt ausdehnbare Leistungsfächer des Tierarztes wird in diesem Sinne zusammenzufalten sein. Die ursprüngliche Entfaltung funktioniert im wirtschaftlichen und Kundensinne nur noch mit einer oder wenigen Tierarten, bei denen ein breiter Fächer unterschiedlicher, allerdings hochanfordernder Behandlungen und Therapien angeboten werden kann.

Die Betrachtung im einzelnen

Die Anzahl der Großtierpraktiker hat in den vergangenen Jahren und Jahrzehnten erheblich abgenommen. Der Markt wird immer enger: Subventioniertes Vieh (Rückgang Rinder 1998 z. B. um 274.000 Stück) wird immer weniger, auch die zurückliegenden Entwicklungen auf

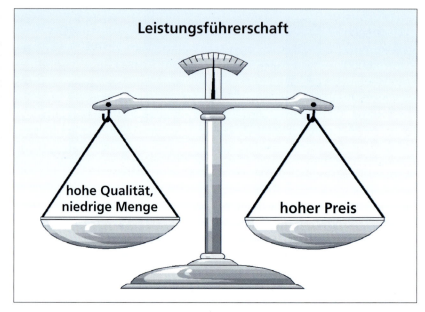

Abbildung 2.2a
Die „Kunst" wird sein, den richtigen Mix aus Leistungs- und Kostenführerschaft zu entwickeln. Dies gelingt nur durch intensives Eingehen auf den Markt: Spezialisierungen = Leistungsführerschaft

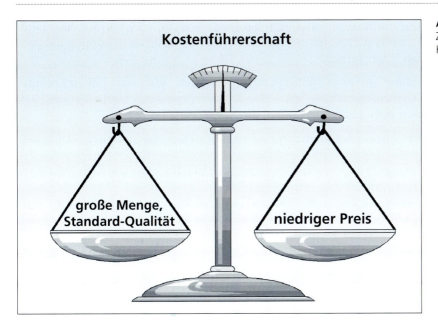

Abbildung 2.2b
Zentralisierungen = Kostenführerschaft

dem Schweinemarkt haben immer mehr Landwirte gezwungen, sich andere Betätigungsfelder zu suchen bzw. ihre Zucht- und Masttätigkeiten, insbesondere sind hier kleinere und mittlere Betriebe gemeint, aufzugeben oder einzuschränken.

Selbst die in den letzten Jahren boomende und sehr lukrative Milchwirtschaft gerät durch die zunehmende Globalisierung der Märkte immer mehr unter Druck. Für die Tierproduktion gilt generell, daß nur noch große Betriebe mittel- und langfristig überlebensfähig sind. Für einen „neuen" Tierarzt, der sich ganz allein mit einer Großtierpraxis selbständig machen will, wird dies ein sehr schwieriges Unterfangen sein. Sicherlich bestehen noch Möglichkeiten, über Assistenzzeiten bei etablierten Großtierpraxen dort ggf. zu einem späteren Zeitpunkt als Partner einzusteigen. Ansonsten kann von der selbständigen Gründung einer neuen und reinen Großtierpraxis nur abgeraten werden. Für die bestehenden Großtierpraktiker (heute oft in der Praxisform der „Gemischtpraxis" anzutreffen) bedeuten die geschilderten Marktentwicklungen, dem beschriebenen Globalisierungsprozeß durch Konzentration und Zentralisierung, sicherlich auch durch entsprechende Zusammenschlüsse, z. B. in Form von überregional und (reale Aussicht!) bundesweit tätigen Gruppenpraxen, zu entgegnen.

Etwas bessere Möglichkeiten sind sicherlich noch in der Pferdepraxis zu sehen. Allerdings erfordert die erfolgreiche Führung der Praxis deutliche Spezialkenntnisse, die durch eine fortlaufende Ausbildung erworben werden müssen. Zu beachten ist auch, daß der Pferdepraktiker unter einem besonders hohen emotionalen Druck steht: Aufgrund der jeweiligen Investitionen und Unterhaltungskosten lautet die Standardfrage des Pferdebesitzers immer: „Wann kann es wieder laufen?" Und hierauf müssen Antworten gefunden werden, die, vor dem medizinischen Hintergrund gesehen, nicht immer ehrlich sein können/müssen. Ein Widerspruch!

Immer mehr Großtierpraktiker werden über die Zwischenstufe „Gemischtpraktiker" zu reinen Kleintierpraktikern. Und dies verschärft dort noch einmal zusätzlich die Situation.

Die Anzahl der Kleintierpraxen hat drastisch zugenommen. Damit verbunden ist ein mittlerweile spürbarer Wettbewerb, der die Situation des einzelnen immer schwieriger werden läßt. Im Sinne der Kollegialität hat dann deshalb ein „erfahrener Hase" einmal gesagt: „Die Kollegialität nimmt mit der Entfernung zu!" Wir möchten diese Erfahrung um eine weitere ergänzen (leider läßt sich dies tatsächlich feststellen): „Ethik hört dann auf, wenn das Portemonnaie leer wird."

Um ein Unternehmen bei abnehmender Nachfrage und zunehmendem Wettbewerbsdruck erfolgreich betreiben zu können, muß ein Tierarzt in der heutigen Zeit und sicher auch in der Zukunft Stammkunden halten und neue Kunden gewinnen.

Folgende Strategien müssen daher – quasi parallel – verfolgt werden:

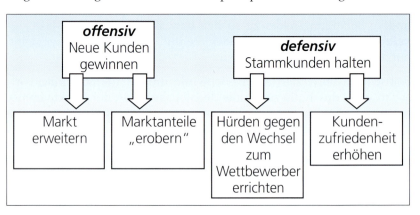

Wettbewerb ist also faktisch da und zwingt die bestehenden Praxen zu einem elementaren Umdenken. Das gezielte Eingehen auf Kundenwünsche ist erforderlich, wird sogar zur Handlungsmaxime für den unternehmerischen Erfolg. Neben einer dafür erforderlichen Kommunikationsfähigkeit ist es z. B. wichtig, sich als angehender und selbständiger Tierarzt beispielsweise folgende Fragen zu beantworten:

- Mit welchen Leistungen kann ich mich vom Wettbewerb so deutlich unterscheiden (z. B. Physiotherapie, Verhaltenstherapie, Chirurgie, Exotenbehandlung?), um – aus der Sicht des Kunden – durch eine kompetente Spezialisierung eine regionale „Allein- und Wichtigstellung" zu erreichen?

Eine von uns durchgeführte Umfrage bei etwa 250 Tierarzthelferinnen aus Kleintier- und Pferdepraxen hat u. a. ergeben, daß Bereiche, wie

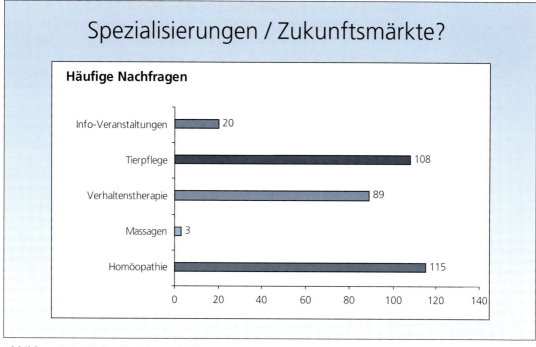

Abbildung 2.3 Häufige Nachfragen in Tierarztpraxen

Homöopathie, Verhaltenstherapie und Tierpflege, wichtige Entwicklungsfelder der Zukunft sind. Hierzu gehört u. E. auch der Bereich Physiotherapie. Das Ergebnis kann auch für Sie ein wichtiger Anhalt für die zukünftige Praxisentwicklung sein.

- Wie kann ich meine Praxiseinrichtung und mein gesamtes Praxisangebot kundenfreundlich gestalten, damit sich der Kunde bei mir wohlfühlt (z. B. getrennte Wartezimmer für Hunde und Katzen, Trächtigkeitsdiagnose per Ultraschall und Bildmitgabe etc.)?
- Welche Kunden will ich denn überhaupt haben? Wen will ich ganz besonders ansprechen und womit (z. B. Hausservice für zahlungskräftige (Selbständige) Kunden, Besitzer älterer Tiere über besondere Checksysteme etc.)?

Einige betriebswirtschaftliche Daten

Fern von jeder Umfrage und sonstigen (allgemeinen) Erhebungen präsentieren wir Ihnen nachfolgend einige Kennziffern, die wir aufgrund der uns übertragenen Beratungsmandate entwickeln konnten. Dabei werden immer die betriebswirtschaftlichen Auswertungen, die Einnahme-Überschußberechnungen und die Auswertungen der jeweiligen Praxis-Software herangezogen. So präsentiert sich uns ein Bild, das durchaus von den gängigen Bildern abweichen kann und auch muß. Wir haben folgendes festgestellt:

Die zumeist erfolgreichen Praxen haben überwiegend eine Umsatz-Gewinn-Relation von ca. 25–30 %; d. h., daß als Gewinn ca. 30 % des Gesamtumsatzes verbleibt. Bei denjenigen Praxen, bei denen die Umsatz-Gewinn-Relation unter 15–20 % liegt, konnte bis heute in allen Fällen ein organisatorisches, ein vermarktungstechnisches oder ein personelles Problem ausgemacht werden.

Der durchschnittliche Umsatz je Tierart bewegt sich bei Kleintieren i. d. R. zwischen 200 und 350 DM. Bei Pferden ist ein Durchschnittsumsatz je Kunde/Tier von 450–700 DM festzustellen. Unsere Erfahrung hat gezeigt, daß dies Umsatzgrößen sind, die für eine gesunde Praxisentwicklung sprechen. Allerdings muß dieses Werturteil manchmal eingeschränkt werden: In einigen Fällen kann festgestellt werden, daß nur wenige Hauptkunden für die durchschnittliche Umsatzhöhe sorgen. In solchen Fällen liegt dann natürlich auch ein vermarktungstechnisches Problem vor, weil keine breitere Kundensubstanz aufgebaut werden konnte. Das Risiko im Zusammenhang mit der schließlichen Abhängigkeit von nur wenigen Kunden ist als erheblich einzustufen.

Die Entwicklung des Wettbewerbs

Ohne Zweifel werden auch in Zukunft die Tierarztzahlen weiter steigen. Die Entwicklungen auf dem Studentenmarkt sprechen hier eine deutliche Sprache. Im Studienjahr 1998/1999[1] gibt es immerhin insgesamt rund 6.500 Studierende in der Veterinärmedizin. Davon sind allein 1.074 Menschen Studienanfänger. Verglichen mit den Zahlen der zurückliegenden Jahre gibt es keine signifikanten (erfreulichen?) Unterschiede. Es darf auch in Zukunft mit einer hohen Niederlassungszahl gerechnet werden.

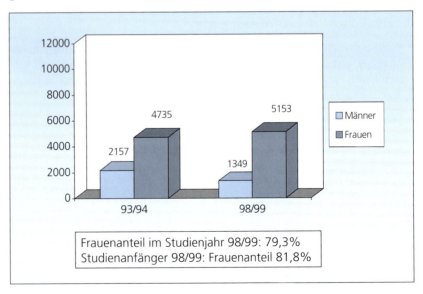

Abbildung 2.4 Studenten an tiermedizinischen Hochschulen und Fakultäten in Deutschland

[1] Berlin, Gießen, Hannover, Leipzig und München. Aus: „Statistische Unterlagen aus der zentralen Tierärztekartei", TiHo Hannover – Planungs- und Informationszentrum; Juni 1999

Und weiterhin wird sich die Problematik des „Preiskampfes" verschärfen. Je mehr Tierarztpraxen entstehen, desto mehr folgen auch dem Prinzip: „Erst mal billig auf den Markt gehen und dann wird's schon!" Daß dieses Leitmotto der Beginn des eigenen Niedergangs ist, wird dabei verkannt. Denn selbstverständlich kehrt niemand mehr zu „alten" Preisen zurück, wenn der Nachbarkollege schon nachgezogen hat und die Erwartungshaltung des Kunden schon entsprechend ist. Das ganze Spiel wird noch auf die Spitze getrieben durch die Zunahme der sogenannten „Feierabend- bzw. Hobbypraxen". Hier gibt es tatsächlich schon zu beobachtende Fälle, und das sind keine Einzelfälle, bei denen die ganz normale 5fach-Impfung für den Hund zwischen 14,50 DM und 30 DM inkl. MwSt. gegenüber dem ganz normalen Kunden berechnet wird. Entsprechend empörte Aufschreie sind zu vernehmen. Auch die neue Gebührenordnung für Tierärzte wird u. E. diese Entwicklung nicht mehr aufhalten können: Der Kunde ist an Preise gewöhnt und übt nunmehr selbständig einen starken Druck auf den Tierarzt aus. Er kann sich im Zweifelsfall und ohne Probleme sofort umorientieren. Ein ewiger Kreislauf. Ein Grund mehr, über Spezialisierungen und besondere Leistungsspektren nachzudenken, mit denen der Tierarzt dem unmittelbaren, subjektiv vorgenommenen Vergleich des Verbrauchers entgehen kann. Botschaft also: Bitte nicht so häufig beschweren, sondern diese Energien für neue Strategien (Entdeckung von Nischen) einsetzen.

Neue medizinische Möglichkeiten, die ungebrochene Tierliebe der Kunden und einige Entwicklungen auf dem Tiermarkt (z. B. gestiegene Lebenserwartungen) lassen durchaus Perspektiven offen. Nur sie müssen genutzt werden.

Auch die Industrie wird die Tierarztpraxis in den nächsten Jahren noch „besser" für sich entdecken. Im Humanbereich ist es bereits üblich, daß Pharmaunternehmen sich an Privatkliniken auf Gesellschafterebene und mit Kapital beteiligen. Die Gründe für dieses Vorgehen liegen auf der Hand. In der Veterinärmedizin geht ohne Industrie auch heute schon vieles nicht mehr. So manche Veranstaltung käme nicht zustande, wenn die Pharmaunternehmen sie nicht selbst initiieren oder nicht erheblich sponsern würden. Es ist seitens der Industrie geradezu konsequent gedacht, wenn sie zukünftig dem Beispiel der Humankollegen folgen. Größere, tiermedizinische Zentren (Pferde- und Kleintierkliniken) sind natürlich von Interesse, da eine definierbare Marktbeherrschung solcher Zentren für den Absatz einer adäquaten Menge von Arznei- und Futtermitteln sorgen werden. Um diesen Absatz auch langfristig sicherstellen zu können, bedarf es einer rechtlichen Involvierung zur Sicherstellung der Geschäftsinteressen. Soweit hier geltendes Standesrecht entgegenstehen sollte, muß angemerkt sein, daß es bereits eine Vielzahl rechtlicher Möglichkeiten gibt, solche Beteiligungsverhältnisse vollkommen „still" abzuwickeln.

Im kleinen gibt es das heute schon: So existieren z. B. Frischfutter- oder Futtermittelbringdienste (u. a. auch als Franchise-Systeme), die in nicht kleiner Zahl von Personen betrieben werden, die einem Tierarzt nahestehen bzw. wo ein Tierarzt als Geldgeber fungiert. Ähnlich verhält es sich mit einer sehr großen Anzahl von Pet-Shops, nicht zuletzt betrieben durch zahlreiche LebenspartnerInnen von Tierärzten, oft im unmittelbaren Zusammenhang mit einer Praxis oder Klinik.

Es wird auch in verstärktem Maß zu Zusammenschlüssen von großen und kleinen Praxen kommen, die ausschließlich einem wirtschaftlichen Zweck dienen.

Es findet eine Wettbewerbsentwicklung statt, die auch als eine gesunde „Marktbereinigung" verstanden werden kann und u. E. auch muß. Dies wird sich nicht sofort und zwangsläufig in der Gesamtanzahl der Tierarztpraxen ausdrücken, allerdings jetzt schon in dem betriebswirtschaftlichen Ergebnis vieler Praxen. In unserer Beratungspraxis nehmen die Anfragen „notleidender" Praxen zu. Vielerorts können wir beobachten, daß so mancher Praxisinhaber bei einem Gesamtumsatz von 200.000 DM und einem ausgewiesenen Gewinn von 10.000 DM noch nicht einmal genug Geld hat, eine Helferin zu beschäftigen, geschweige denn, die so dringend benötigte neue Praxiseinrichtung anzuschaffen.

Die Vorbereitung auf den „neuen" Markt muß schon, soweit von der Politik gewollt, auf Universitätsebene beginnen. Nicht nur in der Vermittlung neuester diagnostischer Möglichkeiten, sondern auch in der konsequenten Vermittlung eines betriebswirtschaftlichen Wissens. Angesichts der *Tatsache*, daß sich viele Studenten später einmal niederlassen werden und müssen, ist es nicht zu akzeptieren, daß eine, wenn auch nur rudimentäre Vorbereitung auf das Unternehmerleben völlig unterbleibt. Manche Hochschulen haben dies bereits erkannt und nehmen mehr und mehr auch Themen ins Angebot, die eben diesem Zwecke dienen. Die frühzeitige Aufklärung über das Kommende in unternehmerischer Hinsicht hätte vielleicht auch den Effekt, daß das Studium durch manchen Studenten etwas ernsthafter, manchmal auch gar nicht mehr betrieben würde. Ein selektiver Prozeß über reine Sachaufklärung, der ggf. auch die Marktzahlen langfristig entzerren helfen könnte.

Was sind die „Todsünden" der Tierarztpraxis?

Aufgrund der zahlreichen Praxisberatungen lassen sich einige „Todsünden" klar definieren; keine Sünden, die unmittelbar zum Praxistod führen müssen, jedoch eine diesbezügliche mittel- und langfristige Tendenz erkennen lassen. Folgende „Todsünden" entdeckten wir in 75 % aller Beratungsfälle, und wir sind sicher, daß sich einige unserer Leserinnen und Leser wiederentdecken werden:

Personalplanung und -führung

Die meisten Tierärzte nehmen ihre Personalplanung völlig aus dem Bauch heraus vor. Stellenbeschreibungen, Anforderungsprofile und Leistungsmotivation sind völlig unbekannte Wörter. Wir haben aus diesem Grund diesem Thema sehr viel Platz gewidmet.

Insbesondere muß erwähnt werden, daß es eine Vielzahl von kleineren Praxen gibt, die mit einem oder zwei Assistenten arbeiten. Und nun passiert über einen langen, langen Zeitraum etwas, was – logisch bedacht – nicht verständlich sein kann: Der oder die Assistent/en bleiben i. d. R. zwischen zwei und vier Jahre in der Praxis und verlassen sie dann. Es passiert also mit schöner Regelmäßigkeit immer dasselbe: Mit Eintritt und nach erfolgreicher Einarbeitung der Assistenten folgt i. d. R. eine deutliche Weiterentwicklung des Unternehmens Tierarztpraxis und eine wahrnehmbare Entlastung für den Inhaber der Praxis. Mit Austritt der Assistenten werden die Ergebnisse genau ins Gegenteil verkehrt. Und das geht so 5, 10 oder 20 Jahre: einen Schritt nach vorn und einen Schritt zurück. Daß hierbei keine tatsächliche Substanz im Unternehmen aufgebaut werden kann, liegt auf der Hand. Daß hierbei ein Wettbewerb gezüchtet wird, ebenso.

Organisation

Auch wieder im Zusammenhang mit Personal kann festgestellt werden, daß kaum eine Praxis „richtig" organisiert ist. Beispiele: Es wird zwar ein Praxiscomputer eingesetzt, dieser allerdings nicht für die Verbuchung von Kassenumsätzen. Wichtige Umsatzauswertungen und eine vernünftige Verwaltung der Apotheke sind dann nicht mehr möglich. Weiteres Beispiel: Es existieren weder gemeinsam abgesprochene (Zeit-)Planungen für Behandlungsabläufe, noch wird viel Wert darauf gelegt, positive Argumentationen gegenüber dem Kunden gemeinsam zu entwickeln, so daß alle MitarbeiterInnen „eine Praxissprache" sprechen könnten. Letztes Beispiel: Zwar wird immer wieder beklagt, daß Personal nun auch teuer sei, allerdings ist immer wieder zu beobachten, daß Tierärzte in der Fahrpraxis darauf Wert legen, daß die Kunden sie dort unmittelbar, d. h. im Auto, jederzeit anrufen können. Es erfolgt kein zentrales Terminmanagement über die Administration in der Praxis/Klinik. Wir geben folgendes zu bedenken: Allein diese wenigen Beispiele, die sich endlos fortsetzen ließen, sollten zum Nachdenken anregen, warum immer wieder von Zeitmanagement und Streß gesprochen wird und inwieweit vieles selbstinduziert ist. Zur Erinnerung: Zeitmanagement und (negativer) Streß sind Dinge, die zunächst im eigenen Kopf, durch eigenes Denken und schließliches Handeln entstehen und in den wenigsten Fällen fremdinduziert sind. Sie müssen es nur zulassen!

Finanzmanagement

Regelmäßig bewegen sich Außenstände in astronomischen Größenordnungen. Rechnungsstellungen werden nicht zeitnah, sondern im günstigsten Fall monatlich vorgenommen. Das Mahnwesen zieht sich endlos hin; telefonische Mahnverfahren werden zu selten angewendet. Erwirtschaftete Gewinne, die in vielen Fällen außerordentlich gut sind, werden nicht reinvestiert. Ganz im Gegenteil: Freiwillig zahlt der Unternehmer Tierarzt die Häfte davon Jahr für Jahr an das Finanzamt, ohne sich Gedanken über einen sinnvollen Investitionsplan zu machen. Fazit: Oft wird mit hoher medizinischer Qualifikation gearbeitet. Daß Sie ein tatsächliches Unternehmen mit Bedarf an kaufmännischer Führung (ab einer gewissen Größenordnung) besitzen, wird oft nicht erkannt. Sonst wäre es bereits viel selbstverständlicher, einen „Praxismanager", der nicht unbedingt Betriebswirtschaft studiert haben muß, einzustellen. Davor wird zurückgeschreckt, weil der Tierarzt an die hohen Personalkosten denkt. Daß ein gut eingearbeiteter Praxismanager in der Lage wäre, Kosten zu optimieren, Kosten zu senken, ein effizientes Finanzmanagement einzuführen, und dabei sein eigenes Gehalt und mehr zu erwirtschaften, wird selten reflektiert.

3 Kauf- und Konsumentenverhalten

Der Kunde von heute läßt sich viel schwerer klassifizieren als noch vor einigen Jahren. In neueren Untersuchungen wurde festgestellt, daß klassische Kunden- und Kauftypologien kaum oder nicht mehr gebildet werden können (z. B. DINKS = Double income, no kids). Auch lassen sich spezifische Verhaltensmuster unterschiedlicher Altersgruppen nicht mehr allzu deutlich herausheben (Stichwort: „Die jungen Alten"). Vielmehr ist es heute so, daß eine Multivariabilität festgestellt werden kann: Kosumenten verhalten sich im „klassischen" Sinne irrational und lassen sich, unabhängig von Altersklassen, von übergreifenden Leitbildern (Lebensart, Serviceverhalten etc.) und Motivationen lenken. Aus diesem Grund ist es heute z. B. völlig normal, daß wir nach einem Einkauf bei ALDI das nächstliegende Delikatessengeschäft betreten, um uns mit Luxusartikeln einzudecken.

Für die Tierarztpraxis lassen sich, ohne einen Anspruch auf Vollständigkeit zu erheben, diese Leitbilder wie folgt definieren:

- Leistung = Dienstleistung = Service
- Preiszuverlässigkeit
- Suche nach emotionaler Geborgenheit/Identifikation (aufgrund der entsprechenden Beziehung zum Heim- und Hobbytier)

Trotz einer grundsätzlich hohen Kundenanbindung reicht oftmals eine „Kleinigkeit", damit der Kunde, trotz zahlreicher Praxisbesuche bzw. -behandlungen durch den Tierarzt, die Praxis wechselt. Dies ist vielen erfahrenen Praktikern sehr bewußt geworden. Dieses Verhalten läßt sich manchmal nur schlecht beeinflussen, da die Kunden- bzw. Verbraucherpsychologie von heute mehrschichtig zu betrachten ist (s. o.). Beispiel: Der Kunde beschwert sich beim Tierarzt über eine Rechnung i. H. v. 40 DM und kauft anschließend in einem Pet-Shop für 800 DM Zubehör, Futtermittel o. ä.

Je professioneller eine Zielgruppe wird (Großtierhaltung, professionelle Pferdebesitzer), desto „professioneller" (im wirtschaftlichen Sinne) wird auch der Umgang mit dem Tierarzt. Von Zuchtverbänden und Vermarktungsgesellschaften vorgegebene Richtlinien führen schon sehr häufig dazu, daß auf einem Hof gleich mehrere Tierärzte mit unterschiedlichen Kompetenzen und Fachgebieten arbeiten. Eine Tendenz, die sich auch in Zukunft fortsetzen wird. Ein weiterer Grund für eine frühzeitig herbeizuführende Spezialisierung.

Zudem gilt für die zuverlässige Beurteilung des Kunden folgende Grundüberlegung zu beachten:

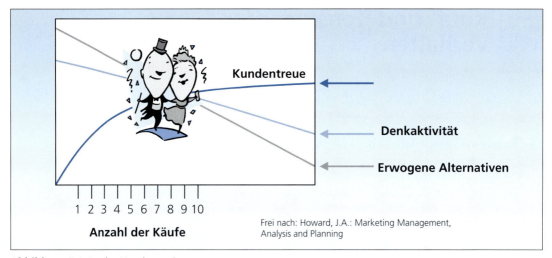

Abbildung 3.1 Ist der Kunde treu?

Das in dieser Übersicht präsentierte Marketingmodell sagt aus, daß der Kunde mit zunehmender Besuchs- bzw. Wiederkehrhäufigkeit immer „treuer" wird. Ein Vorgang, den jeder von uns in seinem Verbraucheralltag wiederfinden kann („Meine Jeans kaufe ich nur bei Müller, weil die so nett sind."). Diese scheinbare Zuverlässigkeit darf jedoch nicht darüber hinwegtäuschen, daß es oftmals so ist, daß der Kunde nur einen aus seiner Sicht berechtigten Anlaß benötigt, um die Praxis zu verlassen. Bemerkenswert dabei ist die Tatsache, daß der Kunde seine drohende Absicht nicht vorher kommuniziert. Dies ist bei maximal fünf von hundert Kunden der Fall.

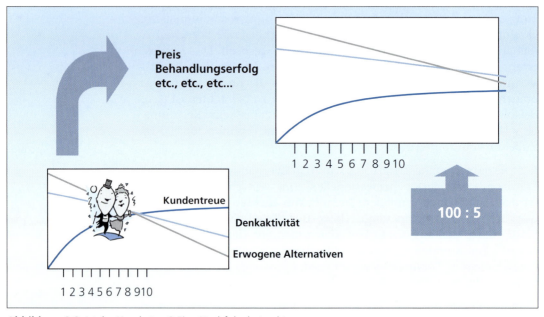

Abbildung 3.2 Ist der Kunde treu? Eine Nachfolgebetrachtung

Was läuft schief?

Um also die „negativen" und damit verbesserungsbedürftigen Dinge hinsichtlich unserer Praxis zu erfahren, ist es zwingend notwendig, daß wir uns mit „weggegangenen" Kunden unterhalten. Hier empfehlen wir z. B. zu recherchieren, welche Kunden z. B. innerhalb eines Jahres nicht mehr gekommen sind. Kürzere Zeiträume machen häufig keinen Sinn, da die Auskünfte dann häufig noch zu emotional belastet sind und wir den tatsächlichen Grund für den Weggang nicht erfahren.

Die Recherche und Feststellung der weggegangenen Kunden ist auch unter finanziellen Gesichtspunkten wichtig: Mit Hilfe der Praxis-EDV ist es möglich, den durchschnittlichen Jahresumsatz je Kunde und Tierart festzustellen. Nach unseren Erfahrungen sind z. B. beim Hundebesitzer durchschnittlich 250–350 DM anzusetzen. Für alle Tierarten können Sie mit Hilfe Ihrer EDV im übrigen selbst feststellen, wie hoch der durchschnittliche Umsatz je Kunde und Tierart, z. B. im zurückliegenden Kalenderjahr, war. Jeder weggegange Kunde hinterläßt also ein entsprechendes „Umsatzloch". Rechnen wir den „Multiplikatoreffekt" hinzu (s. nächstes Kapitel), ergibt sich ein nicht unerheblicher Verlust je Kundenweggang.

Also: Anrufen und mit Kunden sprechen, lautet hier das Rezept: „Guten Tag, Herr Müller. Hier spricht Tierarzt Dr. Zimmermann. Ich habe gerade Ihre Kundenkarteikarte vorliegen und möchte mich nach Ihnen und Ihrem xyz „Bello" erkundigen. Wie geht es Ihnen und Ihrem Tier?" Entsprechend positiv vorgetragen, werden Sie *mehrheitlich* keine Negativreaktionen erfahren und teilweise tatsächlich wichtige Dinge in bezug auf Ihre Praxis hören. Immer im Hinterkopf halten: Sie rufen nicht an, um den Kunden wieder in die Praxis zu bringen!

Wir haben solche Aktionen häufiger in Praxen durchgeführt bzw. uns von durchführenden Tierärzten berichten lassen. Dabei treten teilweise die kuriosesten Dinge auf. Beispiel: Eine Tierärztin hatte eine Prüfung mit anschließender Telefonaktion vorgenommen. Dabei erfuhr sie etwas, das sie nie für möglich gehalten hätte: Ein Kollege hatte tatsächlich im Markt das Gerücht gestreut, die Tierärztin sei schwanger und würde die Praxis nicht mehr lange führen können. Kein Wunder, daß sich die Anzahl der weggegangenen Kunden überproportional entwickelt hatte.

Der Preis

Aufgrund der Vielzahl von Tierarztpraxen unterscheiden Kunden heute oftmals nur noch über den Preis. Verschärft wird die Situation auch durch die Zunahme der sogenannten „Feierabendpraxen". Praktizierende Tierärzte berichten in unseren Vorträgen und Seminaren, daß die Anzahl der „Preisanrufer" („Was kostet die Impfung xyz bei Ihnen?") deutlich zugenommen hat. Es kommt zu der Situation, daß die (Standard-)Dienstleistungen der Tierarztpraxis als „Me-too-Produkt" gesehen werden; als nur noch über den Preis zu unterscheidende Produkte.

Es ist natürlich eine Herausforderung für den Tierarzt, sich aus diesem Preisspiel zu entfernen. Letztlich gelingt es nur, und manchmal auch

Abbildung 3.3
Me-too-Produkt „Tierarztpraxis"

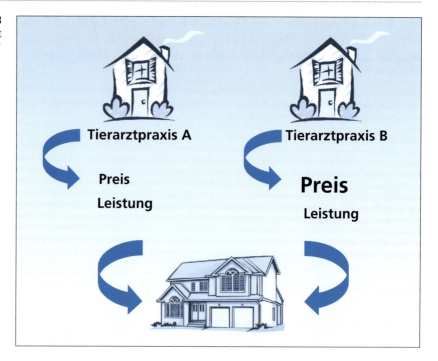

nur teilweise, über die strikte und positive Gesamtleistung der Praxis. Die „Neben- bzw. Zusatznutzen" (z. B. Freundlichkeit des Personals, kundenwirksame Einrichtung, Erfüllung der Kundenerwartungen im allgemeinen etc.) müssen so gut und umfangreich sein, daß der Kunde bereit ist/sein wird, geringfügige Preisunterschiede (= höherer Preis) zu akzeptieren. Des weiteren ist es für den Tierarzt wichtig, seine Leistung und damit den Preis „verkaufen" zu können. Dies wiederum fordert eine verstärkte (verbesserte) Kommunikationsfähigkeit – also Ausbildung am Menschen und nicht am Tier.

Tip: Gehen Sie mit „Preisanrufern" differenziert um. Bestehende, treue Kunden (das können Sie Ihrer EDV entnehmen) können durchaus auch mit mehr oder weniger genauen Preisen versorgt werden. Bei Anrufern/Kunden, bei denen Sie nicht sicher sind, sollten Sie immer eine Preisspanne angeben. („Je nachdem, was schließlich gemacht werden soll/muß – das ist auch abhängig von der Untersuchung des Tieres – liegt der Behandlungspreis zwischen 20 und 30 Mark.") Aggressiven Preisanrufern, die kein Kunde sind und den Preis auf Heller und Pfennig genau wissen wollen, sollte konsequent kein Preis oder auch nur eine Circa-Preisspanne mitgeteilt werden. Im Zweifelsfall: Verzichten Sie auf diesen Kunden (s. nächstes Kapitel)!

4 „Kundenselektion" / Welche Kunden haben Sie verdient?

Zu einer Unternehmensstrategie gehört immer, daß der Unternehmer sich über seine Zielgruppen Gedanken machen muß. Weiteres zum Thema „Strategie" erfahren Sie in einem der folgenden Kapitel. An dieser Stelle soll das Thema eher „mentalitätseigen" betrachtet werden. Was heißt das?

Es gibt eine sehr große Anzahl von Tierärzten, die keinen einzigen Kunden ablehnen, aufgeben und/oder wegschicken wollen. Jeder Kunde, sei er/sie/es noch so problematisch, wird angenommen und in die Kundenkartei eingereiht. Im Laufe der Zeit produziert der Tierarzt dadurch einen negativen und in alle Praxisbereiche hineinwirkenden Streß, der allseitig zur Unzufriedenheit beiträgt.

Beispiele aus der Praxis (!):

- Die aus einem hohen sozialen Engagement des Tierarztes resultierende, kostenlose Behandlung von Tippelbrüdern führte im Ergebnis dazu, daß im Laufe weniger Jahre ein regelrechter „Tourismus" aus ganz Deutschland einsetzte. Der Tierarzt setzt immer mehr Zeit ein, um diese „Kunden" und Behandlungen durchzuführen.

- Ein älterer Herr kommt mit seinem Hund kurz vor Schluß der Sprechstunde in die Praxis und bittet um Durchführung einer Kastration. Obwohl dieser Eingriff bis weit nach Schließung der Praxis dauern wird, nimmt der Tierarzt die Behandlung an. Wenige Monate später ist festzustellen, daß die Anzahl der Kunden, die eine Behandlung außerhalb der Sprechzeiten einfach erwarten, erheblich zugenommen hat.

- Ein Tierarzt sieht keine andere Möglichkeit als die, seine Impfpreise entsprechend der Preisgestaltung umliegender Praxen nach unten zu korrigieren. Um das „Geschäft" zu festigen, fertigt er außerdem eine schriftliche Preisliste für Standardbehandlungen an und schickt diese immer an Anrufer, die einen oder mehrere Preise für Behandlungen erfragen wollen.

- In der Fahrpraxis für Pferde passiert es immer wieder, daß Kolik-Behandlungen von Pferdebesitzern regelmäßig in der Zeit zwischen 18.00 und 20.00 Uhr angemeldet werden. Begründung: „Ich wollte mal abwarten, ob es noch schlimm(er) wird!" Die Tierärzte fahren immer in die Reitställe, natürlich spätabends und nachts. Auch in dieser Praxis kann festgestellt werden, daß Fälle, wie oben beschrieben, über Jahre und ständig zunehmen.

Was ist hier passiert und was passiert hier jeden Tag in vielen Tierarztpraxen Deutschlands?

Tierärzte klagen über hohe Zeitbelastungen, ständigen Termindruck, schimpfen auf Kunden und schließlich auch auf Mitarbeiter, weil vieles aufgrund des ständigen Drucks nicht mehr funktioniert. Andererseits „trauen" sie sich nicht, einzelne Kunden abzulehnen bzw., in Fällen, in denen das nicht möglich ist (Notfall), Mechanismen zu entwickeln, die das Kundenverhalten ändern. Beispielsweise ist es uns im Rahmen einer Beratung gelungen, die Zahl der Kolik-Anrufer (nach 18.30 Uhr) deutlich zu minimieren, indem in den sich anschließenden Rechnungsstellungen eine überdeutliche „Notfallpauschale für Behandlungen nach 18.00 Uhr" ausgewiesen wurde. 75 % aller Anrufe erfolgen mittlerweile bereits zur Mittagszeit, was den Handlungs- und Planungsspielraum erheblich erweitert.

Selbstverständlich ist es so, daß selektiv abgewiesene Kunden bzw. Kunden, die mit bestimmten Mitteln zu einem bestimmten Verhalten hin erzogen werden sollen, auch teilweise unzufrieden werden und schließlich die Tierarztpraxis wechseln (= geringer Prozentsatz). Genau hier muß die Überlegung ansetzen: Welche Kunden möchte ich überhaupt haben? Wenn auf der einen Seite Kunden abgewiesen werden (selektiert) werden, was natürlich niemals zu 100 % funktionieren kann, hat der Unternehmer immer mehr Zeit, sich um andere Kunden zu kümmern. Ggf. kann er sich für Behandlungen und die damit zusammenhängende Kundenkommunikation mehr Zeit nehmen. Vielleicht kann er zusätzliche Leistungsangebote, die ihn deutlich vom Wettbewerb unterscheiden, entwickeln und aufnehmen. Etwas, für das er bei Beibehaltung des „herkömmlichen" Praxisbetriebes nie Zeit hatte. Vielleicht kann er zukünftig die folgende Frage nach jeder Behandlung stellen: „Darf ich sonst noch etwas für Sie tun? Haben Sie noch Fragen an mich?" Überrascht wird er feststellen, daß eine Vielzahl von Kunden hierauf mit tatsächlicher Nachfrage reagiert und er, der Tierarzt, allein deshalb mehr Umsatz macht.

Wenn der Tierarzt mehr Zeit hat, kann er ggf. Vorsorgeprogramme entwickeln, die dazu führen, daß Kunden mehr als ein- oder zweimal im Jahr zu ihm kommen und eine Leistung abnehmen.

Das Ergebnis einer strategischen Kundenselektion und -erziehung wird immer sein, daß hierdurch Raum und Zeit für die Kunden entsteht, die dem Tierarzt etwas bedeuten, und umgekehrt, für die der Tierarzt noch eine hohe Bedeutung hat. Kombiniert mit einem betriebswirtschaftlich durchdachten Angebot wird es immer gelingen, das Unternehmensergebnis trotz reduzierter Kundenzahl zu steigern. Es fehlt eben „nur" der Mut, diesen Schritt zu tun. Wird er getan, muß er konsequent getan werden.

5 Was gibt der Markt wo her?

Bereits im Vorfeld der Praxisgründung bzw. während der gesamten Niederlassungszeit hat der Tierarzt einige Möglichkeiten, immer wieder festzustellen bzw. zu ergründen, wie sich sein Markt entwickelt (hat). Diese Feststellungen sind im Sinne einer ständigen Anpassung der Unternehmensentwicklung regelmäßig vorzunehmen. Einige Möglichkeiten wollen wir nachfolgend darstellen.

Über die örtlichen Stadt- und Gemeindeverwaltungen ist die Anzahl der „steuerzahlenden" Hunde ermittelbar. Selbstverständlich ist auf diese Zahl immer eine Dunkelziffer zu rechnen, die regional unterschiedlich ist. Erfahrungswerte sind ebenfalls bei der Stadt- oder Gemeindeverwaltung erfragbar. Die so ermittelte Anzahl der in Ihrem Marktgebiet vorhandenen Hunde müssen Sie in Relation zu der Anzahl der von Ihnen tatsächlich betreuten Hunde (EDV-Auswertung) setzen. Gleichzeitig müssen Sie die Anzahl der in Ihrem Marktgebiet ebenfalls tätigen Praxen feststellen, um festlegen zu können, welcher Marktanteil sich auf welche Praxen verteilt.

Ermittlung von Tierzahlen

Beispiel:
Die Gemeinde teilt mit, daß in dem betreffenden Gebiet 4.500 Hunde gemeldet sind. Es wird eine Dunkelziffer von 20 % angenommen, also insgesamt 5.400 Hunde. Ihre Praxisauswertung zeigt, daß insgesamt 800 Hunde (aktive Kunden!) in regelmäßiger Behandlung stehen. In Ihrer Umgebung gibt es acht weitere Gemischt- und Kleintierpraxen. Ihr eigener Marktanteil beträgt also 14,81 %. Der durchschnittliche Marktanteil Ihrer Wettbewerber beträgt demnach 10,65 %. Sie haben also den höchsten Marktanteil und wissen jetzt auch, daß Sie hier wohl offensichtlich ein Kompetenzfeld bilden konnten. Es bedeutet aber auch, dies ist eine feststehende Erkenntnis, daß Sie, unter Annahme gleichbleibender Markt-, Absatz-, Angebots- und Preisbedingungen, nur noch schwerlich einen höheren Marktanteil erzielen können. Andererseits eröffnet die anzunehmende, höhere Kompetenzwirkung die Möglichkeit, durch ein sich vom Wettbewerb nochmals deutlich unterscheidendes Angebot, den Anteil zu erhöhen. Wir wissen von einem Praxisbeispiel, in dem der Tierarzt den Bereich „Schwangerschafts"-Diagnostik durch erheblich kundenwirksame Maßnahmen (Mitgabe von Ultraschallaufnahmen, Möglichkeit der Aufnahme auf Video, Überwachung von Haus- und Praxisgeburten, Welpenfotos mit Besitzern nach der Geburt etc.) nochmals eine derartige Kompetenzsteigerung erzielen konnte, daß sein Marktanteil deutlich wachsen konnte.

Bei anderen Tierarten ist es natürlich, aufgrund fehlender öffentlicher Erfassung, deutlich schwerer an Zahlen heranzukommen. Bei Pferdepraxen besteht die realistische Möglichkeit (solche Projekte wurden von uns durchgeführt), durch (eigene) Zählung oder Befragung in Reitställen die Gesamtzahl der dort untergebrachten Pferde zu ermitteln. Zu Ställen, in denen ein Tierarzt überhaupt nicht präsent ist, kann telefonisch Kontakt aufgenommen werden. (..."Im Rahmen einer Marktuntersuchung bitte ich Sie, mir mitzuteilen ...!)

Auch Tierheime und Tierschutz- oder Interessenvereine sowie Pet-Shops und Züchter können manchmal interessante Hinweise zur Entwicklung von Tierzahlen geben.

Was macht der Wettbewerb?

Natürlich trifft man sich bei Kollegenstammtischen und bei Veranstaltungen jedweder Art. Man unterhält sich und erfährt so einiges. Tut man (Tierarzt) das? Wir behaupten: Nein! Oder nur in ganz seltenen Ausnahmefällen. Gerade benachbarte Praxen vermitteln häufig den Eindruck, als wenn sie ein Schweigegelübde abgelegt haben, was auch durchaus verständlich ist. Verständlich ist es allerdings auch, daß ein Unternehmer wissen möchte, wo sein Unternehmen im Vergleich zu den Wettbewerbern steht. Um dies herauszufinden, muß er die Konkurrenzunternehmen aufsuchen, und das ist nicht immer einfach, vielleicht sogar unmöglich. Also wurde vor geraumer Zeit eine Methode gefunden, die auch als „Testkauf" bezeichnet werden kann. Im „Unternehmerauftrag" finden andere Menschen heraus, wie es sich mit dem Gesamtangebot und dem Preisverhalten der Wettbewerber verhält. Dabei kommen sehr oft ganz überraschende Ergebnisse heraus. Andere Dinge, die der Unternehmer schon gerüchteweise gehört hat, bestätigen sich oder erweisen sich als unwahr.

Was hat das alles mit dem Tierarzt zu tun? Eine ganze Menge: Auch der Tierarzt ist Unternehmer und will/muß wissen, wo sein Unternehmen im Markt und im Vergleich zum Wettbewerb steht. Wenn er möglichst objektive Ergebnisse erhalten will, dann darf er sich, wie jeder andere Unternehmer auch, nicht auf Meinungen, Gerüchte oder selektierte Nachrichten verlassen. Er muß selbst tätig werden. Dieses kann auch daraus bestehen, daß er einen guten Freund bittet, einmal seinen Kollegen Müller zur Durchführung der Impfung aufzusuchen. Ohne Hinweis auf diesen „Auftrag", versteht sich. Dabei geht dem Tierarzt zwar dieser Umsatz verloren; die Informationen, die er jedoch über seinen Mitbewerber erhält (Praxiseinrichtung, Einschätzung hinsichtlich der Qualifikation der MitarbeiterInnen, Preisverhalten etc.), können viel mehr wert sein und auch helfen, sein eigenes Leistungsangebot zu prüfen.

Viele von Ihnen werden jetzt denken, daß ein solches Verhalten in höchstem Maße unkollegial ist. Ansichtssache. Nur soviel: Es wird heute schon regelmäßig durchgeführt. Unabhängig davon spricht u. E. nichts dagegen, auch ganz offiziell dem Kollegen einen Besuch abzustatten, um in Erfahrung zu bringen, welche Praxis dieser denn führt.

Standort

Schon bevor sich der Tierarzt für einen endgültigen oder neuen Standort entscheidet, sollte er entsprechende Analysen durchführen. Zum einen ist, neben den in diesem Kapitel erwähnten Marktforschungsmethoden, natürlich auch die Anzahl der niedergelassenen Tierärzte festzustellen. Hierzu ein Tip: Verlassen Sie sich bitte grundsätzlich nicht auf Auskünfte, die Sie von dritter Seite erhalten. Überzeugen Sie sich immer anhand der örtlichen Telefonbücher und Auskunftsverzeichnisse. Des weiteren sollten Sie die selektierten Praxen bei einem Vor-Ort-Termin (mindestens von außen) in Augenschein nehmen.

Auch wenn Sie scheinbar attraktive Immobilienangebote in fernen Städten und Gemeinden erhalten, sollten Sie immer auch ein Gespräch z. B. mit Vertretern der örtlichen Stadt- oder Gemeindeverwaltung über den vorgesehenen Standort führen. Sie erhalten dort wichtige Hinweise darauf, wie das Wohnumfeld ist und können daraus eine Einschätzung hinsichtlich der Kaufkraft in der unmittelbaren Umgebung ableiten. Dieser Punkt ist nicht zu unterschätzen. Ggf. sollten Sie sogar in Betracht ziehen, Kaufkraftkennziffern, z. B. bei der GfK (Gesellschaft für Konsumforschung), zu erwerben. Vorsicht: Es muß ein guter Grund hierfür vorliegen (z. B. Klinikneubau), damit eine solche Investition tatsächlich Sinn macht.

So mancher vertritt die einfache und auch tatsächlich nachvollziehbare Auffassung, daß der Standort gewählt werden sollte, den andere auch schon gefunden haben, weil es offensichtlich „dort ja funktioniert ...". So weit, so gut. An vielen Standorten ist feststellbar, daß mancher potentielle Sitz einer Tierarztpraxis bisher nicht gefunden wurde, weil anderen z. B. das Mietniveau dort zu hoch war. Bei näherer Betrachtung stellt sich jedoch heraus, daß ein solcher Standort hochpotent ist, weil das Umfeld einfach stimmt (beste Wohnlage, viele wohlhabendere Familien etc.). Also: Lassen Sie sich nicht durch „Tagesschau-Headlines" von Ihrer Kreativität abbringen. Zwei Mark mehr je Quadratmeter können 100.000 DM mehr Umsatz bedeuten. Denken Sie in solchen Fällen aber auch daran, daß die Praxis Ihrer Klientel entsprechend eingerichtet und betrieben werden muß.

Auch Fahrpraxen mit Ambulanzbetrieb sollten darauf achten, daß sie von möglichst vielen Kunden wahrgenommen werden. Eine unmittelbare Anbindung an eine Hauptzubringerstraße fördert die Akzeptanz des Kunden, der i. d. R. mit schwerfälligen Hängern unterwegs ist, und sorgt für Werbung, einfach nur durch Auffälligkeit.

Ansonsten sollten Sie die allgemein üblichen Checklisten zur Standortauswahl verwenden:

(Beispiele)

- Unkompliziertes Erreichen mit dem Auto oder dem öffentlichen Personennahverkehr (z. B. Bus)? Unkompliziertes Erreichen der Praxis innerhalb des Gebäudes?

- Ausreichende Parkmöglichkeiten vorhanden (Mitarbeiter/Kunden)?

- Wird die Praxis wahrgenommen?
- Sind ggf. andere Institutionen oder Geschäfte in der Nähe, die aufgrund ihrer eigenen Kundenfrequenz für weitere Wahrnehmung der Praxis sorgen?
- Sind Außenflächen vorhanden, die durch Kunden mit ihren Tieren genutzt werden können?
- Besteht die Möglichkeit, Kunden durch einen zweiten Ein-/Ausgang kommen zu lassen (z. B. Euthanasie)?

6 Modernes Marketing-Mix in der Tierarztpraxis

Das klassische Marketing-Mix (mit den vier „P" = Product, Price, Place, Promotion) ist grundsätzlich auch auf Tierarztpraxen anzuwenden, wobei wir folgende Ergänzungen empfehlen:

Wir ergänzen das Marketing-Mix um ein weiteres „P" (= Personnel), denn wir messen den Menschen (= Chef + Mitarbeiter = Team) eine ganz entscheidende Bedeutung für den Erfolg eines Unternehmens bei.

Zusätzlich zu den traditionellen Marketing-Mix-Begriffen möchten wir zur Verdeutlichung der Kundenorientierung einige weitere Begriffe definieren:

Traditionelles Marketing-Mix:	Kundenorientiertes Mix:	Das bedeutet i. d. Tierarztpraxis:
„Product" (Packaging) Produkt/Dienstleistung (Verpackung, Erscheinung) Standard-Leistungsangebot Service-Leistungen Spezial-Leistungen	**„Acceptability" „Attractiveness"** Akzeptanz, Annehmbarkeit, Attraktivität	Die Produkte bzw. Dienstleistungen müssen Kundenbedürfnisse befriedigen: „Dem Hund/dem Pferd soll es wieder besser gehen!", „Die lästigen Parasiten sollen verschwinden!" „Der Doktor hat immer so viel Verständnis für mich."
„Price" Preise und Konditionen Standard-Preise gemäß GOT bzw. Preisspannenverordnung Preise für Leistungs-Pakete Spezial-Beratungs-Honoraria Aktions-Preise	**„Affordability"** Erschwinglichkeit, Preis-Leistungs-Verhältnis, Achtung: „Smart-shopper"	Die Preise und Konditionen müssen die Kaufkraft der Zielgruppe berücksichtigen, wettbewerbsfähig sein, und das subjektive Nutzen-Kosten-Verhältnis muß positiv sein. „Beim Tierarzt bekomme ich garantiert gute Qualität für's Geld." „Mein Tierarzt ist nicht ganz billig, aber dafür kann ich mich auf ihn verlassen."
„Place" „Distribution(-sweg)", in der Praxis, Fahrpraxis, Versandhandel, Pet-Shop (Logistik)	**„Availability"** Verfügbarkeit, Erreichbarkeit	Aufgrund der besonderen Bedeutung der (ständigen) Erreichbarkeit des Tierarztes und der notwendigen schnellen Verfügbarkeit von Produkten (Wettbewerb durch „Nicht"-Tierärzte in vielen Bereichen) ist diesem Bereich erhöhte Bedeutung zuzumessen. (Es bietet u. U. die meisten Ansätze zur Geschäftsausweitung.)

"Promotion" Werbung, Information, Kommunikation	"Awareness" Kenntnis (Wiedererkennung), Bewußtsein (Assoziation positiver Eigenschaften)	Es muß der Tierarztpraxis gelingen, durch kreative Werbung zum einen potentielle Kunden zu gewinnen und zum anderen Stammkunden durch Unverwechselbarkeit zu binden und immer wieder neu zu begeistern.
"Personnel" Chef + Mitarbeiter = Team Sorgfältige Personalbeschaffung Exzellente Führung Selbständige, eigenmotivierte Arbeit der Mitarbeiter	"Affiliation" Kompetenz, Verbindlichkeit, Glaubwürdigkeit Vertrauen, Verbundenheit	"Echte" Kundenbindung erzeugt man nur durch die Menschen. Letztendlich machen sie den "wahren" Unterschied zum Wettbewerber aus. Deshalb ist ein kundenorientiertes Unternehmen heute immer auch ein mitarbeiterorientiertes Unternehmen.

Um aktiv in die Marketing-Planung einzusteigen, empfehlen wir die Verwendung von Mind-Maps, da sich mittels dieser Methode sehr vielschichtige und komplexe Konzepte leicht und relativ übersichtlich erarbeiten lassen. Für die fünf „P" haben wir auf den folgenden Seiten einmal beispielhaft entsprechende Maps angelegt. (Für diejenigen, die diese Methode anspricht, empfehlen wir das Software-Programm Mindmanager, über das Internet unter http://www.mindmanager.de zu beziehen.)

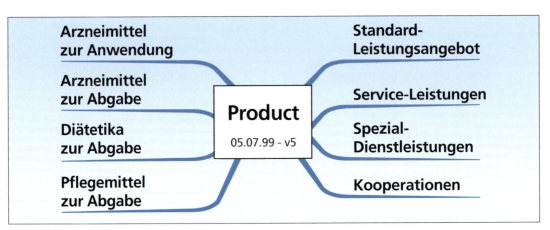

Abbildung 6.1 „Mind-Map": Product

Modernes Marketing-Mix in der Tierarztpraxis

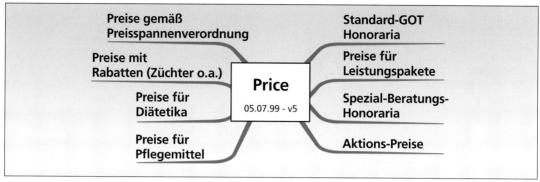

Abbildung 6.2 „Mind-Map": Price

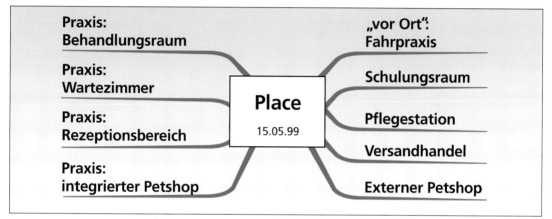

Abbildung 6.3 „Mind-Map": Place

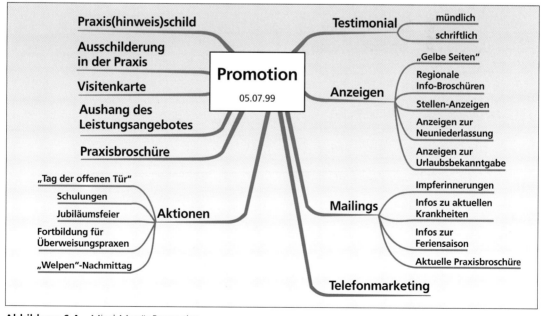

Abbildung 6.4 „Mind-Map": Promotion

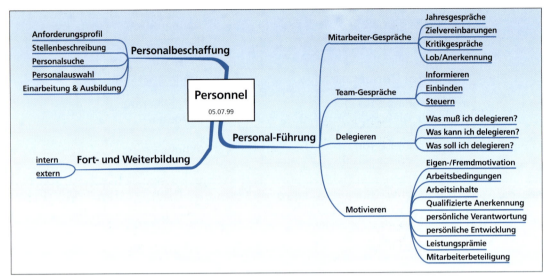

Abbildung 6.5 „Mind-Map": Personnel

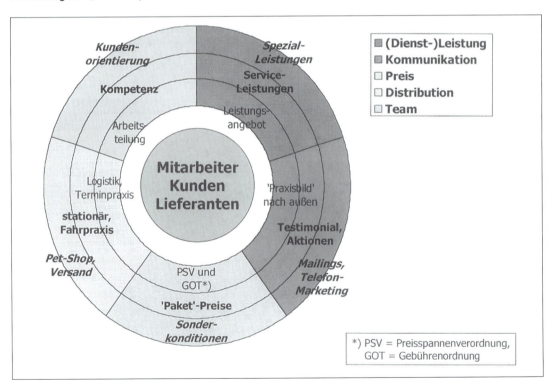

Abbildung 6.6 Marketing-Mix in der tierärztlichen Praxis

7 Kundenkommunikation zur Positionsbestimmung

Wie jedes Unternehmen im Markt, muß sich natürlich auch der „Unternehmer" Tierarzt mit den Bedürfnissen und Erwartungshaltungen seiner Kunden auseinandersetzen, will er auf Dauer erfolgreich sein. Diesem Gedanken liegt die Erkenntnis zugrunde, daß nicht das Tier, sondern eben der Mensch die Rechnung des Tierarztes bezahlt, sogar die (medizinische) Leistung des Tierarztes immer (subjektiv) beurteilt und nach außen kommuniziert. Hierzu gibt es übrigens eine Reihe von Untersuchungen in Dienstleistungsberufen. Diese sagen übereinstimmend aus, daß der sogenannte Multiplikatoreffekt des Kunden bei bis zu 25 liegt; d. h., daß ein zufriedener bzw. unzufriedener Kunde die von ihm empfundene Leistung innerhalb eines bestimmbaren Zeitraums an Nachbarn, Verwandte, Freunde etc. kommuniziert.

Zufriedene Kunden/Unzufriedene Kunden – Möglichkeiten und Folgen

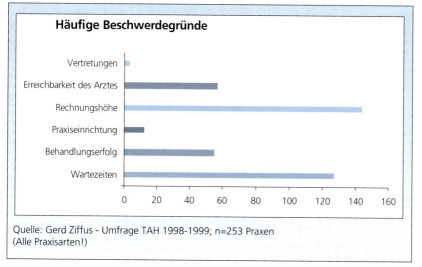

Abbildung 7.1
Gründe für die Unzufriedenheit von Kunden

(Eigene Befragung (1998–1999) von insgesamt 253 Tierarzthelferinnen aus unterschiedlichen Praxen zu den ihnen gegenüber von Kunden genannten Beschwerdegründen.)

Zur Orientierung für die Praxis sind in der obenstehenden Übersicht einige bisher festgestellte Unzufriedenheitsgründe von Kunden aufgelistet. Zudem kann es bei verschiedenen Praxisarten, auch in Abhängigkeit regionaler Besonderheiten, noch zu ganz anderen Gründen für Unzufriedenheit kommen. Wichtigste Botschaft ist, daß ein Tierarzt immer auch unzufriedene Kunden hat, die es ihm gegenüber aber nur selten kommunizieren. Tip: Die Tierarzthelferin in einer Praxis weiß häufig mehr und hat zuverlässigere Informationen als der Tierarzt selbst. Auch ein Grund, regelmäßig mit der Helferin über das Verhalten der Kunden (speziell und im allgemeinen) zu sprechen.

Kunden-befragungen und Kundengespräche

Um der Unzufriedenheit von Kunden entgegnen (entgehen) zu können und, ganz im Gegenteil, ihren Wünschen, wo immer es möglich und sinnvoll ist, entsprechen zu können, bedarf es wiederum einer zielgerichteten Kommunikation mit seinen Kunden.

Als sehr gutes Mittel haben sich regelmäßige, schriftliche Kundenbefragungen herausgestellt. Achtung: Möglichst „offene Fragestellungen" und positive Formulierungen.

Beispiel:

Wie sollten Ihrer Meinung nach die Sprechzeiten zukünftig geregelt werden?

☐ Mo. – Fr. 10.00 – 12.00 / 15.00 – 18.00

☐ Individuelle Terminzeiten (nach Ihrer Wahl und Vereinbarung)

Wichtig sind also möglichst offene Fragestellungen, bei denen der Kunde tatsächlich eine Auswahlmöglichkeit hat und nicht Ihre Meinung in Fragestellung präsentiert bekommt.

Es gibt eine Vielzahl von Fragen, die Sie stellen können. Um nur einige wenige zu nennen (und auch Ihnen hiermit Denkanstöße zu geben!):

- *Würden Sie sich über die Möglichkeit freuen, während Ihrer Wartezeit ein Getränk zu sich nehmen zu können (Kaffee, Tee, Mineralwasser etc.)?*

- *Wie gefällt Ihnen unsere Einrichtung?*

- *Möchten Sie gern zusätzliche Artikel bei uns kaufen können (Tierfutter, Zubehör für Hunde und Katzen etc.)?*

- *Wie beurteilen Sie die Freundlichkeit und „Menschlichkeit" unserer Praxismitarbeiter?*

- *Was wünschen Sie sich von Ihrem Tierarzt am meisten?*

Solche Befragungen zu unterschiedlichsten Themen machen nur Sinn, wenn sie aktiv eingesetzt werden. Heißt also, keine Auslage im Wartezimmer, sondern aktives Verteilen mit der Bitte um Bearbeitung. Dies kann auch darin bestehen, daß ein Kunde z. B. nach einem Besuch – auch im Rahmen der Fahrpraxis – eine Praxisbroschüre zugesandt bekommt, der ein Fragebogen und ein frankierter Rückumschlag beiliegt. Wenn Sie ca. 200–300 Fragebögen gesammelt haben, geht es an die Auswertung. Sie erhalten repräsentative Aussagen und können nun entscheiden, ob es Bereiche in Ihrer Praxis gibt, die ggf. einer weitgehenden Änderung unterworfen werden müssen.

Übrigens: Wenn Sie oder Ihr Praxispersonal keine Zeit für solche Auswertungen haben, dann ist das auch ein Job, der an Schüler oder Studenten, i. d. R. für wenig Geld, vergeben werden kann. Der Nutzen rechtfertigt allemal den Aufwand.

Und bitte beachten: Ein „klassischer" Kummerkasten wird maximal von 1 % aller Besucher eines Unternehmens genutzt wird. Das Kummerkasten-Ergebnis ist also alles andere als repräsentativ. Außerdem sind Kummerkasten-Schreiber nie die „typische" Klientel eines Unternehmens. Die gilt es aber zu erreichen. Wir wollen von den Kunden etwas wissen, die zwar selten (nie) etwas sagen, die aber trotzdem etwas wurmt und bei denen sich erst nach langer Zeit so viele Ressentiments aufgebaut haben, daß sie der Praxis fernbleiben. Ohne Ihren Kummerkasten benutzt zu haben. Befragungen müssen aktiv durchgeführt werden: Die vorbereiteten Kundenbefragungen (möglichst nicht länger als eine Seite DIN A4) werden von der Tierarzthelferin, zusammen mit einem Kugelschreiber, an jeden Kunden ausgegeben: „Guten Tag, Frau Müller! Schauen Sie bitte. Wir wollen wissen, was wir noch besser machen können. Seien Sie bitte so nett und füllen den Fragebogen aus. Wenn ich Sie gleich aufrufe, können Sie ihn wieder bei mir abgeben. Einverstanden? Vielen Dank!" Auf diese Art und Weise sammeln Sie im Laufe der Zeit eine Menge Fragebögen ein. Nach zwei bis drei Monaten sollten Sie mit der Auswertung beginnen.

Die Ergebnisse Ihrer Kundenbefragung sollten Sie veröffentlichen, um allen Ihren Kunden zu zeigen, welche mehrheitlichen Wünsche existierten. Auf diese Art ziehen Sie auch noch den einen oder anderen Kunden auf Ihre Seite, der sich innerlich noch sehr kritisch zu einer angekündigten Veränderung zeigt. (Ach, so viele wollen das, ... dann muß das wohl richtig sein.")

Auch eine Art Kundenbefragung beinhaltet natürlich die Möglichkeit zur direkten, persönlichen Kommunikation mit dem Kunden, aktives Zuhören vorausgesetzt. Wie wäre es, wenn Sie ab sofort Ihren Kunden nach jeder Behandlung des Tieres, sei es in den Praxisräumen oder im Reitstall, fragen: „Haben Sie noch Fragen an mich? Darf ich noch etwas für Sie tun?" Keine Zeit dafür? Dann machen Sie etwas nicht richtig. Aber das wissen Sie vermutlich schon, wahrscheinlich von Ihrem Lebenspartner oder Ihrer Lebenspartnerin.

Sprechen Sie mit Ihren Kunden?

Wenn Sie sich die Zeit nehmen, diese Fragen zu stellen, werden Sie überrascht sein, wieviele und welche Antworten Sie bekommen. Wir wissen dies aus eigener Erfahrung. Schon einige Male haben wir Tierärzte in Coaching-Prozessen in die Ställe und in der Praxis begleitet und veranlaßt, daß eben diese Fragen gestellt werden. Nicht nur, daß sich ungeahnte Auskunftsbegehren zeigten; sie führten immer wieder dazu, daß dem Tierarzt Neuigkeiten mitgeteilt wurden, die für eine Weiterbehandlung durchaus hilfreich waren. Beispiel: Im Rahmen einer Fahrpraxis Pferde wurde auffällig, daß die Pferde häufiger an Erkrankungen der Lungenwege litten. Auf die oben dargestellten Fragen des Tierarztes wollte die Besitzerin wissen, ob sie nachts im Stall lieber „ein oder zwei Heizöfen" aufstellen solle, damit es die Tiere auch gemütlich haben. Kein Kommentar, oder? Natürlich ein recht eindrucksvolles Beispiel, das nicht immer so spektakulär ausfallen muß. Es reichen aber oft schon Kleinigkeiten, die Ihnen in der täglichen Arbeit helfen können. Unabhängig davon wissen wir, daß der Umsatz der Praxis steigt, allein durch eine Nachfragesteigerung des Kunden. Hierfür müssen Sie ihm nur Gelegenheit geben. Also fragen Sie!

8 Strategie

Warum muß sich jeder Tierarzt mit diesen Themen auseinandersetzen?

„Der Langsamste, der sein Ziel nicht aus den Augen verliert, geht noch immer geschwinder, als der ohne Ziel umherirrt", hat der Philosoph Gotthold Ephraim Lessing einmal gesagt. Wenn Sie die folgenden Kapitel durchgearbeitet haben, werden Sie nicht nur diesen Satz grundsätzlich bestätigen, sondern auch die Bedeutung der drei nebenstehenden Begriffe für Ihr Unternehmen einschätzen und anwenden können.

Mission, Ziele, Strategie, Vision

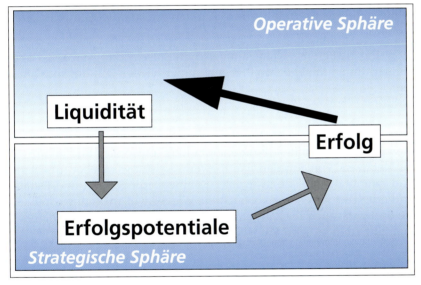

Abbildung 8.1
Zielverfolgung im Unternehmen ist ein unaufhörlicher Prozeß: Erfolge (Umsätze, Gewinne) sichern die Liquidität. Liquidität ermöglicht Investitionen in neue Erfolgspotentiale.

Beginnen wir mit dem vielleicht einfachsten Begriff „Mission". Und jetzt sind Sie gefordert: Beschreiben Sie doch einmal mit höchstens 25 Worten so genau wie möglich, was die Besonderheit Ihrer Praxis oder Klinik ausmacht, und zwar so, daß es ein Laie gleich versteht und interessiert ist, mehr zu erfahren.

- Was ist das besondere „Highlight" Ihres Unternehmens (möglichst etwas, was kein anderer Ihrer Nachbarkollegen zu bieten hat)?
- Welche besonderen Kundenbedürfnisse befriedigen Sie (Denken Sie bitte nicht nur an medizinische bzw. technische Dienstleistungen, sondern auch an Ihren besonderen Service [z. B. Hausbesuche, Kleintier-Taxi, „Full-Service", Rekonvaleszenten-Station ...])?
- Welche Kunden(-Zielgruppen) haben Sie (Sportpferde-Besitzer, Hundebesitzer, Züchter, Exoten-Heimtierhalter, wohlhabendes oder weniger

betuchtes Klientel, Überweisungspraxen, Tierbesitzer aus der Region oder aus einem großen Einzugsbereich ...)?

Ob Sie das Ganze dann schlicht Beschreibung Ihres Unternehmens, oder wie die Amerikaner es „mission statement" nennen, spielt keine entscheidende Rolle. Es hilft Ihnen auf jeden Fall bei Ihren weiteren strategischen Überlegungen. Vielleicht sind Ihnen bei der Erarbeitung Ihrer Unternehmensbeschreibung auch Ideen gekommen, die Sie zukünftig aufgreifen wollen:

- Sei es, daß Sie einen Assistenten einstellen wollen, der es Ihnen einerseits ermöglicht, kundengerechtere Öffnungszeiten und zusätzliche Dienstleistungen anzubieten, und der Ihnen andererseits mehr zeitliche Freiräume verschaffen soll.

- Oder sei es, daß Sie sich noch stärker auf dermatologische, chirurgische oder andere Schwerpunkte konzentrieren – also spezialisieren – wollen. Oder sei es, daß Sie gemeinsam mit anderen Kollegen eine Internet-Sprechstunde für Ihre Kunden anbieten wollen oder, oder, oder ...

Jetzt sind Sie bereits voll im strategischen Entscheidungsprozeß. Dabei können Ihnen folgende drei Fragen immer wieder „auf die Spur" helfen:

Was ist mein Hauptziel – beruflich und privat?

Bitte versuchen Sie zunächst, Ihr jetziges oder zukünftiges Unternehmen und Ihren damit verbundenen Einsatz (persönlich und finanziell) im Netzwerk von Kunden, Wettbewerb, Leistungsangebot (qualitativ und quantitativ), politisch-sozialer Rahmenbedingungen und Familie und/oder Partnerschaft zu betrachten. Wieviel wollen, können, müssen Sie und ggfs. auch Ihr Partner/Ihre Familie investieren, um erfolgreich und zufrieden zu sein? Wo will ich in 3, 5 oder 10 Jahren „stehen"?

Tue ich die richtigen Dinge (strategische Frage)? Oder: Was muß ich tun, um an mein Ziel zu gelangen?

Wenn mein Ziel z. B. folgendes ist:

„In drei Jahren soll mein Unternehmen die leistungsbezogen führende Pferdeklinik im Raum Baden-Württemberg sein." (Anm.: zugegebenermaßen ein recht anspruchsvolles Ziel, oder?)

Welches sind die richtigen Dinge (aus Kundensicht), um dieses Ziel zu erreichen?

- Ich stelle drei weitere Assistenten ein.

- Ich erweitere meine Klinik um einen großen Stall und großzügig angelegte Trainingsanlagen.

- Ich führe ein neuartiges Lifecycle – Gesundheitsprogramm mit modernster Diagnostik, mit optimierter Leistungsernährung – und ein ausgereiftes Reha-Maßnahmen-Konzept ein.

Tue ich die Dinge richtig (operative Frage)?

Wie mache/bewerkstellige ich das?

Abgesehen von der Wahl/dem Überdenken der geeigneten Praxisform, der Finanzierung/Investitionsrechnung und den bereits erörterten Marktforschungsgrundlagen setzt an dieser Stelle die Erarbeitung des klassischen Marketing-Mix ein:

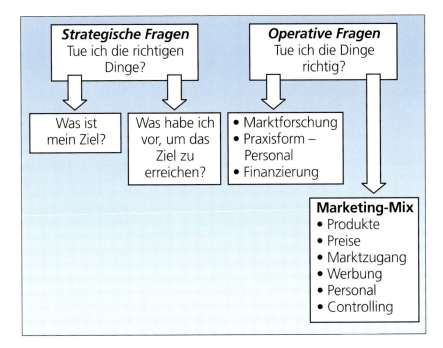

Gemeinschaftspraxis?

Wie wir im Kapitel „Der Markt für Tierärzte" beschrieben haben, gehen wir in der Veterinärmedizin einen Konzentrations- und Zentralisierungsweg. Hinzu kommen die notwendigen Spezialisierungen und Fachausrichtungen. Dies alles läßt sich auf Dauer nicht allein erreichen, der Zusammenschluß von Tierärzten wird zur Normalität. Dies wird auch durch die unumstößliche, betriebswirtschaftliche Erkenntnis gestützt, welche besagt, daß Gemeinschaftspraxen (das zeigen Betriebsvergleiche) i. d. R. erfolgreicher sind als Einzelpraxen. Auf Praxisgemeinschaften gehen wir nicht explizit ein, da sie weit weniger „kompliziert" in der Umsetzung sind, häufig schon gebildet wurden und ebenso häufig eine Vorstufe zur Gemeinschaftspraxis darstellen.

Gründung und Führung einer Gemeinschaftspraxis

Es entstehen immer wieder Unsicherheiten bei der Gründung einer Gemeinschaftspraxis, die im schlimmsten Fall dazu führen können, daß diese Praxen bereits nach wenigen Monaten oder Jahren wieder vor dem „Aus" stehen.

Diesbezügliche Erfahrungen werden sehr häufig berichtet, weshalb es mittlerweile eine ganze Reihe von Tierärzten gibt, die dem Thema sehr verschlossen gegenüberstehen. In über 50 % unserer Beratungsfälle haben wir uns deshalb mit dieser Thematik auseinanderzusetzen.

Es ist nicht unser Ziel, an dieser Stelle Rechts- oder Steuerberatung zu leisten. Dies bleibt den entsprechenden Fachleuten vor Ort vorbehalten. Deshalb direkt am Anfang ein wichtiger Tip: Wenn Sie eine Gemeinschaftspraxis (oder Gruppenpraxis bzw. Praxisgemeinschaft) gründen wollen, schalten Sie bitte sehr frühzeitig Ihren Steuerberater und auch einen Rechtsanwalt ein. Nicht, um damit Mißtrauen und „Nichtwollen" auszudrücken, sondern um diesem bedeutsamen Vorgang die notwendigen Fachkenntnisse angedeihen zu lassen. Denn: Ein wichtiger Grund, weshalb z. B. Gemeinschaftspraxen scheitern, sind unprofessionelle Verträge, die sich an irgendeinem Muster orientieren, das aber die individuellen Bedürfnisse und Problemstellungen gar nicht berücksichtigen kann. Kommt es dann später zu Auseinandersetzungen oder Meinungsverschiedenheiten, führen diese dann häufig zu grundsätzlichen Diskussionen, an denen sich die Gemüter erhitzen und, die Spirale dreht sich weiter, aufgrund derer eine Gemeinschaftspraxis scheitern kann. Verträge sind immer „Scheidungspapiere", sonst bräuchten wir sie nicht. Diejenigen Verträge, die ein Leben lang in der „Schublade liegen", sind immer die besten, aber wenn sie aus der Schublade geholt werden (müssen), dann sollten sie so ausführlich sein, daß kein umfangreicher Streit entstehen muß, der zudem das menschliche Verhältnis zueinander nachhaltig trüben kann.

Weshalb überhaupt eine Gemeinschaftspraxis?

Unsere Beratungen und damit zusammenhängende Bewertungen haben gezeigt, daß Gemeinschaftspraxen grundsätzlich erfolgreicher sind als Einzelpraxen. Die Gründe hierfür liegen auf der Hand:

- In einer Gemeinschaftspraxis werden auch kostenintensive Geräte gemeinschaftlich, also von zwei oder mehr Tierärzten genutzt. Hieraus folgt ein sogenanntes „Cost-Sharing-Prinzip". Dieses Cost-Sharing-Prinzip ist auch ein häufiger Grund, weshalb es zu Praxisgemeinschaften kommt. Praxen also, die sich über die (geringe) Entfernung zusammenschließen, um z. B. ein Ultraschallgerät gemeinsam auszulasten. Über einen höheren Auslastungsgrad der Geräte werden die Erträge maximiert.

- Durch unterschiedliche Spezialisierungen in einer Gemeinschaftspraxis (z. B. Chirurgie + Internistik) wird das Gesamtleistungsangebot größer und für den Kunden attraktiver. In einer Einzelpraxis ist der Praxisinhaber häufig gefordert, möglichst viel anbieten zu können, was natürlich nur eingeschränkt oder überhaupt nicht gelingt. Folge: sehr viele Überweisungen und damit zusammenhängende Umsatzverluste. In einer Gemeinschaftspraxis können viele Fälle im Hause weiterbehandelt bzw. ergänzend behandelt werden. Die Erträge entwickeln sich entsprechend.

- Sprechstunden in einer Gemeinschaftspraxis (hier am Beispiel Kleintierpraxis) können variabler gestaltet werden. Während z. B. ein Tierarzt die offene Sprechstunde durchführt, ist der andere Tierarzt für die reine Terminsprechstunde zuständig. Hierdurch können auch unterschiedliche Zielgruppen angesprochen werden. Der Gesamtzulauf zur Praxis kann sich, Leistungsfähigkeit vorausgesetzt, erhöhen.

- Für jeden der Tierärzte verbleibt mehr Zeit und Raum für Fortbildungen, da er ständig „vertreten" werden kann, ohne dies aufwendig und auch teuer organisieren zu müssen. Die hieraus resultierenden, tiefgehenden Fachkenntnisse kommen erkennbar dem Kunden zugute, der diese Kompetenzen immer auch (subjektiv) werten und kommunizieren wird. Ebenso können Behandlungen zielgerichteter durchgeführt werden. Der einzelne Tierarzt kann sich „sein" Fachgebiet aussuchen, profitiert aber trotzdem von dem Spektrum des in der Gemeinschaftspraxis tätigen Kollegen über den automatisch stattfindenden Wissenstransfer.

- Für den „alternden" Tierarzt ist die rechtzeitige Gründung einer Gemeinschaftspraxis ein Garant dafür, daß sein Lebenswerk nicht irgendwann für wenig Geld an einen Nachfolger verkauft werden muß. Immer wieder können wir feststellen, daß ältere Tierärzte den Wert ihrer Praxis schmälern und gegen „Null" gehen lassen, da sie sich ab einem bestimmten Alter, was verständlich ist, nicht mehr um alle Praxisbelange und Kunden engagiert kümmern können. Abwanderungen und Umsatzrückgänge sind die Folge. Zum Verkaufspunkt ist dann die Praxis nicht mehr viel wert. Dem könnten die betroffenen Tierärzte, wie ausgeführt, durch die Gründung einer Gemeinschaftspraxis und die Aufnahme eines jüngeren Kollegen entgegentreten. Ein wertvoller Beitrag zur Alterssicherung, denn der jüngere Kollege erhält sicherlich später die Möglichkeit zur kompletten Praxisübernahme. Da die Preise hierfür allerdings Jahre vorher ausgehandelt worden sind, muß kein Verlust befürchtet werden.

- Last but not least bleibt dem einzelnen Tierarzt mehr Zeit für Familie und Freizeit. Ein Umstand, der viel zu häufig unterschätzt wird. Dies wird immer dann deutlich, wenn wir in den Beratungen erleben, wie sich Ehe- und Lebenspartner der Tierärzte hinsichtlich ihrer privaten Situation äußern.

Der letztgenannte Punkt soll auch der Aufhänger für die Vorgehensweise zur Gründung einer Gemeinschaftspraxis sein:

Eine Vision und die daraus abzuleitende Strategie kann niemals ohne Berücksichtigung der Familie entwickelt werden. Ein Grund, weshalb wir bei der Absicht zur Gründung einer Gemeinschaftspraxis immer auch die „betroffenen" Ehe-und Lebenspartner mit an den Tisch holen. Von diesen möchten wir erfahren, was ihre Zielsetzungen sind und ob sie sich mit den Plänen ihrer Partner einverstanden erklären. In einer Buchveröffentlichung zu einem anderen Thema haben wir diese Personengruppe als unvermeidliche und wichtige „Mitentscheider" bezeichnet. Naheliegend sind natürlich diejenigen Menschen, wie etwa Ehefrau, Ehemann und Lebenspartner, die im direkten Umfeld des Tierarztes zu finden sind. Eine Aufgabe, manchmal sogar eine echte Herausforderung bedeutet es, die Meinungen und Einwände dieser Mitentscheider überhaupt kennenzulernen. In der Regel werden Sie als derjenige, der sich um die Gründung einer Gemeinschaftspraxis bemüht, nicht bei innerfamiliären Gesprächen und Diskussionen Ihrer potentiellen Partner anwesend sein. Die Einwände und Gesprächsbeiträge dieser Personen sind für Sie ein wichtiges Anzeichen dafür, wie das Vorhaben der Gemeinschaftspraxis auch in der Zukunft begleitet wird und wie das informelle Umfeld des jeweiligen Tierarztes aussehen wird. Wenn sich der Eindruck verfestigt, daß der Lebenspartner dem Vorhaben definitiv ablehnend gegenübersteht, sollten Sie im Zweifelsfall auch von einem ansonsten „geeigneten" Partner Abstand nehmen.

Die meisten seiner Vorhaben, erst recht die existentiell bedeutsamen, kommuniziert der Mensch in seinem persönlich-privaten Umfeld und ist für jedes Feedback außerordentlich empfänglich. Zudem steht jeder Mensch innerhalb verschiedenster Gruppen. Da er nicht in jedem Fall diesen Gruppen formell oder informell vorsteht, orientiert er sich an der Gruppenmeinung und den Gruppennormen, zumindest, solange er Mitglied dieser Gruppe ist. Jeder Mensch läßt sich also durch andere

Menschen beeinflussen und adaptiert Meinungen. Diesen Umstand macht sich das moderne Produktmarketing und die Marketingkommunikation schon lange zunutze. Es ist also nicht Ausdruck von Unselbständigkeit, wenn im Umfeld eines Menschen mehr oder weniger Mitentscheider existieren.

Wenn die grundsätzliche „Mitwirkung" aller Beteiligten feststeht, müssen die Rahmendaten für eine Partnerschaft im Sinne der Gemeinschaftspraxis festgestellt werden. Dabei machen wir auf einen der häufigsten Fehler aufmerksam: Zumeist ist es so, daß ein Tierarzt, der über (lange) Jahre seine Praxis aufgebaut hat, einen Partner aufnehmen möchte. Oft handelt es sich um einen fähigen Assistenten, dessen Weggang auch einen erheblichen Verlust für die Praxis bedeuten würde. „Neugründungen" von Gemeinschaftspraxen (Zusammenschluß sich neu niederlassender Tierärzte) sind relativ selten. Häufig ist nun festzustellen, daß unmittelbar sogenannte 50/50-Partnerschaften eingegangen werden. Partnerschaften also, bei denen dann vom ersten Tag an jedem Tierarzt 50 % der Praxis gehören. Wir raten dringend davon ab! Gründe:

Das „Psychogramm" eines bis dato angestellten Tierarztes/Partners verändert sich in seiner neuen Rolle immer! Es gilt also zunächst einmal festzustellen, ob die „neue" Person immer noch so gut zur Praxis und zum ehemaligen Alleininhaber paßt. Dies geht risikominimiert nur dann, wenn der ehemalige Alleininhaber nach wie vor die Mehrheit und damit Entscheidungsgewalt behält.

In diesem Zusammenhang: Mit einem Partner gehen Sie tagtäglich in höherem Zeitumfang um als mit Ihrem Ehepartner. Also gilt gerade hier der Grundsatz: Drum prüfe, wer sich ewig bindet. Eine gleichberechtigte Partnerschaft stellt eine solche Bindung definitiv dar.

Der zu ermittelnde Praxiswert ergibt zumeist ein recht hohe Summe. Nehmen wir den Beispielswert 650.000 DM. (Zu Praxisbewertungen selbst werden wir am Schluß dieses Kapitels noch etwas ausführen). Bei einer 50/50-Partnerschaft hätte der hinzukommende Partner also die Summe von 325.000 DM zu erbringen. Dies ist meist recht schwer zu realisieren, und bedingt, wenn es dennoch aufgebracht werden kann, einen hohen finanziellen Druck, der sich wiederum in deutlichen Verhaltensänderungen ausdrücken kann. In jedem Falle sicherer ist es, den Partner in seine Rolle auch finanziell hineinwachsen zu lassen. Eine Anfangsbeteiligung von z. B. 10 % mindert den Druck erheblich. Es ist übrigens keine Alternative, den Anteilskaufpreis über zukünftige Gewinnansprüche zu verrechnen. Dies kann in Teilen ergänzend vereinbart werden, sollte aber eine Kaufpreiszahlung nicht ersetzen. Auch hier hat die Erfahrung gezeigt, daß nur ein Partner, der tatsächlich auch für etwas bezahlt hat, sich wie ein Partner (Effektivität, Motivation etc.) verhalten wird. Ausnahmen bestätigen natürlich die Regel, aber eher selten.

„Wo liegt dann noch der Vorteil für einen hinzukommenden Partner?", mögen Sie sich fragen. Antwort: Er hat in mehrerlei Hinsicht Vorteile:

- Bei im Vergleich zum ehemaligen Gehalt gleichbleibender Entnahmemöglichkeit erleidet der neue Partner keinen finanziellen Verlust. Im Gegenteil: Über seine Beteiligung ist er am Gewinn beteiligt und kann entsprechenden Mehrwert abschöpfen. Seine Arbeit tut er nicht mehr „nur" für ein gleichbleibendes Gehalt.
- Der Name des neuen Partners wird auf dem Briefbogen stehen und somit für alle Kunden der Praxis als Partner ausgewiesen. Unabhängig vom eigenen Ego steht er bei der Kundschaft kompetenter dar und kann sich auch anders präsentieren.
- Trotz der Minderheitsbeteiligung werden dem Partner über den Gesellschaftervertrag Mitspracherechte eingeräumt. In welchem Umfang ist schließlich Verhandlungssache. In solchen Gesellschafterverträgen wird häufig der Umfang vom Unternehmensanteil abhängig gemacht (Definition zustimmungsbedürftiger Geschäfte mit mindestens 10 %, 25 %, 50 %, 75 % und 100 % der Anteile).

Ein Partnerschaftsvertrag über eine anfängliche Minderheitsbeteiligung kann auch Bestimmungen für weitere Kaufoptionen enthalten. Der neue Partner hat also Perspektiven, die ihn auch in der Zukunftsplanung sicher machen.

In unserer Beratungspraxis hat sich die Gründung von Gemeinschaftspraxen in der beschriebenen Art als erfolgreicher herausgestellt. Und ein weiterer Pluspunkt darf nicht vergessen werden: Sollte die neue Partnerschaft sich als nicht mehr haltbar erweisen, ist es wesentlich einfacher, wieder voneinander Abstand zu nehmen. Dies natürlich insbesondere zum Vorteil des „Senior- bzw. Hauptpartners". Es wäre allerdings auch überhaupt nicht einzusehen, wenn jemand, der die Praxis über viele Jahre und allein aufgebaut hat, nach z. B. einem halben Jahr schließlich erfolgloser Partnerschaft, das unbedingte Nachsehen aus einem Auflösungsprozeß hat.

Die besprochene Art der Gemeinschaftspraxisgründung schließt eine gleichberechtigte Partnerschaft auf Dauer übrigens nicht aus. Wenn nach zwei bis drei Jahren der Erfolg der Gemeinschaftspraxis insgesamt und in jeder Hinsicht bilanziert werden kann, spricht überhaupt nichts mehr gegen 51/49 (50/50).

Die Gestaltung des Gemeinschaftspraxisvertrages

Bei der Vertragsgestaltung zur Gründung einer Gemeinschaftspraxis müssen viele Besonderheiten berücksichtigt werden. Es lauern Gefahren, wie beispielsweise das BGH-Urteil vom 14.07.1997 (II ZR 238/96, NJW Heft 37/97, Seite VIII) zeigt:

Der Gesellschaftsvertrag mehrerer selbständig praktizierender Tierärzte enthielt ein nachvertragliches Wettbewerbsverbot, nachdem ein ausscheidender Gesellschafter „im Umkreis von 30 km vom Sitz der

Praxis keinerlei tierärztliche Tätigkeit ausüben darf". Der BGH erklärte das vereinbarte Wettbewerbsverbot für sittenwidrig und damit nichtig, da es in zeitlicher, räumlicher und gegenständlicher Hinsicht über das notwendige Maß weit hinausging. Die Vereinbarung war daher insgesamt nichtig und konnte auch nicht durch eine Festlegung des Gerichts von zeitlichen, räumlichen und gegenständlichen Grenzen des Verbots ersetzt werden.

Sie ersehen allein aus diesem Urteil und der damit verbundenen Fallstricke, wie wichtig die Einholung eines fachkundigen Rates, u. a. bei einem Rechtsanwalt, ist. Nachfolgend haben wir eine Checkliste der u. E. regelungswürdigen Punkte zusammengestellt:

- Errichtung/Zweck (Präambel)
- Vereinbarungen zur Spezialisierung einzelner Partner (Zuständigkeitsbereiche)
- Name und Sitz
- Dauer der Gesellschaft
- Kündigungs- und Ausschließungsregelungen
- Sorgfaltsmaßstäbe
- Gesellschafterfestlegung, Höhe der Einlagen, Erbringung der Einlagen
- Feststellung des Firmenwertes (u. a. für Einlagenberechnung wichtig)
- Beteiligung an Gewinn und Verlust
- Rücklagenregelung
- Regelungen über Beschlußfassungen und Mehrheitsverhältnisse
- Geschäftsführung und Vertretung
- Differenzierung der Praxiseinnahmen und Ansprüche der Gesellschaft an den Praxiseinnahmen
- Festlegung der notwendigen Praxisausgaben und Kompetenz einzelner Vertragspartner, Ausgaben in bestimmten Größenordnungen zu veranlassen
- Haftpflichtversicherungen
- Pflichten der Vertragspartner (z. B. Arbeitszeit)
- Urlaubsregelung und Gründe für Dienstbefreiung
- Freistellungsregelungen für berufliche Weiterbildungen
- Regelungen für den Krankheitsfall und für den Fall der Berufsunfähigkeit
- Ausscheidungsgründe und Abfindungsregelungen
- Verfahren bei Auflösung der Gesellschaft
- Wettbewerbs- bzw. Rückkehrverbot
- Schlußbestimmungen (u. a. Salvatorische Klausel)

Ein Vertrag, der Regelungen zu den o.a. Punkten enthält, kann durchaus einen Umfang von bis zu 30 Seiten haben. Das erscheint Ihnen vielleicht viel, ist aber für den Fall der Fälle, der Trennung aufgrund einer

Kündigung des Vertrages, häufig noch zu wenig. Davon wissen Gerichte und Anwälte ein Lied zu singen. Bitte denken Sie immer daran, daß Verträge „Scheidungspapiere" sind. Sie sollen entweder eine Scheidung über klare Definitionen (Ausschließung von Mißverständnissen: „Du weißt ja, was ich meine ...!") und Festlegung von eindeutigen Spielregeln verhinden, oder aber dafür Sorge tragen, daß eine Scheidung möglichst glimpflich verläuft. Motto: Es muß nicht (viel) gestritten werden, weil von Beginn an eindeutige Regelungen gefunden wurden.

Zur Praxis der Praxisbewertung

Wir stellen immer wieder fest, daß Praxen (= Unternehmen) nach einem Schema bewertet werden, daß wohl irgendwann einmal und durch wen auch immer in die Welt gesetzt worden ist. Anders läßt es sich nicht bezeichnen, da eine rationale Erklärung nach heutigen Erkenntnissen in Sachen „Unternehmensbewertung" nicht klar werden kann. Die uns bekannte Formel lautet ungefähr so: „40–50 % des durchschnittlichen (Brutto-)Umsatzes der letzten drei Jahre". Nach dieser oder einer ähnlichen Formel werden auch heute noch Tierarztpraxen munter verkauft. Wie falsch diese Formel sein kann, wird allein durch folgendes Beispiel deutlich: Eine Praxis erwirtschaftete vor drei Jahren einen Jahresumsatz von 1 Mio. DM. Vor zwei Jahren erwirtschaftete sie 1,2 Mio. DM. Im laufenden, fast abgeschlossenen Geschäftsjahr wird voraussichtlich ein Gesamtumsatz von 1,25 Mio. DM erzielt. Wenn die Praxis ausschließlich nach diesen Zahlen und unter Zuhilfenahme der o.a. „Formel" bewertet wird, wird ausschließlich eine Vergangenheitsbetrachtung durchgeführt. Dies ist nicht mehr zeitgemäß. Was ist mit dem Gegenwarts- und Zukunftswert? Diese Werte richten sich z. B. auch nach folgenden Gesichtspunkten (Beispiele):

- Der Seniorpartner, der bisher die Praxis allein führte, beabsichtigt im Laufe der nächsten sechs Monate auszusteigen, d. h., seine weiteren Anteile an die Juniorpartner zu verkaufen. Da die Bindung der Kunden an den Seniorpartner sehr hoch ist, besteht ein höheres Risiko, daß eine risikofreie Kundenübergabe an verbleibende Partner nur schwer möglich ist. Die Gefahr für einen deutlichen Umsatzrückgang ist gegeben.

- In der Umgebung haben viele weitere Praxen kürzlich eröffnet (alternativ: geschlossen). Es steht zu befürchten, daß ein Umsatzrückgang über die Neuverteilung von Marktanteilen erfolgt.

- Mehrere wichtige Schlüsselkunden, die z. B. bisher ca. 25 % des Gesamtumsatzes ausmachten, sind weggebrochen (im landwirtschaftlichen Bereich übrigens keine Seltenheit). Dieser Umsatzanteil wird durch die Normalklientel nur schwer auffangbar sein.

- Die Praxis hat erst kürzlich eine digitale Röntgenanlage gekauft. Aufgrund der damit verbundenen Alleinstellung im Markt und einem hohen Anteil professioneller Reiter kann angenommen werden, daß eine deutliche Umsatzausweitung stattfinden wird.

Diese wenigen Beispiele dürften ausreichen, Ihnen die Hilflosigkeit des Unterfangens einer normierten Unternehmensbewertung klarzumachen. Lassen Sie sich nicht täuschen: Es gibt zwar viele „festgelegte" Unternehmensbewertungsarten, keine davon ist tatsächlich fair und trifft den wahren Wert eines Unternehmens. Wenn Ihre Praxis einen niedrigen Vergangenheitswert besitzt, die Gegenwarts- und Zukunftsfragen allerdings außerordentlich positiv beantwortet werden können, dann besteht kein Grund zur einschränkenden Zurückhaltung. Last but not least ist es immer eine Frage der Nachfrage und des Angebots. So haben wir z. B. in einem Fall eine Praxis mit einem durchschnittlichen Umsatz, bezogen auf die letzten drei Jahre, von 1,4 Mio. DM zu einem Preis von 1 Mio. DM veräußern können. Ein deutlicher Unterschied zu dem Ergebnis, welches mit obenstehender Formel erzielt worden wäre, oder nicht?

Der Wert von Tierarztpraxen wird u. E. sowieso steigen. Aufgrund der vielen Neuniederlassungen und der hohen Anzahl von Feierabendpraxen werden eingeführte Praxen, die über sichere Marktanteile verfügen, begehrter. Und dazu gibt es dann eine einfache volkswirtschaftliche Regel: Angebot und Nachfrage.

10 Finanzierung

In der Praxis sind häufig Tierärzte anzutreffen, die bei der Finanzierung ihrer Praxen falsch beraten wurden und noch immer werden. So einfach dieser Satz klingt, so zutreffend ist er: Neuniedergelassene Tierärzte, denen von Hausbanken nie etwas über Existenzgründungsdarlehen bzw. -programme gesagt wurde; existierende Praxen, die aufgrund „tolerierter" Überschreitungen von Dispositionslinien erhebliche Zinsleistungen zu erbringen haben. Der Anspruch dieses Buches kann es, auch aus Aktualitätsgründen, nicht sein, alle Finanzierungsmöglichkeiten im einzelnen aufzuzählen. Deshalb hier nur einige grundlegende Tips:

- Bei einem Existenzgründungsvorhaben sollten Sie ausreichend Zeit für die Finanzierungsseite veranschlagen. Bei vielen Programmen (Deutsche Ausgleichsbank, Kreditanstalt für Wiederaufbau) ist es so, daß mit dem eigentlichen, selbständigen Vorhaben noch nicht begonnen werden darf, will man nicht die Zusage und Gewährung der geförderten Darlehen gefährden. Ähnlich oder gleichlautend verhält es sich bei anderen Programmen, die im Rahmen einer Kreditvergabe an Existenzgründer in Anspruch genommen werden können. Erkundigen Sie sich immer bei der örtlichen Industrie- und Handwerkskammer nach aktuellen, teilweise regional-spezifischen Möglichkeiten (z. B. Ausfallbürgschaften etc.).

- Es ist völlig normal, wenn Ihnen Ihre Hausbank immer auch ein bankeigenes Programm zusätzlich „verkaufen" will. Die Provisionen, die Hausbanken für Existenzgründungsprogramme erhalten, sind aus deren Sicht recht gering. Der Ertrag bei eigenen Programmen ist natürlich höher. Sie sollten dies einfach akzeptieren und eine Quote von zinsgünstigen und bankeigenen Programmen in Höhe von 30 % des Gesamtfinanzierungsbedarfs durchaus akzeptieren.

- Lassen Sie sich nicht „verhaften". Gehen Sie mit Sicherheiten gegenüber der Bank (Grundschulden, Bürgschaften, Abtretungen etc.) nicht zu großzügig um. Auch die Bank muß, will Sie mit Ihnen ins (gleichberechtigte/gute) Geschäft kommen, einen sogenannten Blankoanteil übernehmen. Dieser sollte, in Abhängigkeit von der Gesamtdarlehenshöhe, bei 30–80 % liegen. Wenn Sie der Bank eine 100-%-Absicherung geben, dann sollten Sie bedenken, daß im Notfall die Bank überhaupt keinen Antrieb für die Herbeiführung einer mittelfristigen Lösung haben muß. Im Zweifels- und Kündigungsfall ist sie ja abgesichert.

- Bei der Kapitalbedarfsrechnung sollten Sie, insbesondere wenn Existenzgründungsprogramme in Anspruch genommen werden können, großzügig sein. Viele Probleme ergeben sich erst im nachhinein, wenn der Gesamtbedarf nicht korrekt ermittelt wurde und schließlich Liquiditätsprobleme entstehen. Hier helfen auch oft die Hausbanken nicht gern weiter, weil sie, bei Ausschöpfung der Sicherheiten, sehr vorsichtig auf Nachfinanzierungsbedarf reagieren. Planen Sie also alle Ihre Kosten (einschließlich notwendiger Personalkosten) auf die Dauer von mindestens sechs Monaten, ohne nennenswerte Erträge anzunehmen. I. d. R. dürften Sie damit auf der sicheren Seite stehen. Wenn Sie sich schon selbständig machen wollen, dann müssen Sie dies auch mit allen Kosequenzen und in Anbetracht damit zusammenhängender Risiken tun. In der Finanzierungsphase Geld sparen zu wollen, erweist sich häufig als ein nicht wiedergutzumachender Fehler.

- Wenn Sie gegenüber den Banken Zusagen machen, dann prüfen Sie vorher, ob Sie diese Zusagen auch einhalten können. Wenn Sie daran Zweifel haben, dann geben Sie erst dann eine Zusage, wenn Sie weitestgehend sicher sind. Nichts ist im Verhältnis zu Banken „tödlicher" als die Nichteinhaltung von Zusagen. Da Bankgeschäfte immer Personengeschäfte sind, profitiert das Verhältnis vom Vertrauen zueinander. Und lassen Sie sich deshalb auch nie zu Zusagen drängen, weil z. B. der Bankmitarbeiter sonst „unter Druck" gerät.

- Nach Aufnahme Ihrer Geschäfte ist es wichtig, daß Sie in allererster Linie Eigenkapital und Rücklagen bilden. Ohne diese Finanzmittel und bei dauernder Inanspruchnahme von Krediten und Dispositionslinien stehen Sie ansonsten in ständiger Abhängigkeit von der Bank. Uns sind Fälle bekannt, in denen Banken dann tatsächlich einen solchen Druck ausüben können, daß sie die eigentlichen „Chefs" der Tierarztpraxis sind.

- Bei langfristigen Darlehen wird Ihnen häufig das Angebot unterbreitet, eine langfristige Zinsfestschreibung (z. B. 5 oder 10 Jahre) zu vereinbaren. Wenn die Zinsen auf einem günstigen Niveau stehen und die Zinsprognose ungünstig ausfällt, ist das natürlich ratsam. Vergessen Sie dabei nie, sich eine Sondertilgungsmöglichkeit einräumen zu lassen (z. B. 15 % p.a.). Versäumen Sie dies und wollen Ihr Darlehen früher als vorgesehen (teilweise) tilgen, kann das Kreditinstitut ansonsten eine sogenannte „Vorfälligkeitsentschädigung" verlangen. Diese ist recht teuer und macht i. d. R. jede vorgezogene Tilgung schon im Planungszustand zunichte. Auch wenn das Verhältnis zu Ihrem Kreditinstitut einmal getrübt ist und Sie den Wechsel Ihrer Darlehen zu einer anderen Bank vorsehen, wird dies bei langfristigen Darlehen ohne Sondertilgungsleistungen kostensparend nicht möglich sein. Bei einer Sondertilgungsvereinbarung haben Sie zumindest die Möglichkeit erste Darlehensgeschäfte (= Sondertilgungsbeträge) mit Ihrer neuen Bank aufzunehmen.

Um Ihnen einen groben Anhalt für die Aufstellung einer Kapitalbedarfsrechnung zu geben, beachten Sie bitte die nachfolgenden Checkpunkte:

    Investitionen (Geräte, Ein- und Umbauten, EDV, Software etc.)
+ Geringwertige Wirtschaftsgüter (z. B. Instrumente)
+ Kosten für Erstberatungen (Steuerberater etc.)
+ Lohnkosten für die ersten 6–9 Monate
+ Lebenshaltungskosten für die ersten 6–9 Monate
+ Erstausstattung des Lagers/der Apotheke
+ Raumbetriebs- und –unterhaltungskosten für die ersten Monate
= Summe 1
./. Eigenkapital
= Summe 2 = Finanzierungsbedarf.

Über Bankprogramme sollten Sie insbesondere den Teil der Finanzierung abwickeln, der variabel ist, d. h., bei dem Sie nicht wissen, ob Sie das Kapital tatsächlich benötigen.

Achten Sie *immer* auf die Einräumung eines ausreichenden Dispositionskredites und denken Sie daran, daß oft nicht das buchhalterische Ergebnis über Erfolg oder Mißerfolg der Praxis entscheidet, sondern die Liquidität (flüssige Mittel). Sie müssen in der Lage sein, länger als geplante Rechnungslaufzeiten, ungeplante Reparaturen, plötzlich notwendige Anschaffungen etc. verkraften zu können. Als Faustformel für die Höhe des Dispositionskredites sollten Sie ca. die durchschnittliche Höhe eines monatlichen Rechnungslaufes planen. Praxen, die noch keine Erfahrungswerte besitzen, sollten mit mindestens 10.000 DM von Beginn an planen.

Kostenmanagement

Ziel dieses Kapitels soll es sein, Ihnen bei Ihrer Arbeit zu mehr Effektivität und Effizienz in Ihrer Praxis bzw. Klinik zu verhelfen.

Das Thema „Kostenmanagement" ist sehr komplex und zudem mit teilweise komplizierten Rechenvorgängen verbunden. Dies möchten wir Ihnen im folgenden Kapitel soweit wie möglich ersparen – können aber nicht ganz darauf verzichten.

Warum ist ein gutes Kostenmanagement für die moderne Tierarztpraxis erfolgsbestimmend? Eine Antwort darauf gibt Philip Rosenthal:

Wer zu spät an die Kosten denkt, ruiniert sein Unternehmen,
wer immer zu früh an die Kosten denkt, tötet die Kreativität.

... man könnte auch sagen „den Fortschritt".

Eine zweite Antwort gibt uns die Situation auf dem Markt:

In Deutschland sind immer mehr Menschen von Arbeitslosigkeit betroffen oder bedroht. Die Reallöhne und damit die Kaufkraft steigen nicht mehr in der über lange Zeit gewohnten Weise. Das bedeutet für alle Unternehmen, also auch für das Dienstleistungsunternehmen Tierarztpraxis, daß die Leistungen entweder günstiger angeboten oder kaufkräftige(re) Kunden angesprochen werden müssen. Das ist – bezogen auf die Tierarztpraxis – leicht gesagt, denn durch Ihren Standort haben Sie sich zumindest, was den letzten Punkt betrifft, vermutlich bereits festgelegt.

Um dennoch den zugleich wachsenden Qualitätsansprüchen gerecht zu werden, müssen einerseits die Leistungen für den Kunden spürbar verbessert werden. Andererseits müssen die Kosten optimiert, d. h. in der Regel gesenkt werden.

Bei Kleintier- und Pferdepraxen kommt erschwerend hinzu, daß der Wettbewerbsdruck durch ständig neue Praxen, aber auch durch Tierheilpraktiker oder Pet-Shops deutlich zunimmt. Modernes Kostenmanagement kann dem Tierarzt in dieser Situation gute Dienste leisten. Denn:

Ein effektives und effizientes Kostenmanagement trägt
zur mittel- bis langfristigen Sicherung der Wettbewerbsfähigkeit
und damit zur Gewinnoptimierung bei.

Um diese Ziele zu erreichen, möchten wir zunächst auf einige Voraussetzungen eingehen.

**Voraus-
setzungen**

Die wesentlichen Voraussetzungen für effektive und effiziente Kostensenkungsmaßnahmen setzen folgendes voraus:

Kostenmanagement ist keine vorübergehende Maßnahme, sondern eine ständige Aufgabe des Unternehmers bzw. Praxismanagers „Tierarzt", sie kann also nicht delegiert werden. Warum ist das so?

Zu den wesentlichen Aufgaben des Managers gehören die Planung, die Organisation, die Führung und schließlich auch das Controlling im Unternehmen. Auf allen Ebenen muß der Tierarzt Kosten „managen":

- auf der Planungsebene, indem er die voraussichtlichen Kosten für Strategien und deren Umsetzung kalkuliert;
- auf der Organisationsebene, indem er bestrebt ist, die notwendigen Ressourcen (Instrumente, Arzneimittel, Hilfsmittel, EDV usw. aber auch Personal = Kosten) so günstig wie möglich einzukaufen und einzusetzen;
- auf der Führungsebene, indem er die Umsetzung und Erreichung der Ziele durch wirkungsvolle Motivation und Delegation steuert;
- auf der Controllingebene, indem er den fortschreitenden Prozeß regelmäßig auf Erfolg oder Mißerfolg überprüft und gegebenenfalls Kurskorrekturen vornimmt.

Kostenmanagement bleibt aber nicht auf den Unternehmer beschränkt, dieser muß vielmehr bei allen Mitarbeitern ein anhaltendes Kostenbewußtsein schaffen. Das bedeutet, alle Mitarbeiter müssen in die kostensenkende Maßnahmenplanung und Kontrolle eingebunden oder zumindest in verständlicher Weise darüber informiert werden. Auf der Führungsebene muß es also gelingen, den Mitarbeitern zu vermitteln, wie sie nicht nur durch kundenorientiertes Verhalten Mehrumsatz bewirken, sondern auch durch „umsichtige" Arbeitsweise zur Einsparung wertvoller Ressourcen beitragen können. Es sind dabei häufig die Kleinigkeiten, die große Wirkung haben. Eine Tierarzthelferin z. B., die die Arbeitsabläufe der Praxis und die Arbeitsweise des Chefs gut kennt, kann in einer Bestellpraxis z. T. Arbeitsspitzen vermeiden helfen und Leerlaufzeiten geschickt durch (Nach-)Impftermine füllen. (Anregungen hierzu finden Sie in den Kapiteln „Personal" und „Tierarzthelferin".)

Führen Sie in größeren Praxen quartalsweise Qualitätszirkel ein, in denen nicht nur die Qualität der Dienstleistungen der Praxis besprochen werden, sondern auch Kostenanalysen gemeinsam durchgeführt werden. Das bedeutet, daß jeder Mitarbeiter „Selbstkontrollen" im Hinblick auf Kostensenkung oder Kostenoptimierung durchführt.

Eine rigorose, pauschale Kostensenkung in allen Bereichen macht keinen Sinn. Vielmehr muß die Relation zwischen Kosten und Leistung deutlich gemacht werden. Eine bestimmte qualitativ hochwertige Dienstleistung (z. B. ein OP oder ein spezielles Diagnoseverfahren) ist u. U. mit relativ hohen Kosten verbunden. Wenn sie aus medizinischer Sicht oder aus Gründen der Abgrenzung zu anderen Praxen notwendig ist, könnte es fatal sein, sie aus Kostensenkungsgründen nicht mehr anzubieten. Genauso falsch wäre auch die Entscheidung, plötzlich nur noch alle drei Tage Kleinstmengen von Arzneimitteln oder Verbrauchsmaterialien einzukaufen, ohne den administrativen Aufwand und den entgangenen Zinsvorteil zu kalkulieren und u. U. zu riskieren, daß ein häufig nachgefragtes Abgabeprodukt nicht ausgehändigt werden kann und der Kunde zur nächsten Apotheke läuft.

Das bedeutet also: Eine sorgfältige Analyse ist notwendig:

- Identifizierung der Kostentreiber bzw. der kostentreibenden Faktoren
- Zuordnen der Kosten zu Umsatzträgern (Erfolgsfaktoren)
- Differenzieren nach variablen und fixen Kosten, daraus folgernd nach kurz-, mittel- und langfristig beeinflußbaren Kosten (s. Übersicht; auf der anzufordernden Diskette finden Sie eine noch umfangreichere Liste)

Kosten(art)	variabel		fix	
	beeinflußbar innerhalb von		beeinflußbar innerhalb von	
	3 Monaten	6 Monaten	12 Monaten	mehr als 12 Monaten
Verbrauchsmaterial	■			
Werbekosten	■			
Stromkosten	■			
Lohnkosten Hilfskräfte	■	■		
Außenstände	■			
Lohnnebenkosten		■		
Arzneimittelvorräte		■		
Kfz-Kosten			■	
Gehälter			■	
Miete und Pachten				■
Abschreibungen				■

Abbildung 11.1
Variable und fixe Kostenarten

- Differenzieren nach leicht meßbaren und eher versteckten Kosten (leicht meßbar = ablesbar an Rechnungen bzw. an den exakt erfaßten Aufwendungen; eher versteckt = Kosten, die z. B. durch ineffizienten Arbeitseinsatz verursacht werden).

Kosten(art)	meßbar		versteckt	
	ohne EDV	mit EDV	ohne EDV	mit EDV
Stromkosten				
Werbekosten (Effizienz)				
Verbrauchsmaterial				
Lohnkosten Hilfskräfte				
Gehälter				
Außenstände				
Lohnnebenkosten				
Arzneimittelvorräte				
Kosten/Kunde				
Kosten/Behandlung				
Kosten/Arbeitsvorgang				
Kosten/Mitarbeiter				

Legende: leicht / mittelschwer / sehr aufwendig

Abbildung 11.2
Meßbare und versteckte Kosten(arten)

Nur so können Sie letztendlich feststellen, an welchen Stellen Sie Einsparungen vornehmen können bzw. müssen. Beispielsweise können zu hohe Lagerbestände die laufenden Kosten in die Höhe treiben, erst recht, wenn erhebliche Außenstände festzustellen sind und die Kundenfrequenz deutlich nachläßt.

Oder aber es sind hohe Personalkosten zu verzeichnen, und auf der anderen Seite sind MitarbeiterInnen nicht ausgelastet.

Nutzen Sie die folgende Übersicht, um konkrete Kostensenkungsmaßnahmen oder auch Kostenerhöhungsmaßnahmen zu planen. (Eine ausführliche Excel-Datei finden Sie auf der anzufordernden Diskette.)

Ist-Wert am 30.07.	Ist-Wert am 30.01.	Benchmark (Soll) DM/Jahr	Kosten (Kategorie) Kosten(art)	Maßnahmen zur Kostensenkung od. -erhöhung	Umsetzbar in (Monaten)	Einfluß der Kostenmaßnahme auf Mitarbeiter	Kunde
40.000	45.000	36.000	Arzneimittel – kurativ	Lagerorganisation	3	neutral	neutral
				Losgrößenoptimierung	6	neutral	neutral
1.000	0	2.000	Fort-/Weiterbildung	EDV-Kurse	3	positiv	neutral

Abbildung 11.3 Kostenanalyse in der Tierarztpraxis (Beispiel)

Kosten können nicht oder nur selten gesenkt werden, ohne betriebliche Prozesse/Abläufe zu optimieren (Zeitmanagement).

Ein banales Beispiel ist das „Briefeschreiben". Werden immer wieder gleiche Briefe individuell geschrieben, steigen die Kosten für Bürotätigkeiten enorm in die Höhe.

Ein häufig zu beobachtendes Phänomen ist, daß gerade fortschrittliche Praktiker ihre Tierarzthelferin bei der Durchführung der Anamnese mit einsetzen. Das ist eine grundsätzlich gute Maßnahme, aber wenn dann der Kunde im Sprechzimmer noch einmal mit den gleichen Fragen konfrontiert wird, vergeht nicht nur unnötig Zeit, sondern dieser fragt sich auch, was das wohl soll.

Ein weiteres Beispiel ist die komplexe Lagerhaltung, die durch systematische Abläufe und ggf. Delegation deutlich Zeitersparnisse und damit Freisetzung von Ressourcen – in Form von Arbeitskraft – bedeutet. Denken Sie aber bitte nicht nur an das stationäre Lager, sondern auch – sofern Sie eine Fahrpraxis betreiben – an das Be- und Entladen, Checken und Nachfüllen des Pkws. Durch unsystematisches Arbeiten werden hier nicht nur Kosten produziert, sondern auch Nerven strapaziert, wenn unterwegs etwas fehlt.

Wirkungsvolles, konsequentes Kostenmanagement ist ohne gezielten EDV-Einsatz schwer möglich, weil eine zu große Menge an Daten erfaßt und ausgewertet werden muß. Hierzu zwei Bemerkungen:

Spätestens am Ende dieses Kapitels werden Sie uns zustimmen, daß die EDV aus fast allen Praxen fast nicht mehr wegzudenken ist.

Aber auch der effektive Einsatz der EDV ist in der Praxis keineswegs selbstverständlich. So setzt nach jüngsten Untersuchungen nur rund ein Drittel der mit EDV ausgerüsteten Tierärzte Buchhaltungs- und Apothekenverwaltungs-Software ein. Das sind aber gerade die Bereiche, in denen erfahrungsgemäß Kostenreserven aufgedeckt werden könnten.

In dem Kapitel „Investitionen" erfahren Sie, daß und wie sich die Investition in eine leistungsfähige EDV rechnet; und in dem Kapitel „EDV" geben wir Ihnen einen Leitfaden zur Beschaffung von Hardware und Software.

„Kosten managen" im Managementprozeß

Ein Weg zu dem Ziel, Kosten zu minimieren, ist der, sie gar nicht erst ausufern zu lassen oder von vornherein so zu planen, daß entstehenden Kosten entsprechende Einnahmen gegenüberstehen. Dazu unterscheidet man – wie bereits im Kapitel „Strategie" behandelt – folgende zwei Fragestellungen:

Die langfristige Planung fragt nach den weitreichenden Veränderungen („Was?"):

„Tun wir das Richtige?"

Z. B.: Soll ich ein Ultraschallgerät anschaffen?

Die kurz- bis mittelfristige Planung fragt nach dem „Wie?":

„Tun wir es richtig?"

Z. B.: Wie setze ich das Ultraschallgerät effektiv (zur besseren Diagnose, zur Kundenbindung ...) und effizient (häufiger Einsatz zur schnellen Amortisation, optimal integriert in den Praxisablauf ...) ein?

Die Entscheidungs- und Wertschöpfungskette von Investition, Erfolg und Liquidität macht deutlich, daß es keine scharfe Trennung zwischen strategischen (mittel- bis langfristigen) Überlegungen und operativen (eher kurzfristigen) Entscheidungen gibt.

In der operativen Sphäre sichern die Erfolge mit Ihren Produkten und Dienstleistungen Ihre Liquidität. Das setzt natürlich voraus, daß Sie nicht zu hohe Außenstände haben. Basierend auf der Liquidität können Sie – strategisch durchdacht – in neue Dienstleistungen investieren. Sie schaffen sozusagen neue Erfolgspotentiale, die nach Realisierung im positiven Falle wieder zu Erfolgen, sprich Gewinnen, führen. Erfolgspotentiale können auf personellen „Ressourcen" beruhen, d. h., Sie stellen z. B. einen weiteren Assistenten ein und können dadurch mehr Kunden pro Tag bedienen. Erfolgspotentiale können aber auch auf technologischen Ressourcen beruhen, d. h., Sie investieren in neue Diagnostik oder in einen modernen OP-Saal und schaffen dadurch die Voraussetzungen für eine (noch) erfolgreichere, umfangreichere Chirurgie. Erfolgspotentiale können aber auch in immateriellen Werten stecken, in der Industrie würde man z. B. in Markenwerbung investieren, in der Tiermedizin kann das u. U. gleichbedeutend sein mit der Investition in überregionale Tätigkeit in Form von Publikationen oder forschender Tätigkeit, die wiederum ebenfalls zu Erfolgen der Praxis beitragen kann.

In jedem Fall müssen Sie genau abwägen, wieviel Kapital Sie kurz-, mittel- oder langfristig investieren und welchen Gewinn (Erfolg) Sie kurz-, mittel- oder langfristig erwirtschaften wollen.

Kostenmanagement und Werbung

Gerade wenn Sie in neue Erfolgspotentiale investieren wollen, kommen Sie heute an der Werbung nicht mehr vorbei. Denn auf irgendeine Weise müssen Sie ja Ihren Kunden vermitteln, daß Sie zusätzliche Dienstleistungen anbieten oder Ihr Praxisteam verstärkt haben. Denn schließlich steht auch der Tierarzt im Wettbewerb mit anderen Kollegen und Dienstleistern. Und die Tierarztpraxis ist heute nicht mehr die unausweichliche Anlaufstelle für Kunden mit kranken Tieren. Ihre Kunden können auswählen und tun das auch, d. h., Werbung ist auch aus Kostenmanagement-Sicht ein wichtiger Erfolgsfaktor, der keineswegs zu unterschätzen ist.

Werbung und Information

Ganz „geschickte" Tierärzte sprechen nicht von Werbung, sondern von Information und meinen, damit das Standesrecht korrekt anzuwenden. Nun kann man darüber sicherlich lange streiten, wann eine Information zu reißerischer und/oder irreführender Werbung wird. Tatsache ist schon immer gewesen und wird es wohl auch in Zukunft sein, daß die beste Werbung in der und für die Tierarztpraxis die erfolgreiche und kundenorientierte Leistung des Personals bzw. Praxisteams ist, d. h., Personalkosten sind zu einem gewissen Teil Werbungskosten.

Planen Sie bewußt einen Werbeetat!

Aber es reicht sicherlich heute nicht aus, Ihre Stammkunden nur durch Ihre Leistung zu überzeugen und zu werben. Aus diesem Grunde sollten Sie ganz bewußt einen Werbeetat planen, aus dem Sie z. B. die Finanzierung einer Praxisbroschüre oder einen „Tag der offenen Tür" speisen.

Indem Sie Ihre Mitarbeiter fördern – z. B. mit Seminaren zum Umgang mit Kunden – investieren Sie indirekt in die Werbung. Auch das sollten Sie tun. Wie Sie hierbei richtig vorgehen, zeigen wir Ihnen im Kapitel „Fortbildung".

Wie hoch soll/darf der Werbeetat sein?

Da es sehr stark davon abhängt, welche Maßnahmen Sie unter Werbung zusammenfassen (z. B. nur Printmedien, Impf-Erinnerungen oder ähnliche Mailings), kann hier kein allgemeingültiger Prozentsatz genannt werden. Mehr als 2–3 % des Umsatzes sollten allerdings nicht überschritten werden.

Wir empfehlen Ihnen, differenziert vorzugehen und je nach Zielgruppe und Informationsgehalt die Werbe- oder Informationsmaßnahme mit dem besten Kosten-Nutzen-Verhältnis zu wählen.

Wie hoch soll/darf der Werbeetat sein?

Wann eignet sich welches Instrument, und wie rechnet es sich?

Kunz Kauz sagt Ihnen, mit welchen Instrumenten Sie die größtmögliche Wirkung erzielen und ein vergleichsweise gutes Kosten-Nutzen-Verhältnis erzielen:

	Mund-Propaganda	Telefon-marketing	Mailing	Praxis-Broschüre
Größenordnung der Kosten	0 DM	2,- bis 5,- DM pro Kunde	1,50 bis 3,- DM pro Kunde (Auflage >100)	1,- bis 10,- DM pro Kunde (Auflage >1.000)
Beschreibung Ihres kompletten Diagnose-, Therapie-, Beratungs- und Service-Angebotes	bedingt	bedingt	bedingt	gut
Individuelles Diagnose-, Therapie-, Beratungs- und Service-Angebot	bedingt	gut	bedingt	weniger
Neue Kunden nach dem ersten Besuch	gut	bedingt	bedingt	bedingt
Stammkunden	gut	gut	gut	bedingt
Nicht-Kunden	gut	bedingt	bedingt	gut
Angebot einer neuen med. Dienstleistung	gut	gut	gut	gut (bei Nachdruck)
Tag der offenen Tür	gut	bedingt	bedingt	gut

🦶 gut geeignet   📷 bedingt geeignet   ✋ weniger geeignet

Abbildung 11.4
Kosten-Nutzen-Verhältnis bei Werbe- oder Informationsmaßnahmen

Lagerbestandsführung und Einkaufswesen

In der Wirtschaft faßt man die operativen Aufgaben der Beschaffung unter dem Begriff „Einkauf" zusammen. Die Zielsetzung ist die reibungslose und kostenoptimale Versorgung der sogenannten Bedarfsträger (= in unserem Fall Tierärzte) in einem Unternehmen. In der Tierarztpraxis bedeutet dies:

- Sicherstellen, daß alle notwendigen Arzneimittel und Verbrauchsmaterialien, Diätetika und ggf. Pflegemittel sofort oder schnell zu günstigsten Kosten in ausreichender Menge verfügbar sind
- Optimaler Einsatz des durch Lagerhaltung gebundenen Kapitals
- Optimaler Einsatz der Personalressourcen zur Steuerung von Beschaffung und Lagerbestandsführung

Im allgemeinen unterscheiden wir heute vier wesentliche Aufgabenfelder:

- Aushandeln von Einkaufskonditionen (dies übernimmt in aller Regel der Chef oder ein entsprechend dazu bestimmter Mitarbeiter mit relativ weitreichenden Kompetenzen)
- Bestellungen und Rechnungswesen (dies sollte nach Möglichkeit eine Tierarzthelferin übernehmen)
- Lagerbestandsführung (dies sollte ebenfalls nach Möglichkeit eine Tierarzthelferin übernehmen)
- Bestückung einzelner Behandlungsräume oder der Dienstfahrzeuge (bei Fahrpraxis) (dies sollte ebenfalls nach Möglichkeit eine Tierarzthelferin übernehmen – in Abstimmung mit den Tierärzten/dem Tierarzt)

Führen Sie zunächst einmal eine Bestandsaufnahme durch!

- Ermitteln Sie Ihre umsatzstärksten Artikel (der sogenannten „Schnelldreher")! Führen Sie diese Analyse möglichst vierteljährlich durch!
- Mit welchen Artikeln (Arzneimitteln, Verbrauchsmaterialien usw.) wollen Sie in den kommenden 6–12 Monaten arbeiten? – Welche Artikel wollen Sie auslaufen lassen?
- Ermitteln der Jahres-Bedarfsmengen der Artikel, die Sie zukünftig einsetzen wollen?
- Versuchen Sie, die zukünftige Nachfrage-Entwicklung bzw. Einsatzhäufigkeit abzuschätzen!
- Lassen Sie von Ihrer Tierarzthelferin die Artikel-Stammdaten (Preise – Einkauf/Verkauf; Konditionen, Haltbarkeit, Lagerraum) erfassen!
- Ermitteln Sie Ihren derzeitigen Lagerbestandswert zu Einkaufspreisen!

Maßnahmen zur Optimierung des Personaleinsatzes für Lagerbestandsführung und Einkauf

- Delegieren Sie die Abwicklung des Einkaufs (Bestellung, Einlagerung usw.)

- Delegieren Sie die Ausstattung (tägliches Auffüllen) der Sprechzimmer und der Fahrzeuge! Lassen Sie dazu Bedarfslisten anfertigen, um den Aufwand zu minimieren! (Die Tierärzte sollten auf diesen täglich zu erneuernden Listen den Verbrauch vermerken.)
- Legen Sie gemeinsam mit dem für die Einkaufsabwicklung zuständigen Mitarbeiter Bestandserfassungs- und Bestellrhythmen fest! (Im EDV-System sollten für die „essentiellen" Artikel Mindestbestandswerte eingepflegt sein! – z. B. einmal in der Woche ist „Bestelltag".)
- Bestellungen müssen grundsätzlich über den zuständigen Mitarbeiter erfolgen! (Das spart Zeit, weil er die Bedingungen der Hersteller, Lieferanten und die eigene Lagerhaltung genau kennt.)
- Vereinbaren Sie mit Ihren Lieferanten Termine, um Preise und Konditionen mittel- bis langfristig abzustimmen!

Zur „Krux" der Lagerführung in der Praxis

Wie wichtig allein die richtige Organisation der Lagerführung ist, zeigt sich in unserer Beratungspraxis häufig, da die Verluste durch unkontrollierte Warenabgabe erheblich sein können. Z. B. rechnet sich die Anschaffung eines Praxiscomputers bereits im ersten Jahr, wenn die Vielzahl von Kleinstmaterialien (z. B. Verbandsstoffe) über die Rechnungsstellung nicht mehr „vergessen" wird. Bei Gemischtpraxen mit Fahrpraxen (und natürlich auch in Großtierpraxen) werden häufig Medikamente/Materialien aus dem Lager entnommen und in das Fahrzeug eingeladen, ohne sofort aufgelistet zu werden. Die tägliche Hektik und der Zeitdruck sorgt dann, allen Vorschriften zum Trotz, dafür, daß dann einiges bei der erst viele Tage später stattfindenden Rechnungsstellung gar nicht auftaucht. Es wurde schlichtweg vergessen. Hier helfen EDV-Systeme mit Barcode- und Scanner-Systemen, jede Abgabe stückgenau zu erfassen. Zudem wird das Ritual der allmorgendlichen Wagenbeladung (in Fahrpraxen) abgekürzt und delegationsfähig, da über ausdruckbare Bestandslisten nur noch Sonderbestellungen durch den Tierarzt selbst zusammengestellt werden müssen. Alles andere kann bereits durch die Praxisadministration vorbereitet werden. Durch die Verkürzung solcher Zeiten steigen natürlich die „Umsatzstunden" der einzelnen Tierärzte.

Zum Thema „Just in time"

Jeder Tierarzt ist dazu gezwungen, die wichtigsten und notwendigsten Medikamente, Futtermittel und Verbrauchsmaterialien aufs Lager zu nehmen. Darin unterscheidet er sich nicht von anderen Betrieben. Und genauso wie bei anderen Betrieben kostet ihn die Lagerhaltung und -führung Geld. Als wichtigste Faktoren sind folgende Kostenarten zu nennen:
- Anteilige Kosten für Lagerfläche (anteilige Miete je m²)
- Anteilige Personalkosten für die Verwaltung und Führung des Lagers (durchschnittlicher Stundensatz aller mit der Lagerführung betrauten Personen x kalkulatorischem Zeitfaktor)
- Kosten für gebundenes Kapital (kalkulatorische Zinsen)

In anderen Wirtschaftsbereichen haben diese, teilweise sehr hohen Kosten zur Einführung des „Just in time"-Prinzips geführt, d. h., deutliche Reduzierung des Lagerbestands und der dazugehörigen -verwaltung durch Rückdelegation an den ursprünglichen Lieferanten bzw. Hersteller. Die durchaus auch günstigen Erfahrungen, die die Industrie- und Produktionsbetriebe mit diesem Prinzip gemacht haben, lassen sich nicht bedingungslos auf eine tierärztliche Praxis übertragen.

„Produktions-" bzw. Behandlungsarten und -abläufe (und damit zusammenhängende Bedarfszahlen) lassen sich nur eingeschränkt planen. Auch in den Industriebetrieben mit „Just in time" treten noch häufig Fälle auf, in denen aufgrund von Auftragsspitzen und Zusatzbedürfnissen Engpässe entstehen, die dann nur schwer und immer teuer (zeitintensive Zusatzbestellungen) überwunden werden können. Dies kann in solchen Betrieben aufgrund der Gesamtgröße und des Gesamtumsatzes noch kalkulatorisch verpackt werden. In kleineren Dienstleistungsbetrieben, wie auch in einer Tierarztpraxis, können solche Situationen fatale Auswirkungen haben. Oder können Sie sich vorstellen, einen Kunden mit der notwendigen Impfung um 14 Tage zu vertrösten?

Ermittlung der optimalen Bestellmengen

Nachdem Sie bereits in der Bestandsaufnahme Ihre umsatzstärksten Artikel, deren Jahresbedarfsmengen sowie die Preise und Konditionen erfaßt haben, können nun unter Berücksichtigung der Auftrags- und Lagerhaltungskosten die aus Kostengesichtspunkten günstigsten Bestellmengen berechnet werden.

Die Auftragskosten – relevante Kosten (Aufwand) je Bestellvorgang – beinhalten folgende Schritte. Man rechnet heute etwa mit durchschnittlichen Auftragskosten von 50 DM. Je besser das Bestellwesen durchorganisiert ist, um so mehr können Sie hier unter Umständen einsparen:
- Prüfung des Warenbestands
- Preise/Konditionen kontrollieren
- per Fax/per Telefon/Online/direkt bestellen
- Ware annehmen, Lieferschein mit Bestellung vergleichen
- Ware einlagern und im EDV-System erfassen
- Rechnung anweisen (sofern nicht Lastschriftverfahren)

Die Lagerhaltungskosten geben die Finanzierungskosten des Lagers an.

Setzen Sie nun die entsprechenden Werte pro Artikel in die folgende Formel ein, so erhalten Sie die optimale Bestellmenge. Sie können diese Funktion auch in Form von Kurven darstellen. Diese können Sie unter Einbeziehung der möglichen Konditionen des Herstellers durch Nutzung günstiger Naturalrabatt-Staffeln noch einmal weiter optimieren. (Auf der anzufordernden Diskette sind die entsprechenden Rechnungsmodelle als Excel-Dateien enthalten.)

Abbildung 11.5
Formel zur Berechnung der optimalen Bestellmenge

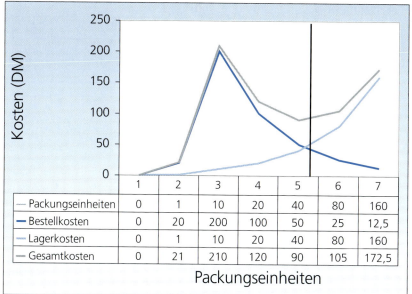

Abbildung 11.6
Liniendiagramm zur Darstellung der optimalen Bestellmenge (An der Stelle, an der sich die Kurven für Lagerkosten und Bestellkosten treffen, können Sie auf der X-Achse die optimale Bestellmenge ablesen.)

Die Formel berücksichtigt selbstverständlich nicht Ihre Liquidität. D. h., ob Sie bestimmte Artikel tatsächlich in größeren Mengen als bisher bestellen, hängt zum einen von der Liquidität ab, zum anderen von der oben angesprochenen Marktentwicklung. Schließlich kann es auch noch davon abhängen, ob u. U. ein anderer Anbieter aktuell eine günstigere, vergleichbare Alternative anbietet, oder ob z. B. zu erwarten ist, daß demnächst ein innovatives Produkt angeboten wird, das aus Ihrer Sicht den bisher eingesetzten Artikel ersetzen könnte.

Schließlich ist auch noch nicht berücksichtigt, wie lange die Haltbarkeit des betreffenden Artikels ist. Insbesondere bei Impfstoffen sollte man trotz hoher optimaler Bestellmenge – aufgrund günstiger Rabatte – nicht zu große Mengen aufs Lager nehmen.

Abbildung 11.7
Berechnungstabelle der optimalen Bestellmenge

Produkt		Fucidine 15 ml
Einkaufspreis	DM	9,50
Jahresverbrauch	PE	150
Finanzierungskosten des Lagers p.a.		10%
Einmalkosten	DM/Auftrag	20,00
Optimale Bestellmenge	PE/Auftrag	79,5
Anzahl Bestellungen	Aufträge p.a.	2
Bestellmenge	PE	75
Naturalrabatt-Staffel	PE	30+6
Bestellung incl. NR	PE	72
Durchschnittspreis	DM	7,92

Abbildung 11.8
Berechnungstabelle unter Einbeziehung einer entsprechenden Rabattstaffel zur weiteren Optimierung

Produkt		Fucidine 15 ml
Einkaufspreis	DM	9,50
Jahresverbrauch	PE	150
Einkaufswert	DM	570,00
Preis Stück	DM/PE	7,92
Durchschn. Lagerwert	DM	285,00
Zinskosten	DM	28,50
Vorschlag:		
Nächste Rabattstufe	PE	100+30
Einkaufswert	DM	950,00
Preis Stück	DM/PE	7,31
Einsparung pro Stück	DM/PE	0,61
Einsparung pro Jahr	DM	91,35
Durchschn. Lagerwert	DM	475,00
Zinskosten	DM	47,50
Erhöhte Zinskosten	DM	19,00
Gewinnverbesserung	DM	72,35

Debitoren- und Kreditorenziel

Die Finanzkennzahl „Debitorenzahl in Tagen" weist aus, nach wieviel Tagen Ihre Kunden die Rechnungen bezahlen. Auch wenn es mittlerweile bekannt sein dürfte, daß Barzahlung bzw. direkte Zahlung per EC-Automat für Sie am günstigsten sind, zeigt die Erfahrung immer wieder, daß die Außenstände in Tierarztpraxen extrem hoch sind, ja teilweise das ein- bis zweimonatliche Umsatzniveau der Praxis erreichen!

Die Kennzahl errechnet sich, indem Sie alle offenen Kundenforderungen mit 365 multiplizieren und durch den Gesamtjahresumsatz teilen. Sie erhalten dann das Debitorenziel in Tagen:

Beispiel: Kundenforderungen von 20.000 DM multipliziert mit 365, geteilt durch den Jahresumsatz von 250.000 DM, ergibt rund 29 Tage. Als Richtwert für den Einzelhandel gilt ein Wert von 10 Tagen. Generell sollten Sie einen Wert von maximal 30 Tagen nicht überschreiten.

Auf der anderen Seite steht das „Kreditorenziel", die Kennzahl, die ausweist, nach wievielen Tagen die Lieferantenverbindlichkeiten gezahlt werden.

Die Kennzahl errechnet sich, indem Sie alle offenen Lieferantenverbindlichkeiten mit 365 multiplizieren und durch den Gesamtjahres-Wareneinsatz (sprich Medikamenten-, Diätetika- und Verbrauchsmaterialeinsatz) teilen. Sie erhalten dann das Kreditorenziel in Tagen:

Beispiel: Lieferantenverbindlichkeiten von 4.000 DM multipliziert mit 365, geteilt durch den Jahres-Wareneinsatz von 50.000 DM, ergibt rund 29 Tage. Sie sollten Ihr Kreditorenziel immer dann niedrig halten, wenn die Lieferanten attraktive Skontoerträge gewähren und die Spanne von Skontofrist zum Zahlungsziel gering ist.

Welchen Vorteil bringt Skonto?

Ein letzter, aber entscheidender Aspekt des Einkaufs – gerade in Zeiten niedriger Zinsen – ist die Gewährung und Ausnutzung von Skonto. Beispiel: Wenn Ihnen die Alternative angeboten wird, statt eines Zahlungsziels von 30 Tagen netto bei Zahlung innerhalb von 14 Tagen 2 oder 3 % Skonto zu gewähren, können Sie sich mit folgender Formel Ihre Vorteile (= Effektivrendite) bei Zahlung in kurzer Frist errechnen und sollten dies auch ausnutzen:

Könnten Sie beispielsweise für Ihren gesamten Waren-Einkaufswert von 50.000 DM eine Effektivrendite von 2,74 %/Jahr erzielen, würden Sie 1.370 DM einsparen.

Preis-Entscheidungsprozesse

Ebenso entscheidend, wie der bewußte und gezielte Einkauf von Arzneimitteln und anderen Verbrauchs- und Abgabeartikeln, ist die Preisgestaltung im Markt.

Auch hier spielen selbstverständlich die Kosten eine Rolle, denn Sie wollen ja schließlich nicht im Verkauf Ihrer Produkte bzw. Dienstleistungen drauflegen. Andererseits unterliegen gerade Tierärzte nicht nur dem

$$\text{Effektivrendite} = \frac{1}{365} \times (365 \times \text{Skontosatz} - \text{Bankzinsfuß} \times (\text{Kreditziel} - \text{Skontofrist}))$$

Beispiel 1:
- Skontosatz (%) = 3%
- Bankzinsfuß (%) = 6%
- Kreditziel = 30 Tage
- Skontofrist = 14 Tage

Effektivrendite (Beispiel 1) = 2,74 %

Beispiel 2:
- Skontosatz (%) = 2%
- Bankzinsfuß (%) = 6%
- Kreditziel = 30 Tage
- Skontofrist = 14 Tage

Effektivrendite (Beispiel 2) = 1,74 %

Abbildung 11.9 Effektivrendite – Einschätzung der indirekten Gewinne

Angebots- und Nachfragemodell, sondern sind durch verschiedene Richtlinien bzw. Verordnungen in ihrer Preisfestsetzung eingeschränkt.

Folgende Schritte zur Preisfindung sollten Sie vornehmen:

Stellen Sie fest, welchen Einfluß bzw. welche Kontrollmöglichkeiten Sie hinsichtlich der Preise besitzen!

Bei Arzneimitteln
- Welchen Spielraum bietet die Preisspannenverordnung? – Im Normalfall haben Sie die entsprechenden Spannen in Ihrer Praxismanagement-Software bereits hinterlegt. Sie sollten sich allerdings Ihre umsatzstärksten Artikel hinsichtlich möglicher Preisanpassungen genauer ansehen.
- Welche Kundengruppe fragt welche Produkte nach (z. B. Einzelkunden oder Züchter)? – Diese Frage hat darauf Einfluß, ob Sie u. U. bestimmte Produkte zu günstigeren Abgabepreisen berechnen müssen, da bestimmte Kundengruppen in größeren Mengen kaufen oder aus anderen strategischen Gründen günstigere Preise angezeigt sind.

Bei Dienstleistungen
- Welchen Spielraum bietet die GOT? – Auch die neue GOT bietet in den meisten Fällen nicht viel mehr Spielräume als bisher. Sie werden es vermutlich nicht vermeiden können, bestimmte Dienstleistungen unter Ihrem eigentlichen Stundensatz abzurechnen. Deshalb müssen Sie Dienstleistungen, die Sie problemlos höher berechnen können, entsprechend hoch ansetzen.

Bei Arzneimitteln / Diätetika / Pflegemitteln

Ermitteln Sie Ihre (Stück-)Kosten, damit Sie ein Mindestpreis-Niveau festlegen können, um kostendeckend zu wirtschaften!

- Welchen Spielraum haben Sie aufgrund der Einkaufskonditionen und Lagerhaltungs-Kosten? – Hier interessieren in erster Linie wieder die „Schnelldreher". – Aber denken Sie auch an umsatzbezogen kleine Produkte, die zwar ständig verfügbar sein müssen, aber u. U. sehr lange auf Lager liegen!
- Welche Mengen setzen Sie regelmäßig ab? Ließe sich die Absatzmenge durch geeignete Maßnahmen steigern? – Diese Frage zielt darauf ab, Preis-Mengen-Szenarios zu erstellen. In der folgenden Übersicht sehen Sie die entsprechend notwendigen Konsequenzen bei einer Preissenkung in Abhängigkeit vom Deckungsbeitrag (in % vom Listenpreis; Deckungsbeitrag = Listenpreis – Einkaufspreis).

Die Übersicht liest sich wie folgt:

Beispiel 1 (Preissenkung): Wenn Sie den Verkaufspreis für einen Artikel mit einem Deckungsbeitrag von 30 % um 10 % senken, müssen Sie den Mengenabsatz um 43,3 % steigern, um den gleichen absoluten Deckungsbeitrag zu erwirtschaften, wie mit dem Ausgangspreis. Handelt es sich um ein deckungsbeitragsstärkeres Produkt – z. B. 50 % Deckungsbeitrag – so müßten Sie bei 10 % Preissenkung immerhin noch 30 % mehr Menge in den Markt bringen. Es erübrigt sich wohl zu erwähnen, daß Preissenkungen auch im Tierarztgeschäft selten sinnvoll sind.

Beispiel 2 (Preiserhöhung): Demgegenüber haben Sie quasi den umgekehrten Effekt bei einer Preiserhöhung. Wenn Sie den Verkaufspreis für

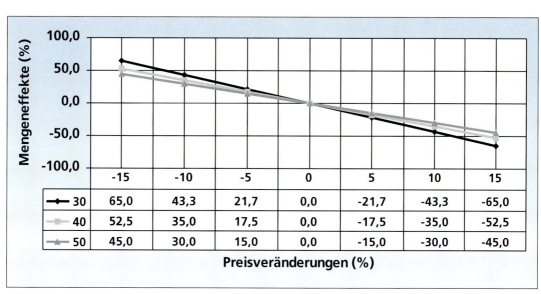

Abbildung 11.10 Preis-Mengen-Effekte

einen Artikel mit einem Deckungsbeitrag von 30 % um 10 % erhöhen, müssen Sie nur 56,7 % der bisherigen Menge verkaufen, um den gleichen absoluten Deckungsbeitrag zu erwirtschaften wie mit dem Ausgangspreis. Handelt es sich um ein deckungsbeitragsstärkeres Produkt – z. B. 50 % Deckungsbeitrag – so müßten Sie bei 10 % Preiserhöhung lediglich 70 % der bisherigen Menge in den Markt bringen. D. h., wenn Sie trotz Preiserhöhung die bisherige Menge erzielen können, erzielen Sie eine deutliche Deckungsbeitrags-Steigerung (prozentual und absolut).

Bei Dienstleistungen

Stundensatzkalkulation

- Zunächst einmal: Was kostet Ihre Dienstleistung überhaupt im Einkauf?

Mit Einkauf ist hier nicht allein die Beschaffung von Medikamenten, Impfstoffen, Verbandsmaterialien und ähnlichem gemeint, sondern sämtliche Kosten und Leistungen, die eine Praxis vorhalten muß, um arbeiten zu können. Da sind die Personalkosten: der Assistent, die Tierarzthelferin, die Aushilfe, die Putzhilfe usw., komplett mit allen Lohnnebenkosten. Da sind Miete und Mietnebenkosten für die Praxis oder Hausfinanzierungskosten, und nicht zu vergessen, die Energie- und sonstigen Nebenkosten (Strom, Öl, Gas, Wasser).

Es wurde in EDV, Behandlungsgeräte, Möbel und Meßinstrumente investiert. Dafür wurden Kredite in Anspruch genommen, die nun in Form von Zins und Tilgung zurückgezahlt werden müssen. Hinzu kommt die AfA (Abschreibung für Abnutzung), welche im Grunde Kosten in Form von Rücklagen für die Wiederbeschaffung der Investitionsgüter darstellt.

Versicherungen in unterschiedlicher Form, Beiträge für die Berufsorganisation und Kosten für Fortbildung dürfen nicht vergessen werden, ebensowenig wie die Kraftfahrzeugkosten, die das Finanzamt als nicht privaten Anteil anerkennt.

Die jährlichen Einkaufskosten unserer Beispielpraxis betragen also 208.680 DM (s. Grafik). Hierbei ist offensichtlich, daß für den Praxisinhaber kein Gehalt eingesetzt wurde, das soll später als Gewinnzuschlag eingesetzt werden.

Die entstehenden Kosten plus ein noch zu veranschlagender Gewinn für den Tierarzt müssen von den Kunden bezahlt werden. Dazu müssen wir diejenigen Materialkosten bei der Betrachtung ausklammern, die neben der eigentlichen Dienstleistung berechnet werden. In unserem Beispiel haben wir angenommen, daß das Verbrauchsmaterial (ca. 15.000 DM) nicht gesondert abgerechnet wird. Wir nehmen einen verbleibenden Betrag von Arzneimittel-/Diätetika-Kosten von 56.040 DM an. (Anm.: Wenn Sie Ihre Praxis mit PC führen, empfehlen wir, auch Materialkosten in den Rechnungen gesondert auszuweisen und abzurechnen. Abgesehen von der verbesserten Transparenz für den Kunden können Sie so auch die Lagerhaltung besser im Griff halten.)

Kostenblöcke	DM	% der Gesamtkosten	% der Einnahmen
angewandte Medikamente, Impfstoffe, Verbandsmaterial	51893	24,9	18,7
Material für künstliche Befruchtung	1110	0,5	0,4
abgegebene Medikamente	11100	5,3	4,0
verkaufte Zusatzsortimente	18038	3,3	2,5
Materialkosten	**71040**	**34,0**	**25,6**
Löhne und Gehälter	50228	24,1	18,1
Sozialkosten	10268	4,9	3,7
Honorare (Vertretungen)	2775	1,3	1,0
Personalkosten	**63270**	**30,3**	**22,8**
Praxisraum-Miete	13320	6,4	4,8
sonstige Mieten	6660	3,2	2,4
Nebenkosten	3885	1,9	1,4
Mietkosten	**23865**	**11,4**	**8,6**
Fremdkapitalzinsen	6938	3,3	2,5
Aufwände für Gegenstände > DM 800	9713	4,7	3,5
Aufwände für Gegenstände < DM 800	1388	0,7	0,5
Kfz-Kosten	9158	4,4	3,3
Fortbildung	1665	0,8	0,6
Versicherungen	2498	1,2	0,9
Beiträge zu Berufsorganisationen	1110	6,2	0,4
sonstige	18038	8,6	6,5
Gesamtkosten	**208680**	**100,0**	**75,2**

Abbildung 11.11 Kostenstruktur in der Tierarztpraxis (Beispiel)

Personalkosten (DM/Jahr)	55000,00
Abschreibungen (DM/Jahr)	25000,00
Kfz-Kosten (DM/Jahr)	10000,00
sonst. Betriebskosten (DM/Jahr)	20000,00
Zinsen (DM/Jahr)	10000,00
kalkulatorischer Unternehmerlohn (DM/Jahr)	80000,00
kalkulatorischer Zinssatz (%)	10
kalkulatorische Zinsen (DM/Jahr)	8000,00
Gesamtkosten/Dienstleistungen	**208000,00**
Praxisstunden/Tag	7
Arbeits-Tage/Woche	6
Arbeits-Wochen/Jahr	48
Stunden/Jahr	2016
Verfügbarkeit (%)	**70**
„verkaufbare" Stunden/Jahr	**1411**
Vollkosten (DM/Stunde)	**147,39**
Dienstleistung	Untersuchung Hund
Behandlungsdauer (min)	15
Vollkosten/Dienstleistung (DM)	36,85
kalkulatorischer Gewinnzuschlag (DM)	3,68
kalkulierter Preis Dienstleistung (DM)	40,53
Preis gemäß GOT (DM)	20,00
Gewinn bzw. Verlust (DM)	**-20,53**

Abbildung 11.12 Stundensatzermittlung (Divisionskalkulation) – Beispiel

Kostenmanagement

	Beispiel 1 Annahmen: 20 % Reinertrag 50% Verfügbarkeit	Beispiel 2 Annahmen: 25 % Reinertrag 50% Verfügbarkeit	Beispiel 3 Annahmen: 27 % Reinertrag 80% Verfügbarkeit	Informationen zur Berechnung	eigene Berechnung
1 Einkommensziel	80.000,00 DM	80.000,00 DM	100.000,00 DM	Tragen Sie Ihr persönliches Ziel ein!	
2 Reinertrag in % vom Praxis-Umsatz	20	25	27	Reinertrag zwischen 20% und 30%	
3 notwendiger Praxis-Umsatz	400.000,00 DM	320.000,00 DM	370.370,37 DM	100/Reinertrag x Einkommensziel	
4 theoretische Kosten TAH/Labor	133.333,33 DM	106.666,67 DM	123.456,79 DM		
5 Mindesteinnahmen f. med. Dienstleistungen/Jahr	266.666,67 DM	213.333,33 DM	246.913,58 DM		
6 Verfügbarkeit f. med. Dienstleistungen (%)	50	60	80	Wert zwischen 50% und 80%	
7 Arbeitsstunden pro Tag	8	8	8	Arbeitsstunden/Tag eintragen	
8 Verfügbare Stunden/Tag f. med. Dienstleistungen	4,0	4,8	6,4	Arbeitsstunden x (100/Verfügbarkeit)	
9 Arbeitstage pro Woche (d)	5	5	5	Arbeitstage/Woche eintragen	
10 Arbeitswochen pro Jahr (W)	48	48	48	Arbeitswochen/Jahr eintragen	
11 Durchschnittl. Untersuchungs-/Behandlungsdauer (Min.)	15	20	20	Dienstleistungszeit/Patient eintragen	
12 Kunden (Patienten) pro Stunde	4	3	3		
13 Kunden pro Tag	16	14	19		
14 Kunden pro Woche	80	72	96		
15 Kunden pro Jahr	3.840	3.456	4.608		
16 Einnahme/Patient (Dienstleistung)	34,72 DM	37,04 DM	42,87 DM		
17 Einnahme/Stunde (Stundensatz)	138,89 DM	111,11 DM	128,60 DM		

Abbildung 11.13 Stundensatzermittlung

Für die betriebswirtschaftliche Berechnung des Stundensatzes vergessen wir für den Augenblick die Existenz einer Gebührenordnung und ermitteln rechnerisch, wieviel eine reine Dienstleistung dieser Praxis pro Stunde kosten müßte.

Eine Grenze für die Leistungsfähigkeit des Tierarztes bildet zuerst einmal die verfügbare Zeit. Gehen wir für die Berechnung von einer normalen Öffnungs- bzw. Arbeitszeit aus: Öffnungszeit seien 8 h/d an 5,5 Tagen/Woche[2]. Der Praxisinhaber ist 48 Wochen in der Praxis selbst tätig (d. h. 4 Wochen Urlaub bzw. Fortbildung). Das ergibt 7 x 5,5 x 48 = 1.848 h/Jahr. Diese 1.848 h stehen jedoch nicht vollständig für Untersuchung, Behandlung und Beratung der Patienten zur Verfügung. Die Verfügbarkeit schätzen wir auf ca. 80 %, die restlichen 20 % sind erforderlich für Patientenwechsel, Administration oder andere nicht in Rechnung zu stellende Arbeiten. 80 % von 1.848 h ergibt 1.478 berechenbare Stunden/Jahr.

Nun dividieren wir unsere Kosten (208.680 – 56.040 = 152.640) durch die verfügbaren Stunden (1.478) und erhalten den Kostendeckungssatz: rund 103,30 DM/h. Diesen Wert kann man auch als „Break-even"-Stundensatz bezeichnen. Wenn man über die verfügbare Zeit nur diesen erzielt, hat die Praxis gerade ihre Kosten gedeckt, der Tierarzt aber noch keine Mark verdient.

Diesen Stundensatz erhöhen wir um einen Gewinnzuschlag von 25 % und erhalten 129,10 DM/h. Diesen Stundensatz sollte unser Beispiel-Tierarzt bei seinen Leistungsberechnungen zugrundelegen.

---

[2] Wir unterstellen, daß regelmäßig am Samstagvormittag gearbeitet wird.

Für eine Leistung z. B., die 15 min dauert, müßten demnach 129,10/60 x 15 = 32,27 DM in Rechnung gestellt werden.

Natürlich gibt es eine Gebührenordnung, natürlich kann und muß der Tierarzt seine Leistungen differenzieren. Schwierige Operationen oder aufwendige Gerätemedizin werden pro Kunde anders berechnet als die Untersuchung eines Hamsters plus Beratung eines Kindes über die Tierhaltung. Auch zählen Tierärzte, die eine 38,5-h-Woche haben, zu absoluten Ausnahmeerscheinungen. Trotzdem muß die vorgestellte kaufmännische Berechnung unbedingt eingesetzt werden, wenn Sie wissen möchten, wohin sich Ihre Praxis über die Zeit entwickelt und/oder wie effizient Sie Ihre Arbeit unter wirtschaftlichen Aspekten erledigen. Und dazu eignet sich die regelmäßige Durchführung einer Verrechnungssatzkalkulation ganz hervorragend. Sie erhalten darüber hinaus durch die Beschäftigung mit den Zahlen ein sicheres Gefühl für Kostenentwicklungen und vor allem für die Verwendung der eigenen Zeit.

Der Unternehmerlohn des Tierarztes setzt sich nun aus dem Gewinnzuschlag (25 %, s. oben) und der Verkaufsmarge von den Materialkosten zusammen und beträgt in unserem Beispiel 52.170 DM. Dies entspricht dem Reinertrag unserer Beispielpraxis.

Entscheiden Sie selbst, wo Reserven liegen, um diesen, Ihren Gewinn zu verbessern!

Es gibt verschiedene Möglichkeiten der Stundensatzermittlung, je nach dem, aus welchem Blickwinkel und mit welchen Zielsetzungen Sie an die Sache herangehen wollen. Auf den nächsten Seiten stellen wir Ihnen zwei Beispiele vor: Das erste Beispiel – die Divisionskalkulation – ist angelehnt an das oben angegebene Beispiel und zeigt Ihnen die Diskrepanz zwischen GOT und dem eigentlich notwendigen Dienstleistungspreis auf. Das zweite Beispiel rechnet mit verschiedenen Annahmen und zeigt Ihnen die Anzahl der notwendigen Kunden pro Jahr auf, um ein bestimmtes Einkommensziel zu verwirklichen. (Anm.: Beide Varianten sind als Excel-Dateien auf der bei den Autoren zu bestellenden Diskette.)

- Wie häufig bieten Sie bestimmte Dienstleistungen an; könnten Sie sie durch geeignete Maßnahmen häufiger anbieten oder „verkaufen" (z. B. bestimmte diagnostische Maßnahmen, Zahnbehandlungen o. ä.)?

- Erstellen Sie hierzu eine ABC-Analyse, d. h., ermitteln Sie, mit welchen Dienstleistungen Sie den höchsten Umsatz und jeweils den größten Deckungsbeitrag erzielen. Können Sie den Umsatz mit diesen Dienstleistungen mengenmäßig steigern, oder können Sie eine Preiserhöhung vornehmen? Im Prinzip gelten auch bei Dienstleistungen die gleichen Preis-Mengen-Effekte, wie bei dem Verkauf von Waren. Hinzu kommt aber u. U. noch ein positiver Effekt durch verbesserte Auslastung, beispielsweise von Diagnostik-Geräten oder Operationen.

Abbildung 11.14 Die ABC-Analyse wird in schöner Regelmäßigkeit ergeben, daß Sie mit ca. 30 % Ihrer Leistungen/Produkte ca. 80 % Ihres Umsatzes machen. Bei diesen Produkten und Leistungen sind Preisveränderungen außerordentlich sensibel vorzunehmen.

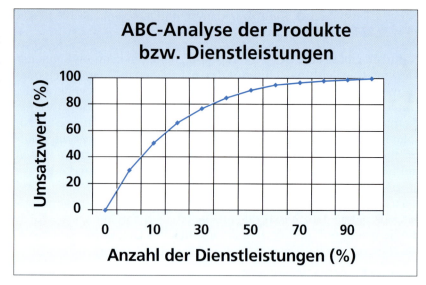

- Untersuchen/prüfen Sie das Kaufverhalten Ihrer Kunden, um einen möglichen Höchstpreis zu bestimmen, und versuchen Sie, die Preissensitivität einzuschätzen! (Anm.: Je höher der Leidensdruck des Kunden, desto höher die Bereitschaft, mehr zu investieren!)

Hierfür gibt es sicher kein genaues Rezept. Was Sie allerdings tun können, um ein wenig mehr über die Preissensitivität Ihrer Kunden zu erfahren, ist die regelmäßige Befragung Ihrer Kunden nach deren Bedürfnissen und nach der Bedeutung der einzelnen Bedürfnisse.

Des weiteren kann es sehr hilfreich sein, sich mit seinen Nachbarkollegen preislich eher auf ein höheres Niveau zu einigen. Es kommt letztendlich allen zugute, denn wie bereits angedeutet: Mit Dumpingpreisen kann man sicherlich langfristig keine erfolgreiche Praxis etablieren.

Prozeßkosten-Rechnung

Was versteht man darunter?

In dem Kapitel „Voraussetzungen für ein effektives und effizientes Kostenmanagement" haben wir unter anderem auf „versteckte" Kosten hingewiesen. Es handelt sich hierbei um Kosten, die nicht exakt einem bestimmten Umsatz- bzw. Leistungsposten zuzuordnen sind. In der Betriebswirtschaft spricht man im allgemeinen von sogenannten Gemeinkosten. Diese Gemeinkosten setzen sich z. B. aus Personal-, Miet-, Strom- und Wasserkosten zusammen. Bei einer Deckungsbeitragsrechnung müßten sie anteilig entsprechenden Produkten oder Dienstleistungen zugeordnet werden.

Normalerweise betrachtet man aber nur die direkt zuzuordnenden Kosten (Beispiel: Deckungsbeitrag für ein Produkt = Verkaufspreis – Einkaufspreis). Schauen wir uns einmal an, welche tatsächlichen Kosten in dem normalen Prozeß einer „Praxiskonsultation" entstehen:

Welche Kosten werden durch einen Kunden „verursacht"?

- Telefonische Anmeldung, ggf. Rückruf notwendig *(Personalkosten und Telefongebühren)*
- Anmeldung in der Sprechstunde – Hilfe beim Ausfüllen der Kundenkarte *(Personalkosten und Büromaterial-Kosten)*
- ggf. Betreuung in der Wartezeit *(Personalkosten, ggf. Kosten für Zeitschriften, Praxisinformationen oder sogar Bewirtung)*
- Anamnese durch Helferin *(Personalkosten)*
- weitere Anamnese durch Tierarzt *(Personalkosten – werden abgerechnet)*
- Prüfung der bisherigen Vermerke auf der Karteikarte *(Personalkosten)*
- klinische Untersuchung *(Personalkosten – werden abgerechnet)*
- ggf. weitere Untersuchungen (Röntgen, Ultraschall) *(Geräte-AfA, Verbrauchsmaterial; Personalkosten – werden abgerechnet)*
- „eigentliche" Behandlung, z. B. Injektion eines Medikaments *(Personalkosten – werden abgerechnet)*
- Beratung des Kunden *(Personalkosten – werden in manchen Fällen abgerechnet)*
- Erfassung von Diagnose und Therapie im PC oder auf Karteikarte *(Personalkosten)*
- ggf. Medikament abgeben (lassen) *(Personalkosten)*
- Medikament ausbuchen/Rechnung schreiben *(Personalkosten, Büromaterialkosten, PC-Kosten; Medikamentenkosten plus Marge werden abgerechnet)*
- Betrag einbuchen/Buchung prüfen *(Personalkosten, PC-Kosten)*
- ggf. telefonische Nachkontrolle *(Personalkosten, Telefongebühren)*

Wie Sie aus den Anmerkungen entnehmen, fallen eine ganze Reihe von Personalkosten an, die Sie zumindest direkt gar nicht bei der Abrechnung berücksichtigen. Nicht erwähnt wurden die Miet- bzw. Finanzierungskosten für die Praxisräumlichkeiten, die selbstverständlich auch anteilig anfallen.

Was ist nun die Schlußfolgerung aus dieser Analyse? Sicherlich nicht, daß Sie den Service zukünftig auf ein Minimum zurückdrehen. Aber Sie sollten versuchen, diese nicht immer offensichtlichen Kosten – in erster Linie Ihre Personalkosten – so effizient wie möglich einzusetzen.

Wie kann man denn Prozeßkosten sparen?

Eine Möglichkeit ist die genaue Durchführung einer sogenannten Prozeßkostenrechnung, bei der alle einzelnen Arbeitsschritte exakt erfaßt und kostenmäßig bewertet werden. Das bietet sich in Produktionsbetrieben an. In Tierarztpraxen – zumindest in Praxen mit mehr als 5 Mitarbeitern – bietet es sich u. U. an, ein Qualitätsmanagement-System einzuführen. Dies sollte aber nicht unbedingt mit dem Ziel geschehen, eine Zertifizierung zu erlangen, sondern vielmehr zum Ziel haben, den größten Teil Ihrer Aufgaben bzw. Arbeitsschritte zu optimieren.

Dazu empfehlen wir folgende Schritte:
- Schriftliche Bestandsaufnahme der einzelnen Arbeitsschritte durch alle Mitarbeiter (Aufgabe: Erfassen Sie in einem Formblatt Ihre Tätigkeiten mit folgenden Angaben: Was wird getan? Welche Hilfsmittel benötige ich dazu? Wer braucht hierüber Informationen? Wie werden diese kommuniziert? Wie lange dauert das?)
- Beispiel: Telefonische Anmeldung zum Termin, Hilfsmittel: Telefon und PC, behandelnder Tierarzt benötigt die Information, Kommunikation per PC-Terminkalender, Zeitaufwand: 3 min. Wichtig: Welche Informationen muß der Kunde erhalten – z. B. Impfpaß mitbringen o. ä.?
- Klare Festlegung von Zuständigkeiten bzw. Verantwortlichkeiten
- Z. B.: Lagerbestandsführung und Bestellung in einer Hand, um unnötige Arbeitsschritte zu vermeiden.
- Schriftliche Anweisungen bzw. Arbeitsplatz- oder Arbeitsablauf-Beschreibungen; besonders bei krankheitsbedingtem Ausfall kann die Vertretung sich schnell und besser orientieren.
- Durchführung regelmäßiger Team- oder Einzel-Gespräche
- Zur ständigen Optimierung der Arbeitsabläufe können die Mitarbeiter selbst am meisten beitragen. Man muß sie nur fragen und gemeinsam vereinbarte Verbesserungen schriftlich verbindlich fixieren.
- Terminliche Steuerung bestimmter Dienstleistungen
- Mit ein wenig Disziplin lassen sich bestimmte Dienstleistungen – z. B. Impfungen – auf bestimmte Termine fixieren. Das bringt erhebliche Vorteile im Arbeitsablauf, weil entsprechende Medikamente bereitgestellt werden können, die Kunden nicht unnötig lange warten müssen und u. U. sogar günstiger eingekauft werden kann.

Mit diesen Maßnahmen sparen Sie zwar im ersten Moment nicht unbedingt Kosten, sofern Sie nicht das Personal reduzieren wollen. Aber Sie können Ihre Ressourcen besser ausnutzen, indem Sie für andere Aufgaben Freiräume schaffen. Oder sei es, daß Sie sich selbst durch bessere Organisation täglich 15–30 min mehr freie Zeit verschaffen, in der Sie sich der Familie widmen können oder die Sie in das Lesen der Fachliteratur investieren können.

Investitionen

Bevor wir in einige konkrete Investitions-Rechnungsmodelle einsteigen wollen, muß zunächst einmal definiert werden, was unter Investitionen zu verstehen ist. Gemäß GABLER meint man mit Investitionen zielgerichtete, in der Regel langfristige Kapitalbindungen, die zur Erwirtschaftung zukünftiger autonomer Erträge führen sollen. Etwas einfacher ausgedrückt sind Investitionen alle Maßnahmen, bei denen Sie Geld ausgeben, um neue Leistungspotentiale bereitzustellen, die je nachdem kurz- bis langfristig wieder zu Geldeinnahmen führen sollen (die höher liegen als die ausgegebenen Gelder!). Damit fällt sowohl der Unternehmenskauf als auch die Anschaffung aufwendiger technischer Ausrüstung (wie z. B. Labor- und andere Diagnose-Geräte oder Computer) unter diesen Begriff. Und wenn Sie an Ihren sehr großen – vielleicht größten – Kostenfaktor, das Personal denken, dann sehen Sie die Bedeutung dieses Themas.

Doch wir wollen uns in diesem Kapitel eher mit den häufiger anstehenden Investitions-Überlegungen bezüglich technischer Geräte auseinandersetzen. Ziel dieses Kapitels soll es daher sein, Ihnen für Ihre Investitionsüberlegungen *Entscheidungshilfen „nichtmedizinischer" Natur* zu vermitteln.

Am Anfang steht – das kennen Sie bereits aus den anderen Kapiteln – die Zielbeschreibung:

Wir wollen gemeinsam die Investition eines Ultraschallgerätes und einer Computeranlage durchspielen:

Ziel der Investition

Ultraschallgerät	Computeranlage
Medizinisch: Verbesserung der Diagnose- und Prognose-Qualität **Medizinisch:** „Mithalten" mit dem technischen Fortschritt **Medizinisch/ökonomisch:** Attraktivität des Unternehmens für Assistenten erhöhen	**Medizinisch:** Verbesserung der Diagnose- und Prognose-Qualität durch Erfassung und Auswertung von Patientendaten **Medizinisch:** Verbesserung und Beschleunigung des Informationsaustauschs mit Kollegen (ggf. weltweit)
Ökonomisch: Erhöhung des Umsatzes pro Kunde durch Angebotserweiterung	**Ökonomisch:** effizientere und schnellere Steuerung und Kontrolle aller Abläufe im Unternehmen
Ökonomisch: Erhöhung des Umsatzes durch Gewinnen von Neukunden, die moderne Diagnostik nachfragen, bzw. durch Überweisungen	**Ökonomisch:** effektive und effiziente Kommunikation im Unternehmen (zugleich Freiräume schaffen für persönliche Gespräche!)

Diese beiden Beispiele zeigen Ihnen zwei wesentliche Aspekte:
- Quasi jede Investition kann/darf nicht isoliert betrachtet werden, weil sie – wenn sie denn tatsächlich zielgerichtet zum Erfolg führen soll – in aller Regel einschneidende Veränderungen im täglichen Geschäft verursacht.
- Die Schnittstelle zwischen Medizin und Ökonomie wird bereits bei der Zielsetzung ganz deutlich. Beide Bereiche müssen in ausgewogener Weise berücksichtigt sein.

Ob Sie den Vorbereitungsaufwand auf die Investition anrechnen oder nicht, ist selbstverständlich Ihnen überlassen. Generell wird er nicht angerechnet. Dennoch sollten Sie für die Vorbereitung genügend Zeit und Geld einplanen, denn die Erfahrung zeigt, daß dieser Aufwand gut

Vorbereitungsaufwand (-kosten)

angelegt ist. So gilt gerade bei der Installation einer Computeranlage, daß die Mitarbeiter rechtzeitig vorher mit in die Planung eingebunden werden. Denn – s. oben – sie haben einen Veränderungsprozeß vor, der per se mit Ängsten und Widerständen verbunden sein kann. Des weiteren setzen die Detailentscheidungen (welches Gerät, mit welchem Leistungsprofil, Kompatibilität ...) häufig sehr dezidierte Auseinandersetzung mit der entsprechenden Materie voraus. Daraus leiten wir folgende Tips ab:

- Binden Sie Ihre Mitarbeiter in die Investitionsüberlegungen und die daraus folgenden Konsequenzen ein, indem Sie Team- oder Einzelgespräche – bitte nicht zwischen Tür und Angel! – ansetzen. Fragen Sie Ihre Mitarbeiter, ob sie sich vorstellen können, welche Vorteile die Investition bringt!
- Planen Sie Kongreß-/Messe-Besuche konkret und mit vorheriger Terminabsprache mit entsprechenden Anbietern; vereinbaren Sie dann ggf. einen Besuch vor Ort in Ihrer Praxis. Lassen Sie sich Referenzen nennen.
- Sprechen Sie diese (Referenz-)Kollegen an und fragen Sie nach deren Erfahrungen, wohl bemerkt, konkret ausgerichtet auf Ihre Zielsetzungen. Die häufig gehörte Frage „Sind Sie damit zufrieden?" wäre sicher nicht ausreichend, denn u. U. hat ja der Kollege ganz andere Motive bzw. Ziele verfolgt als Sie!

Anschaffungskosten

Sie sind voll in den Vorbereitungen zum Kauf. Grundsätzlich gilt der Grundsatz: In unserer Gesellschaft gibt es – glücklicherweise – meistens die Möglichkeit der Auswahl. Deshalb sollten Sie mindestens zwei, besser drei Angebote prüfen.

Vorher sollten Sie aber auch noch folgende Fragen beantworten:

Sollten Sie gebraucht oder neu kaufen?

Bei Computern (s. Kapitel „EDV") empfehlen wir grundsätzlich den Neukauf. Bei Gerätschaften mit sehr hohen Anschaffungskosten (Ultraschallgerät mit Doppler, Vierfarbbild oder gar CT ...) kann es u. U. Sinn machen, auf gebrauchte Geräte aus der Humanmedizin zurückzugreifen.

Doch muß man sich heute immer wieder der Tatsache bewußt werden, daß der technologische Fortschritt immens schnell ist, und beispielsweise ein Ultraschallgerät, das 5 Jahre alt ist, u. U. nicht mehr Ihre Zielsetzung erfüllt!

Wie hoch ist die voraussichtliche Nutzungsdauer?

Diese Frage geht in die gleiche Richtung. Selbst die Finanzämter setzen regelmäßig die Abschreibungszeit für Computer noch mit vier Jahren an. Ein heute vier Jahre alter Computer ist aber u. U. noch nicht einmal „Jahr 2000"-tauglich, zumindest wenn er in der Betriebsführung terminbezogene Daten verarbeiten muß.

Auf der anderen Seite werden Sie aus dem folgenden einfachen Rechenmodell sehen, daß die rein ökonomische Betrachtung einer Medizingeräte-Investition bei unterstellter Nutzungsdauer von weniger als 5 Jahren meistens negativ ausfallen dürfte. D. h., auch hinsichtlich der Nutzungsdauer sollten Sie zumindest gedanklich immer berücksichtigen, wie schnell die Entwicklung vonstatten geht. Bis zu einem gewissen Grad kann man sich dadurch ein sicheres Gefühl verschaffen, wenn man weiß, daß das neugekaufte Gerät zumindest 5–8 Jahre durch Bereitstellung von Ersatzteilen und Service voll unterstützt wird. Sie sagen, das sei doch selbstverständlich; nein, das ist leider nicht immer so.

Noch zwei Hinweise zur Software:

Häufig wird die Frage gestellt, ob Software vom Aufwand her eine abschreibungswürdige Investition darstellt. Da es sich in der Regel um Softwarekosten von mehreren Tausend DM handelt, empfehlen wir für eine Kalkulation die Abschreibung mit eingerechneten Update-Kosten von 20 % der Basiskosten pro Jahr. Dies muß jedoch im Einzelfall geprüft werden.

Des weiteren kommt häufig die Frage auf, ob man lieber eine Standardsoftware oder eine auf individuelle Bedürfnisse zugeschnittene Software einsetzen solle. Hier gilt ganz eindeutig die Empfehlung, eine hochflexible Standardsoftware einzusetzen, denn die schnellen Veränderungen bei Betriebs-System-Software (DOS, Windows) und die steigenden, eigenen Ansprüche würden bei maßgeschneiderten Programmen einen für Tierarztpraxen unvertretbaren Aufwand bewirken.

Laufende Kosten

Damit Sie keine bösen Überraschungen erleben, müssen Sie bei jeder größeren Investition auch entsprechende laufende Kosten berücksichtigen. Hierbei wird generell differenziert zwischen Kosten, die quasi fix sind, egal ob das Gerät voll oder nicht voll ausgelastet ist, und variablen Kosten, die Sie kurzfristig beeinflussen können.

Mit welchen quasi fixen, laufenden Kosten müssen Sie rechnen?

- **Wartung/Reparaturen:** Gerade bei hochwertigen Geräten, auf deren Einsatzbereitschaft Sie angewiesen sind, empfiehlt sich ein Wartungsvertrag.
- **Versicherung:** Das gleiche gilt für eine Versicherung.
- **Zusätzliche Personalkosten:** Wenn Sie z. B. durch eine deutliche Erweiterung ihres Serviceangebots mit erheblich höherer Kundenfrequenz rechnen, sollten Sie die Personalkosten (= Gehalt + Nebenkosten + Personalsuche/-auswahl/-Einarbeitungs-Kosten) für einen (weiteren) Spezialisten oder eine weitere Teilzeit-/Vollzeithelferin einkalkulieren.
- Bezüglich der **Computeranlage** sollten keine zusätzlichen Personalkosten anfallen (wenn wir einmal von dem Einpflegen der Karteikarten-Daten in das EDV-System absehen, s. Kapitel „EDV"), aber

rechnen Sie auch bitte nicht mit Einsparungen. Hier zeigt die Erfahrung ganz klar, daß der schnelle Software-Wechsel immer wieder zu erheblichen Engpässen führen kann. Es kommt mehr darauf an, daß Sie als Führungskraft organisatorisch steuern und die unbestreitbaren Vorteile der EDV optimal nutzen.

- Zusätzliche **Kosten für Räume und Büromöbel:** Für zusätzliche Diagnose-Verfahren (Ultraschall, CT usw.) sind im allgemeinen zusätzliche Räume notwendig, entweder obligatorisch oder um die Qualität der Diagnostik zu gewährleisten. Zu einer guten EDV-Ausstattung gehören heute entsprechende Büromöbel, Räumlichkeiten und geeignete Beleuchtung, die den Ansprüchen an Bildschirmarbeitsplätzen genügen.

Mit welchen variablen laufenden Kosten sollten Sie rechnen?

- **Eigene Fort- und Weiterbildung:** Ob EDV-Anlage oder neues Diagnose-Verfahren, Sie werden um mehr oder weniger aufwendige Fortbildungsmaßnahmen nicht herum kommen. Und daher sollten Sie sowohl Zeit als auch Kosten (Kurs-Honorare, Reisespesen, ggf. Literatur) in Ihren Kalkulationen berücksichtigen. Diese Kosten können Sie zwar variabel steuern, aber wenn Sie hohe Qualität bzw. schnelle Umsetzung Ihrer Ziele vorhaben, dann werden auch diese Kosten quasi fix!

- **Schulung der MitarbeiterInnen:** Gerade, wenn es darum geht, das Personal positiv einzubinden, muß man rechtzeitig an ihre Schulung denken. Zusätzlich zu den für Ihre eigene Fortbildung angesetzten Kosten müßten Sie strenggenommen (zumindest gedanklich) noch die Kosten für den Arbeitsausfall ansetzen, sofern Ihre MitarbeiterInnen sich nicht in ihrer Freizeit fortbilden.

- **Verbrauchsmaterial, Strom etc.:** Diese Kosten sind – im Falle der Diagnostikgeräte – unproblematisch, denn sie können direkt abgerechnet werden. Bei den Verbrauchsmaterial-Kosten (z. B. Laborreagenzien) sollten Sie darauf achten, inwieweit sich diese bei einzelnen Herstellern unterscheiden. Das gilt im übrigen auch im EDV-Bereich z. B. für Drucker, deren Tintenpatronen/Tonerkassetten u. U. recht beachtliche Kosten verursachen können.

Investitionsrechnung

Wie ermitteln Sie die Fixkosten?

Zur Ermittlung der Fixkosten addieren Sie die Abschreibung/Jahr[3], kalkulierte Zinsen/Jahr[4], die jährlichen, oben beschriebenen, Kosten für

---

[3] Wir schlagen der Einfachheit halber die lineare Abschreibung über den Zeitraum der Nutzungsdauer vor, d. h., der Kaufpreis wird einfach dividiert durch die Nutzungsdauer in Jahren. Evtl. kann man vor der Division noch einen möglichen Restwert subtrahieren, der bei Verkauf realisiert werden könnte. Wir haben in unserem Beispiel bewußt darauf verzichtet, denn dann müßte man die Nutzungsdauer verkürzen.

[4] Hierbei wird unterstellt, daß Sie das Kapital zur Investition mit einem gängigen Zins fremdfinanzieren müssen. Auch wenn Sie nicht fremdfinanzieren, sollten Sie diesen Ansatz wählen, um eine „reelle" Amortisationsaussage treffen zu können.

Wartung, mögliche Reparaturen, Versicherung, Fortbildung und die möglichen zusätzlichen Raum- und Möbelkosten[5].

Wie ermitteln Sie den Deckungsbeitrag pro Einsatz (bzw. Untersuchung)?

Der Deckungsbeitrag errechnet sich aus Ihrem Preis (Honorar + Nebenkosten) abzüglich Ihres auf die Behandlungszeit umgerechneten Stundensatzes + Verbrauchsmaterial.

Anm.: Die Berechnung Ihres Stundensatzes wird im Kapitel „Kostenmanagement" erläutert. In unserem Beispiel haben wir einen Satz von 120 DM/h angenommen, die Dienstleistung dauert durchschnittlich 15 min.

Wann sind Ihre Kosten gedeckt?

Ihre Kosten sind gedeckt bzw. die Gewinnschwelle ist erreicht, wenn Sie so viele Anwendungen pro Jahr erreicht haben, wie sich aus der Division von Fixkosten durch Deckungsbetrag ergeben.

Wieviel zusätzlichen Gewinn können Sie erwarten?

Hierbei sollten Sie noch einmal differenzieren zwischen den *direkt* aus der Investition folgenden möglichen Gewinnchancen und den *indirekt* bewirkten Gewinnen durch die möglicherweise höhere Kundenfrequenz.

Direkt

Schätzen Sie die durchschnittlich zu realisierenden Dienstleistungen pro Woche, rechnen Sie diese hoch auf ein Jahr (52 Wochen–4 Wochen Urlaub = 48 Wochen). Die positive Differenz aus dieser Zahl und der Gewinnschwelle, multipliziert mit dem Deckungsbeitrag pro Dienstleistung ergibt Ihre direkte zusätzliche Gewinnchance.

Indirekt

Ihre indirekten Gewinne sind erheblich schwerer zu ermitteln. Hier empfehlen wir eine grobe Einschätzung, wieviele Kunden mehr bzw. häufiger zu Ihnen kommen, wen Sie Ihr Dienstleistungsangebot erweitern (Anm.: Ohne Information bzw. Werbung mittels Praxisbroschüre, Testimonial-Technik usw. wird eine indirekte Gewinnsteigerung kaum möglich sein.)

Die Fixkosten werden quasi auf die gleiche Art und Weise – natürlich mit anderen Werten – gerechnet.

---

[5] Wir haben in unserem Beispiel darauf verzichtet. Hier würden auch entsprechende Abschreibungswerte – auf 10–15 Jahre gerechnet – oder Mietkosten angesetzt.

In Abhängigkeit von Ihrer Zielsetzung können Sie folgende Annahmen treffen:

- Umsatzerhöhung um 1 % durch verbesserten Service
- Umsatzerhöhung um 2 % durch Impf-Erinnerungs-Mailings
- Kostensenkung beim Arzneimitteleinkauf um 10 %
- Erhöhung der Liquidität durch Senkung der Außenstände um 20 %

Abbildung 11.15
Investitionsrechnung – Beispiel 1: Ultraschallgerät

Kaufpreis (DM)	30.000
Nutzungsdauer (in Jahren)	8
Zinssatz (%)	9
Abschreibung/Jahr (DM)	**3.750**
Zinsen/Jahr (DM)	**1.350**
Wartung und Reparatur/Jahr (DM)	**1.200**
Versicherung/Jahr (DM)	**300**
Fortbildungskosten/Jahr (DM)	**500**
zusätzl. Raumkosten/Jahr (DM)	**0**
Fixkosten/Jahr (DM)	**7.100**
Preis/Dienstleistung (DM)	65
Verbrauchsmaterial (DM)	2
Stundensatz (DM)	120
Zeit/Dienstleistung (min)	15
Variable Kosten/Dienstleistung (DM)	**30**
Deckungsbeitrag/Dienstleistung (DM)	**33**
Gewinnschwelle: Dienstleistungen/Jahr	**215**
geschätzte Anzahl Dienstleistungen/Woche	5
geschätzte Anzahl Dienstleistungen/Jahr	240
zusätzliche Gewinnchance (DM/Jahr)	**820**

Abbildung 11.16
Umsatz-/Sparpotential durch EDV-Einsatz (Anhaltswerte)

Kaufpreis Dreiplatzsystem incl. Software (DM)	**26.000**
Nutzungsdauer (in Jahren)	4
Zinssatz (%)	9
Abschreibung/Jahr (DM)	6.500
Zinsen/Jahr (DM)	1.170
Wartung und Reparatur/Jahr (DM)	1.200
Versicherung/Jahr (DM)	200
Fortbildungskosten/Jahr (DM)	1.000
zusätzl. Raum- und Möbelkosten/Jahr (DM)	400
Kosten/Jahr (DM)	**10.470**
Umsatzsteigerung durch besseres Marketing	5.400
Arzneimitteleinkauf-Optimierung	4.500
Außenstände-Minimierung	2.000
Umsatz-/Spar-Potential (DM/Jahr)	**11.900**
Kosten-Nutzen-Wert (DM/Jahr)	**1.430**

Selbst wenn Sie bei der Berechnung der Computerfixkosten eine Nutzungsdauer von nur vier Jahren ansetzen und nur jeweils zwei der sehr vorsichtig angesetzten Zielannahmen erreichen, dürfte sich die EDV bereits rechnen. Selbstverständlich setzt diese Kalkulation auch den konsequenten Einsatz voraus.

Annahmen	Umsatzniveau 180.000,00	Umsatzniveau 440.000,00
Verbesserter Service (+1 %)	1.800,00	4.400,00
Impf-Erinnerungs-Mailings (+2 %)	3.600,00	8.800,00
Einsparungen beim Arzneimittel-einkauf (+10 %)	4.500,00	8.800,00
Durchschnittliche Reduzierung der Außenstände (20 %)	8.000,00	12.000,00

Abbildung 11.17
Computerfixkosten

12 Praxisorganisation / Arbeitsplatzorganisation

Ihre Praxisräume assoziieren dem Kunden Ihre Einstellung zu ihm und zu den angebotenen Leistungen. Über eine sich in der Praxisgestaltung ausdrückende Servicementalität läßt sich die Kundenanbindung nochmals deutlich steigern. Grundsatz: Je wohler sich der unter Streß stehende Kunde (s. a. „Emotionen") fühlt, desto einfacher wird der Umgang mit ihm, desto eher nimmt er ein positives Bild mit und trägt es nach außen weiter. Selbstverständlich wirkt das persönliche Verhalten aller Praxismitarbeiter stärker als Einrichtungen und Raumaufteilungen, trotzdem muß der Kunde ein schlüssiges Gesamtbild wahrnehmen, wenn der Tierarzt einen „optimalen" Effekt erzielen will. Aus diesem Grund geben wir Ihnen nachfolgend einige Tips zur Praxiseinrichtung und damit zusammenhängender Werkzeuge.

Erreichbarkeit und Parkmöglichkeiten

Wie bei allen Unternehmen mit Kundenfrequenz ist darauf zu achten, daß die Praxis leicht zu finden ist. Vielerorts ist festzustellen, daß der Tierarzt aus „Kostengründen" in Stadtteile oder Wohngegenden ausweicht, die diese Anforderung nicht erfüllen. Den vermeintlichen Kostenvorteil bezahlt er dann mit geringerer Kundenfrequenz, da es vielen (potentiellen) Kunden zu mühsam ist, den entsprechenden Weg auf sich zu nehmen. Das soll nicht heißen, daß Randlagen abzulehnen sind, es kommt eben auf das mühelose Erreichen an, idealerweise mit unterschiedlichen Transportmitteln, also auch dem öffentlichen Personennahverkehr (Bus).

Einige Kliniken haben sich in den vergangenen Jahren in Gewerbe- und Industriegebieten angesiedelt. Solange es sich um kleinere Orte handelt, bei denen es grundsätzlich im Sinne der Erreichbarkeit gleichgültig ist, um welche Straße es sich handelt, kann dieses Vorgehen grundsätzlich befürwortet werden. Grundstücks- und Mietpreise sind häufig günstig. Ein Vergleich lohnt sich allemal. In größeren Orten und Städten muß dringend geprüft werden, welche Struktur und Besetzung ein solches Gewerbe- und Industriegebiet hat, d. h., welche „Käuferströme", wenn überhaupt, angelockt werden. Ein Gebiet, in dem ausschließlich produzierende Unternehmen ansässig sind, ist kritisch zu prüfen. Schließlich wirbt der Tierarzt allein auch durch seine wahrnehmbare Präsenz. Eine positivere Betrachtung kann angesetzt werden, wenn eine deutliche Wahrnehmung, z. B. über die unmittelbare Angrenzung an eine regionale Hauptverkehrsstraße, gewährleistet ist. Für Pferdepraxen und -kliniken sollte dies immer auch ein Maßstab für die Standortwahl sein (unkomplizierter Antransport von stationär oder ambulant zu behandelnden Tieren).

Aus eigener Erfahrung wissen Sie selbst, daß eine zeitraubende und nervtötende Parkplatzsuche nur negative Emotionen hervorruft und schließlich auch die Wahl der behandelnden Tierarztpraxis beeinflussen kann. Wir wissen von einigen Fällen, in denen dies eine wichtige Entscheidungsgrundlage für Kunden ist und war. Sollte das Objekt selbst nicht über ausreichende Parkflächen verfügen, sollte immer geprüft werden, ob Kooperationen mit angrenzenden Geschäften möglich sind. Manche Unternehmen (Banken, Einkaufsmärkte etc.) gestatten „Parkkooperationen" – oftmals eine reine Verhandlungssache.

Wartezimmer

Natürlich ist es immer gut, wenn Ihr Wartebereich so großzügig gestaltet werden kann, daß Sie es u. a. und bei Bedarf einrichten können, für Hunde und Katzen getrennte Flächen zur Verfügung stellen zu können. Auch sollte es Möglichkeiten zur Absonderung schwieriger und/oder dominant-aggressiver Tiere geben.

Der Wartebereich selbst ist natürlich ein wichtiger „Verkaufsbereich" Ihrer Tierarztpraxis. Kunden halten sich hier, außer im Behandlungsraum, am längsten auf[6] und lernen Ihre Praxis und Ihr Leistungsangebot kennen. Deshalb müssen Sie diese Situation nutzen, um Ihre Praxis und die Leistungen bekannt(er) zu machen. Wie geht das?

Ganz wichtig ist die deutliche und möglichst großflächige, plakative Ausschilderung Ihres gesamten Leistungsspektrums. Ihren Kunden sind im Einzelfall maximal 20–40 % davon bekannt, was natürlich daran liegt, daß der einzelne immer nur das eingeschränkte Spektrum mit seinem Tier aufgrund der von Ihnen durchgeführten Behandlungen kennt. Jetzt gilt es, die Kundennachfrage anzuregen. Ihn interessierende Leistungen (auch im Service- und Futtermittelbereich) spricht der Kunde aufgrund einer Leistungsausschilderung an und Sie und Ihr Praxispersonal haben die Möglichkeit, darauf einzugehen und bei medizinisch sinnvoller Nachfrage darauf zu reagieren. Und das alles, ohne daß Sie in oftmals schwierig empfundene, aktive Verkaufsgespräche eintreten müssen.

Auch im Zusammenhang mit dem vorgenannten Punkt sollten Sie einen Prospektständer erinrichten, in dem einzelne Detailinformationen zu relevanten und schließlich sensibilisierenden (= verkaufsfördernden) Themen (z. B. Zecken- und Milbenbehandlungen, Impfinformationen etc.) bereitliegen. Ihre Praxisbroschüre gehört dort noch nicht hinein (s. a. „Praxisbroschüre").

---

[6] Übrigens: Wartezeiten bis zu 20 min werden in der Regel problemlos akzeptiert. Ab dann wird es kritisch und (für den Augenblick) nur noch in Kauf genommen, solange kein alternatives, Wartezeiten-freundliches Angebot in Anspruch genommen werden kann.

Über als Großplakat gestaltete Bild- und kurze Textinformationen können Sie Ihre Praxismitarbeiter und deren Zuständigkeiten intensiv vorstellen. So stellen Sie von Anfang an die persönliche Beziehung her und können zudem Einfluß darauf nehmen, daß nicht alle Fragen nur an den Tierarzt gerichtet werden.

Schließlich sollten Sie je nach Verfügbarkeit auch Futterproben und entsprechendes Informationsmaterial u. ä. auslegen, um mittelfristig den Absatz der von Ihnen angebotenen Produkte anzukurbeln.

Für Praxen, die sich noch nicht endgültig für eine reine Terminvergabe entscheiden konnten, bzw. Praxen, die auch eine offene Sprechstunde im Angebot haben, kann es darauf ankommen, längere Wartezeiten, die, wenn immer möglich, zu vermeiden sind (!), im subjektiven Empfinden der Kunden zu verkürzen. Natürlich dienen dazu auch schon die Maßnahmen zur Information der Kunden. Darüber hinaus gibt es noch eine Reihe von Möglichkeiten:

Eine Kinderspielecke sollte obligatorisch sein. Nicht nur, um die kleinen, aber wichtigen Kaufentscheider nachhaltig und positiv zu beeinflussen, sondern auch aufgrund der Erkenntnis, daß gerade Kinder sich sehr emotional mit dem Tierarztbesuch auseinandersetzen. So haben einige Praxen deshalb auch gute Erfahrungen mit der spielerisch nachgebildeten „Tierarztpraxis" in der Tierarztpraxis gemacht. A propos Kinder: Wenn Sie nach der Behandlung einen entsprechend gestalteten Ansteckbutton mit dem Text „Auszeichnung für besondere Tapferkeit beim Tierarzt" aushändigen (selbstverständlich ist damit auch das Tier gemeint), erzielen Sie damit häufig einen wesentlich höheren Erfolg (da unmittelbar die emotionale Betroffenheit ansprechend), als mit der Ausgabe von Süßigkeiten oder Plastiktieren.

Ebenfalls obligatorisch sollte die Auslage von Zeitschriften und Zeitungen sein. Damit diese nicht im Wartezimmer verstreut werden, empfiehlt es sich Wandhalterungen hierfür vorzusehen. Viele Kunden stecken die Zeitungen und Zeitschriften im übrigen auch wieder zurück, was für zusätzliche Ordnung sorgt.

Ohne Ton ablaufende Tiervideos (Die Kunden wollen sich unterhalten können!) oder interessante Aquarien (Achtung: Pflegeaufwand!) lenken ab (oft auch die Tiere) und sorgen für Unterhaltung.

Die Versorgung der Kunden mit Getränken wird immer wieder als problematisch eingeschätzt. Dabei ist dieser Service überaus willkommen, wird als sehr freundlich angesehen und verursacht überhaupt keine Probleme. Es gibt heute eine Vielzahl von Heiß- und Kaltgetränkemaschinen, deren Bedienung sehr einfach ist und keine übermäßigen Kapazitäten seitens des Praxispersonals erfordert. Wir empfehlen dringend die Ausstattung des Wartezimmers mit solchen Geräten. Sie sollten allerdings keine Plastikbecher wählen, sondern sich für stabile Keramiktassen und Kunststoffgläser entscheiden. Der Grund ist recht einfach. Mit sowieso nicht sehr belastbaren, dünnwandigen Plastikbechern werden Sie mehr Arbeit haben, da das Handling einfach schwieriger ist und auch Kunden weniger auf solche Billig- und Wegwerfartikel achten, während bei offensichtlich höherwertigen Tassen und Gläsern mit etwas mehr Sorgfalt umgegangen wird.

Auch die in einem anderen Kapitel angesprochene Praxisumfrage dient natürlich zur Verkürzung der Wartezeit. Ein Grund mehr, sie regelmäßig durchzuführen.

Bitte beachten Sie allerdings bei allen Maßnahmen und Einrichtungen im Wartebereich, daß dem zeitkritischen Kunden heute keine allzulangen Wartezeiten mehr zugemutet werden können (<30 min). Wir wissen aus zahlreichen Kundengesprächen, daß dies häufig der Grund für einen Praxiswechsel ist. Nicht zuletzt deshalb ist es u. E. so, daß nach dem uns vorliegenden Zahlenmaterial reine Terminpraxen erfolgreicher als Praxen mit nur offener Sprechstunde sind.

Immer wichtig ist die Offenheit des Wartebereiches zum Rezeptionsbereich. Der Blickkontakt zwischen Kunden und Helferinnen sollte immer möglich sein. Zum einen können kritische Situationen auf der Kundenseite rechtzeitig erkannt werden, zum anderen kann die Helferin ständig mit Servicemaßnahmen durch Wahrnehmung und nicht erst nach Aufforderung reagieren (z. B. Auffüllen der Wassernäpfe).

Rezeption / Anmeldung

Auch hier möchten wir zuallererst die Aufmerksamkeit auf den „Blickkontakt" lenken. Wie Sie später noch im Kapitel „Kommunikation" erfahren werden, sollten Situationen vermieden werden, die, wie auch immer, ein „Unterstellungsverhältnis" definieren oder assoziieren. Moderne Einrichtungssysteme nehmen diese Grundgedanken auf und sorgen dafür, daß das hinter einer Rezeption sitzende Personal den Blickkontakt zum Kunden auf einer Ebene herstellen kann, also hoch sitzt (Podestlösungen). Sollten Sie, z. B. bei einem Neubau oder bei der Neuniederlassung, eine solche Lösung herbeiführen wollen, dann achten Sie bitte dringend auf Arbeitssicherheit und erkundigen Sie sich (ggf. bei den Berufsgenossenschaften) nach den entsprechenden Ausführungsvorschriften. Planen Sie dann einen Steh- und einen Sitzbereich für die Rezeption. An den Anmeldungsbereich sollte ein kleines, unkompliziert erreichbares Büro oder eine etwas entfernt vorhandene Sitzecke angegliedert sein. Hierhin kann sich Ihr Personal mit „schwierigen" Kunden oder bei schwierigeren Besprechungssituationen (Rechnungsreklamationen etc.) zurückziehen, so daß sichergestellt ist, daß nicht gleich das ganze Wartezimmer mithören kann und muß.

Behandlungsräume

Sicherlich sind Behandlungsräume zuallererst funktional zu sehen. Medizinische Behandlungen müssen umkompliziert und schnell (= geringste Belastung für Mensch und Tier) durchgeführt werden können. Bei alldem darf wieder nicht vergessen werden, daß der Mensch

(= Kunde) derjenige ist, der „fühlt" und „denkt", ob sein Tier hier auch gut aufgehoben ist oder nicht. Wenden wir uns diesen beiden Bildern eines Behandlungsraumes zu:

Funktionale Aspekte

Hierüber brauchen wir in diesem Buch nicht viele Ausführungen zu machen, weil nach unserem Kenntnisstand fast alle Tiermediziner entsprechende Planungen entwickeln und über das erforderliche Hintergrundwissen verfügen. Nur eines: Bei nebeneinander liegenden Behandlungsräumen ist es planenswert, eine von beiden Seiten zugängliche Zwischenwand in Form eines Apothekenschranks vorzusehen. Der Aufwand für Nachfüllung und Handling sinkt.

Emotionale Aspekte

Die emotionalen Aspekte bei der Gestaltung des Behandlungsraumes sollten sich beispielsweise so ausdrücken, daß noch vor der Behandlung dem Kunden (und auch dem Tier) ausreichend Zeit gegeben wird, sich mit der neuen/unheimlichen/nicht vertrauten (Streß-)Situation bekannt zu machen. Hierzu eignet sich ein an der Wand (unter dem Fenster) befestigter, halbrunder Besprechungstisch, an dem zwei Hocker oder Stühle stehen. Vor Durchführung der Behandlung bittet der Tierarzt den Kunden, zunächst einmal Platz zu nehmen und erläutert kurz die vorgesehene Behandlung. Effekt: Der Kunde wird ruhiger, fühlt sich herausgehoben. Das Tier hat etwas Zeit, sich mit dem Raum vertraut zu machen und reagiert bei der späteren Behandlung vielleicht nicht mehr so nervös.

Das Aufnahmeformular

Um am schnellsten die notwendigsten und wichtigsten Angaben über Ihren (Neu-)Kunden zu erhalten, sollten Sie ein entsprechendes „Aufnahmeformular" einsetzen. Von der Gestaltung her sollte es tatsächlich einem „Formular" ähneln, da häufig immer noch zu beobachten ist, daß ein etwas amtlicherer Charakter für eine hohe Ausfüllquote sorgt. Wir sind es eben gewohnt.

In dem Formular sollten folgende Angaben abgefragt werden:
- Name und Anschrift des Kunden
- Telefon, Telefax und „Wann sind Sie am besten zu erreichen?" (Diese Zusatzfrage kann Ihnen ggf. viel Zeit sparen, nämlich dann, wenn Sie selbst den Kunden kontaktieren wollen/müssen und das Risiko herabsetzen wollen, ggf. viele Anrufversuche unternehmen zu müssen.)
- Beruf und Alter (Geburtsdatum) des Kunden erfragen (als *„freiwillige Angaben"* kennzeichnen). Keine Angst: Eine Vielzahl der Kunden werden dieses Feld ausfüllen. Ihnen können diese Angaben bei der weiteren Klassifizierung und ggf. auch bei der Ausweitung Ihres Praxisangebotes, vielleicht auch für Besserverdienende, helfen. In einem Praxisfall wissen wir, daß eine Kleintierpraxis einen „Assistenten-

Außendienst" für Standardbehandlungen einrichtete, nachdem über die *freiwilligen Angaben* eine große Anzahl von Selbständigen festgestellt wurde. Diesen wurde eine Umfrage zugesandt (s. a. Kundenbefragungen), mit der festgestellt werden konnte, daß ein Hausbesuch-Angebot (zu deutlich besseren Preisen) gern angenommen werden würde. Selbst bei schwirigen Tieren gelingen Behandlungen über das Hinbringen von entsprechenden Boxen und ggf. auch Sedativa (natürlich nicht ohne medizinische Abklärung) am Vortag. Überflüssig zu erwähnen: Die Tierarztpraxis hat mit ihrem Außendienst einen Riesenerfolg.

- Grund für den Praxisbesuch (Empfehlung, Praxisausschilderung etc.). Bei Praxiswechsel: *„Aus welchen Gründen haben Sie sich für meine Praxis entschieden?"* Mit den Antworten auf diese Frage können Sie wichtige Erkenntnisse gewinnen, wo ihre Praxis im Vergleich zum Mitbewerber steht. Es findet ein ständiger Check-up hinsichtlich Ihrer Qualitäten und des sogenannten Reason-why (Warum kommen meine Kunden zu mir?) statt. Ggf. können Sie Gründe entdecken, die Sie für sich noch besser nutzen können.
- Angaben zu dem zu behandelnden Tier (Alter, Vorbehandlungen, bekannte Erkrankungen, Dominanzverhalten etc.)
- Erklärung zum Rechnungsausgleich mit Unterschrift (Das Ankreuzfeld „Rechnung" sollten Sie [s. a. nachfolgendes Thema] erst gar nicht aufnehmen.)
- Zusatz: „Ich bin damit einverstanden, regelmäßig Informationen zu Themen, wie z. B. Ernährung, Erziehung etc., von meinem Tierarzt zu erhalten." (Mit diesem Zusatz können Sie das Interesse des Kunden an solchen Informationen, von denen auch eine Menge brauchbare existieren, verifizieren. So vermeiden Sie ggf. unnötige Portokosten, wenn Sie Ihre Kunden [was Sie natürlich auch dürfen] schriftlich informieren.)

Reduzierung von Außenständen

In der Tierarztpraxis ist es ein altbekanntes Problem: Außenstände! Manche Praxen erreichen hier monströse Summen, auf die sie wochen- oder monatelang warten müssen. Die eigene Liquidität leidet und der Ärger steigt. Auch aus diesem Grund ist es immer noch ehernes Prinzip bei Tierärzten, möglichst alle Rechnungen möglichst sofort und möglichst in bar zu kassieren. Große Schilder im Rezeptionsbereich weisen den Kunden darauf hin und erinnern eher an restriktive Verkehrsschilder unter dem Gesichtspunkt „Überholen verboten". Trotzdem klappt es in vielen Fällen nicht. Der Kunde hat kein Geld dabei, der Tierarzt ist zu gutmütig und die Helferin kann sich nicht durchsetzen. Außenstände wachsen und wachsen und stellen den Tierarzt vor die Frage, wie er es denn nun machen soll.

So vielleicht (ein tatsächliches Beispiel aus der Praxis)? Ein kleines Mädchen, vielleicht 7 oder 8 Jahre alt, wird vom Vater mit dem Hund in die Praxis geschickt, um „Bello" impfen zu lassen. Geld hat sie keines dabei. Weil aber der Tierarzt die Anweisung gegeben hat, daß von einem

Kunden, der kein Geld dabei hat, ein „Pfand" zurückzubehalten ist, handelt die Tierarzthelferin „ordnungsgemäß": Sie bittet das Mädchen um die um den Hals getragene Plastikkette im Wert von vielleicht wenigen Pfennig. Weinend geht das Mädchen nach Hause und berichtet das ihrem Vater, der lediglich vergessen hat, seiner Tochter Geld mitzugeben. Völlig wutentbrannt setzt er sich sofort ins Auto und braust zur Praxis. Dort ist dann die Aufregung groß ... Die Praxis hat einen Kunden weniger.

„Erfunden!", denken Sie? Mitnichten! Real so passiert. Auch in anderen Praxen können wir immer wieder beobachten, daß Tiere zurückgehalten werden, wenn der Kunde die Rechnung nicht bezahlt oder bezahlen kann. U. E. ein absoluter Unsinn (Aufwand) und auch (straf-)rechtlich nicht unrelevant.

Das Bemühen, den Kunden zu einem „Sofortzahler" erziehen zu wollen, ist grundsätzlich sicherlich nicht falsch. Aber wie bei vielen anderen Dingen kommt es immer auf das „Wie" an. Hier zunächst einige Grundregeln:

Die Denkhaltung muß stimmen: Ein Kunde bezahlt Sie für Ihre gute Leistung. Gute Kunden sind demnach Kunden, die Ihre gute Leistung auch sofort oder in einem angemessenen Zeitraum bezahlen. Kunden, die ihre Rechnungen nicht bezahlen (obwohl die Leistung unbestritten stimmt), sind keine guten Kunden, egal wieviel Tiere sie mitbringen, egal, welchen Eindruck sie auf Sie machen. Hier müssen Sie auch bereit sein, auf einen Kunden zu verzichten. Dieser Verzicht muß jedoch ausgesprochen werden. Und denken Sie daran: Der bekannte Multiplikationseffekt (= Mund-zu-Mund-Propaganda) bewirkt auch, daß wir z. B. eine Praxis kennenlernen durften, zu der die Tippelbrüder aus der gesamten Umgebung kamen, nur weil sich unter ihnen herumgesprochen hatte, daß der Tierarzt sehr „gutmütig" sei. Ein treffendes Beispiel für den Satz: „Man hat immer die Kunden, die man auch verdient."

Entwerfen Sie für Neukunden einen „Aufnahmebogen" (Adresse, Tierdaten etc.), in dem auch eine „Kundenerklärung" zu finden ist. Hier sollte der Kunde wählen können, wie er seine Rechnungen bezahlen möchte. Dieses Instrument weist den Neukunden von vornherein und deutlich darauf hin, daß er die Rechnungen unmittelbar nach der Behandlung zu bezahlen hat.

Räumen Sie dem Kunden die Möglichkeit ein, seine Rechnungen in bar, per Eurocheque (+ Scheckkarte) und ggf. per Abbuchungsauftrag (Lastschriftverfahren) bezahlen zu können. Über die Nutzung der letztgenannten Möglichkeit informiert Sie Ihr Kreditinstitut. Nur soviel: Bei dieser Art des Lastschriftverfahrens ist die Rückgabe der Lastschrift nur innerhalb eines sehr kurzen Zeitrahmens möglich (anders als bei der „Einzugsermächtigung").

Nutzen Sie die Möglichkeiten des bargeldlosen Zahlungsverkehrs und hier insbesondere des „Electronic-Cash".

Viel zu wenige Praxen setzen diese Möglichkeit ein. Aufgrund der von uns durchgeführten Marketing- und Management-Seminare kennen wir mittlerweile eine ganze Reihe von Tierärzten, die nach Einführung von „Electronic-Cash" ihre Außenstände sofort um ca. 40–50 % reduzieren konnten. Das spricht doch für sich, oder?

Zunächst einige Hintergrunddaten[7]:

Das Volumen des bargeldlosen Zahlungsverkehrs hat in den letzten Jahren erheblich zugenommen. Während im Jahre 1960 gerade mal 1,3 Billion DM derart umgesetzt wurden, sind es heute knapp 40 Billion DM. Nicht zuletzt aufgrund der ausgegebenen Scheckkarten: Im Jahre 1997 befanden sich rund 41 Mio. Scheckkarten im Umlauf. Bei insgesamt rd. 82 Mio. Einwohnern, die in etwas mehr als 36 Mio. Haushalten[8] leben, läßt sich leicht ausrechnen, daß – rein rechnerisch betrachtet – jeder Haushalt auch mit einer Scheckkarte ausgestattet ist. Trotz der notwendigen Relativierungen (Sozialgefälle, Mehrfachausstattung mit Scheckkarten etc.) bleibt festzuhalten, daß die Scheckkarte mittlerweile eine hohe Durchsetzung in der zahlenden Bevölkerung erreicht hat. Fazit: Fast jeder Kunde der Tierarztpraxis wird so etwas besitzen. Warum nutzen Sie das nicht für Ihre Praxis? Aussagen, wie „Ich habe nicht genug Geld dabei!", dürften in vielen Fällen der Vergangenheit angehören.

Seit dem Siegeszug der Scheckkarten haben die klassischen Kreditkarten eher Probleme: Die Zuwächse sind nur noch moderat, bei einigen Gesellschaften stagniert die Ausgabe von Neukarten sogar. Durch vom Handel nicht akzeptierte Gebührenmodelle (Provisionen) hadern viele Geschäfte und Dienstleister mit der Akzeptanz dieser Karten. Jeder wird schon einmal bei seinen Einkäufen festgestellt haben, daß viele ehemalige Akzeptanzstellen heute keine alleinigen Kreditkarten mehr annehmen.

„Electronic-Cash" hat in den letzten Jahren deutlich zugenommen: Mittlerweile beträgt der monatliche Umsatz per Electronic-Cash" ca. 3 Mrd. DM (an ca. 200.000 Terminals)[9]. Wir sind es gewohnt, in Kaufhäusern, an Tankstellen, in Restaurants und sonstwo mit unserer Scheck-, Bank- bzw. Sparkassenkarte zu bezahlen. Und wir schätzen diese Zahlungsweise als einfach, unkompliziert und bequem. Vor allem auch deshalb, weil die „klassische" 400-Mark-Grenze (Eurocheque) mit „Electronic-Cash" grundsätzlich wegfällt. Der Kunde (mit Geheimzahl) kann bis zu mehreren tausend DM je Tag verfügen.

---

[7] Bundesverband deutscher Banken/Deutsche Bundesbank 1998; nachzulesen u. a. im Internet: http://www.bdb.de
[8] Statistisches Bundesamt, 1998
[9] Bundesverband deutscher Banken, 1998

Folgende Möglichkeiten des „Electronic-Cash" stehen grundsätzlich zur Verfügung[10]:

	Electronic Cash Online	Geldkarte	POS (Point Of Sale) ohne Zahlungsgarantie	EC-Lastschriftverfahren	Kreditkarten
Karte	EC-Karte Bankkarte	EC-Karte Bankkarte	EC-Karte	EC-Karte	Je nach Wunsch des Unternehmens
Unterschrift des Kunden	Nein	Nein	Ja	Ja	Ja
Geheimzahl	Ja	Nein	Nein	Nein	Nein
Online-Sperrabfrage	Ja	Nein	Ja	Nein	Ja
Online-Autorisierung	Ja	Nein	Nein	Nein	Ja
Zahlungsgarantie	Ja	Ja	Nein	Nein	Ja
Unternehmer-Risiko	Kein Risiko	Kein Risiko	Mittl. Risiko	Hohes Risiko	Kein Risiko
Kosten für Unternehmen	0,3 % des Zahlungsbetrages, mind. 0,15 DM	0,3 % des Zahlungsbetrages, mind. 0,02 DM	0,10 DM pro Sperranfrage	Keine	Individuelle Gebühren

Die vorstehende Tabelle erhebt keinen Anspruch auf Vollständigkeit, zeigt allerdings sehr gut auf, welche Möglichkeiten sich durch „Electronic-Cash" eröffnen. Auch die Tierarztpraxis kann, wenn sie das möchte, in sehr vielen Fällen sehr unkompliziert und einfach an ihr Geld kommen. Die entstehenden Gebühren sollten dabei nicht stören. Rechnen wir einmal nach: Der „durchschnittliche" Kunde (Hundebesitzer) der Tierarztpraxis kommt ca. 1- bis 2mal im Jahr und macht mit Ihnen einen Gesamtumsatz von ca. 200–300 DM. Nehmen wir an, ein einmaliger Rechnungsbetrag beläuft sich auf 150 DM. Bei Zahlung über das o.a. „Electronic-Cash-Online" entstehen z. B. mögliche Gebühren i. H. v. 0,45 DM (150 x 0,3 %). Teuer? Nein, denn Sie müssen berücksichtigen, daß der interne Arbeitsaufwand des Rechnunginkassos deutlich sinkt: kein Geldwechsel, keine Quittungen, keine oder nur reduzierte Einzahlungsbelege für die Bank, keine oder nur wenige Vorkontierungen auf den Kontoauszügen etc. Der Zeitaufwand für diese Tätigkeiten der Tierarzthelferin, multipliziert mit deren internen Stundensatz (i. d. R. zwischen 25 und 35 DM), wird einen viel höheren Betrag je Barzahlung ergeben, als die von der Bank erhobene Gebühr.

---

[10] Übersicht der Stadtsparkasse Köln, 1998, Electronic Banking

Last but not least müssen die Zinsersparnisse gerechnet werden, die durch den deutlichen Liquiditätszuwachs (= Reduzierung der Außenstände) positiv zu Buche schlagen.

Die für die Teilnahme am „Electronic-Cash"-Verfahren notwendigen Terminalgeräte werden Ihnen von Ihrer Bank oder Sparkasse zur Verfügung gestellt. Sie haben die Möglichkeit, diese Geräte zu mieten oder zu kaufen. Für welche Möglichkeit Sie sich entscheiden wollen, hängt letztlich vom konkreten Angebot Ihrer Hausbank ab. Sie können übrigens auch mobile Geräte einsetzen. Dies ist ggf. für den einen oder anderen Gemischt- und Pferdepraktiker durchaus von Interesse.

Lassen Sie sich auch nicht von den Miet- oder Kaufkosten der Terminalgeräte abschrecken. Stellen Sie sich vor, daß von, z. B. 35 täglichen Kunden, insgesamt 20 ihre Rechnungen per Scheck- und/oder Bankkarte bezahlen. Und nehmen wir weiter an, daß sich die Gebühren jeweils auf 0,45 DM je Zahlung belaufen. Dies bedeutet Tageskosten i. H. v. 9 DM. Nehmen wir weiter an, daß sich die Miete für den Terminal auf 65 DM/Monat beläuft. Umgerechnet auf den Tag sind Kosten von ca. 2,60 DM zu veranschlagen, macht 11,60 DM insgesamt. Und zum Schluß, weil ja die Zahlungen „Online" – also über das Telefonnetz – erfolgen, rechnen wir noch Telefongebühren (Ortsgebühren) von rund 5 DM hinzu. Dann belaufen sich die Gesamtkosten pro Tag auf 16,60 DM. Machen wir es rund und legen noch die Einarbeitungskosten der Praxis ebenfalls auf den Nutzungstag um, so daß wir schließlich bei 20 DM/d ankommen. Demgegenüber steht eine deutlich Zeitersparnis Ihrer Helferin (>1 h), geringerer Verwaltungsaufwand, weniger Mahnverfahren und höhere Zinserträge. Ein Geschäft also, daß sich in fast allen Fällen lohnen wird und zudem noch vom Kunden gern genutzt und als kundenfreundlich/innovativ angesehen wird.

Selbstverständlich wird es auch in Zukunft und auch in Ihrer Praxis immer wieder Kunden geben, die „kein Geld", „keine Scheckkarte" und zufällig auch „keine Schecks" bei sich haben. Diese Fälle lassen sich nicht vermeiden. Tun Sie sich allerdings einen Gefallen: Vermeiden Sie aufwendige und damit kostenintensive Verfahren, die zudem noch „gefährlich" sind (Zurückhaltung des Tieres) und verzichten Sie auf einen hohen administrativen Aufwand bei der Durchführung des Mahnverfahrens. Hier sollten Sie so vorgehen, daß Sie den Kunden noch einmal telefonisch an die Begleichung der Rechnung erinnern. Danach müssen Sie eine schriftliche Mahnung aussprechen, in der ein konkretes Zahlungsdatum genannt ist (... Zahlen Sie spätestens bis zum 15.05. ...), um den Kunden in Verzug zu setzen. Sollte der Kunde bis dahin immer noch nicht gezahlt haben, dann sollten Sie i. d. R. auf weitere schriftliche Mahnungen verzichten (Zu diesen sind Sie auch nicht verpflichtet!) und die Angelegenheit einem Rechtsanwalt übergeben. Berücksichtigen Sie im übrigen immer, daß Ihre eventuellen Eigenaktionen oftmals teurer sind, als die durch die Gebührenordnung der Rechtsanwälte entstehenden Kosten. Es fällt Ihnen nur nicht so auf, weil Sie sich selbst ja keine Rechnungen schreiben. Das sollten Sie, Ihren Stundensatz zugrundegelegt, im Kopf allerdings immer tun.

13 EDV / Software

Bei der Konzeption dieses Buches haben wir überlegt, ob wir dieses Kapitel aufnehmen sollen. Denn wir waren uns darüber im klaren, daß aktuelle Informationen zu diesem Thema bereits veraltet sind, wenn das Manuskript in die Druckerei geht. Dennoch haben wir uns dazu entschlossen, das Thema zu bearbeiten und zwar mit der Zielsetzung, Ihnen eine Richtschnur zu geben, die Ihnen bei der Einrichtung oder Umstellung Ihrer Hard- und Software helfen soll. Es wird jedoch in jedem Fall erforderlich sein, vor Ort oder per Internet entsprechende aktuelle Informationen einzuholen.

Noch vor ca. 10 Jahren fand man nur sehr vereinzelt Tierarztpraxen, die bereits über ein EDV-System verfügten. Selbst in den letzten Jahren ist die Anzahl derer, die ein Netzwerk mit mehreren Bildschirmarbeitsplätzen besitzen, äußerst niedrig. Es wirkt allerdings schon grotesk, wenn man miterlebt, wie in manchen EDV-technisch gut ausgerüsteten Praxen nach wie vor parallel zur Praxismanagement-Software ein Karteikartensystem geführt wird. Oder man hört in Gesprächen mit Tierärzten, daß auf die Eingabe vieler Angaben zum Patienten und/oder Kunden aus angeblichem Zeitmangel verzichtet wird.

So haben wir es mehrmals erlebt, daß eine Praxis – ausgerüstet mit „Top"-Software – bei Auswertungen nicht zwischen verschiedenen Tierspezies oder Abgabemedikamenten und Praxis-Medikamenten differenzieren konnte. Geschweige denn kann Ihnen jemand verraten, wie hoch denn der augenblickliche Warenwert der Apotheke ist. Auf den Punkt gebracht: Wenn Sie die EDV nicht betriebswirtschaftlich sinnvoll nutzen wollen, dann sollten Sie ohne EDV arbeiten. Manch einer wird uns jetzt bestätigen, daß man ohne EDV ja auch viel besser „Schwarzgeld" vertuschen kann. Eben diese Tierärzte haben aber dann auch meistens Außenstände von mehr als 20 % ihres Jahresumsatzes. Genau können Sie es aber nicht beziffern!

Kurzum: Wie bereits in dem Kapitel „Kostenmanagement" deutlich hervorgehoben, ein modernes, betriebswirtschaftlich ausgerichtetes und auch voll genutztes EDV-System (Hard- und Software) ist zukünftig unabdingbar.

Nehmen Sie sich zur Planung einer neuen EDV-Anlage oder zum Einkauf einer neuen Praxismanagement-Software genügend Zeit. Beziehen Sie möglichst alle Mitarbeiter in Ihre Planung mit ein. (Tip am Rande: Lassen Sie von Ihren Helferinnen und Assistenten alle Aufgaben

Vorüberlegungen zur Planung einer EDV-Anlage

definieren, die die EDV übernehmen, erfassen und auswerten soll. Damit haben Sie bereits eine gute Grundlage zur Prozeßoptimierung geschaffen.)

- Erstellen Sie eine Zeit- und Kostenplanung (Investitionsrechnung, feste Termine für Besprechungen, Messebesuche bzw. Vor-Ort-Beratung durch EDV-Firma).
- Erstellen Sie eine Liste aller Datenerfassungen und -auswertungen, die im normalen Praxisablauf und zu bestimmten Terminen sehr schnell und mit wenigen Schritten – sprich Mausklicken – zu erledigen sein müssen. Diese Liste legen Sie dem EDV-Anbieter vor und lassen sich erklären, welche Leistungen er Ihnen zu bieten hat. Einen Vorschlag für eine solche Checkliste haben wir in der Anlage bzw. auf Diskette beigefügt.

Bei einer erstmaligen Anschaffung sollten Sie gleich festlegen, wer, wann und wie die Karteikarten-Daten und die Lagerbestandsdaten erfaßt. Sofern Sie Standard-GOT-Sätze und Preise nach Preisspannenverordnung ansetzen wollen, können Sie diese im allgemeinen aus den gängigen Software-Programmen direkt übernehmen. Ansonsten müssen Sie auch hierfür jemanden bestimmen. Um nicht die „teuren" Arbeitskräfte „Assistent" oder „Helferin" einsetzen zu müssen, können Sie vielleicht einen Studenten oder auch Schüler einer oberen Gymnasialklasse kostengünstig für diese Arbeit gewinnen. (Noch ein Tip: Machen Sie es sofort nach Aufstellung der EDV-Anlage, und machen Sie es auf einen Schlag, besser ein schnelles Ende des Karteikasten-Systems als ein Wechsel ohne Ende!)

Bei einem geplanten Systemwechsel sollten Sie ebenfalls sehr frühzeitig planen, wann und wie die im „Altsystem" erfaßten Daten überspielt werden sollen bzw. können. Hierzu müssen Sie sicherstellen – das zeigt die Erfahrung –, daß ein Fachmann aus dem Hause Ihres neuen Systems möglichst vor Ort oder sehr schnell erreichbar ist. Daß man hierzu nicht unbedingt einen Termin ansetzt, an dem man viele Kunden erwartet, sollte selbstverständlich sein.

Lassen Sie sich offen und ehrlich beraten, wieviel Schulungszeit für Sie und Ihre Mitarbeiter zu veranschlagen ist. (Anm.: Entsprechende Kosten bitte bei der Investitionsrechnung berücksichtigen!) In aller Regel sollten Sie zweistufig fahren, d. h., eine Grundschulung zum Erlernen der tagtäglichen Arbeitsschritte unmittelbar nach der Installation und eine Fortgeschrittenen-Schulung zum Abarbeiten offener Fragen und zum Erlernen von fakultativen Arbeiten (z. B. Auswertungen, Kundenselektionen und Serienbriefe o.a.) etwa drei Monate nach der Installation.

Hardware-Fragen

Auf spezifische Fragen zur Hardware wird an dieser Stelle verzichtet, da der Wandel zu neuen leistungsstärkeren Systemen immer schneller voranschreitet. Doch einige Aspekte sind sicher von längerfristiger Relevanz und sollen daher kurz abgehandelt werden:

Soll man gebrauchte, neue oder neueste Hardware kaufen?

Sie werden jetzt sicher sagen, daß sich diese Frage durch das bisher Gesagte erübrigt. Teils ja, teils nein, denn gerade, wenn Sie sich neu niederlassen oder wenn Sie andere Investitionen parallel tätigen müssen, kann die Frage auftauchen, ob es denn tatsächlich das neueste, leistungsstärkste Modell sein muß oder es vielleicht auch eine Nummer kleiner geht, das gilt sowohl für den PC selbst als auch für Peripherie-Geräte, wie Drucker, Scanner o. a. Hier gelten ganz einfache Regeln: Ein gebrauchter PC sollte nur im äußersten Notfall eingesetzt werden, denn selbst neue Amateur-Geräte – die vielleicht für die Einzelpraxis voll ausreichend sind – sind heute schon zu erschwinglichen Preisen erhältlich. Das gleiche gilt für Standard-Farbdrucker oder Scanner (oder auch leistungsstarke Kombi-Geräte). Welches Leistungsniveau Sie aus Kosten-Nutzen-Erwägungen heraus anschaffen wollen, hängt z. B. davon ab, ob Sie klinische Fotos und Röntgenbilder, ggf. sogar Videos, Ihrer Patienten verarbeiten wollen. In einem solchen Fall benötigen Sie einen sehr großen Hauptspeicher und eine sehr leistungsstarke Grafikkarte. Ansonsten sollten Sie sich lediglich vom Händler bescheinigen lassen, daß Ihr Gerät problemlos aufrüstbar ist.

Soll es ein Einzelgerät oder ein Netzwerk sein?

Selbst in der Einzelpraxis ist es heute u. U. sinnvoll, mit einem Netzwerk zu arbeiten, daß sowohl die Helferin an der Rezeption als auch der Tierarzt im Sprechzimmer auf das System zugreifen können. In Praxen mit mehr als zwei Sprechzimmern erübrigt sich die Frage bereits. Doch auf eines möchten wir an dieser Stelle hinweisen: Die Entwicklung auf dem Hardware-Sektor ist bei weitem noch nicht abgeschlossen, und es kann in näherer Zukunft durchaus sein, daß preiswerte, praktikable Handgeräte zur Verfügung stehen, die es ermöglichen, zumindest in Sprechzimmern auf große Monitore und erst recht PC-Standgeräte zu verzichten. Bis dato ist den Autoren aber noch kein praktikables System bekannt.

Soll man sich ein „Festgerät" oder einen „Laptop" anschaffen?

Wer Praxis und Wohnung kilometermäßig getrennt hat und nach Feierabend Arbeiten zu Hause erledigen will, für den ist unter Umständen ein Laptop mit Dockingstation sinnvoll. D. h., in der Praxis wird der Laptop zusammengeklappt, quasi in ein Schubfach gesteckt und mit einem normalen Monitor bedient; das ist übrigens grundsätzlich unabhängig davon, ob Sie mit Einzelsystem oder Netzwerk arbeiten.

Die Nachteile liegen zum einen in dem relativ hohen Anschaffungspreis und zum anderen in dem vergleichsweise schlechteren Bildschirm, der eine längere Arbeit ausschließt.

In der Pferdepraxis kann es durchaus Sinn machen, die ansonsten per Diktiergerät oder DIN-A4-Blatt vorzunehmenden Leistungserfassungen direkt im Laptop vorzunehmen. Kombiniert mit einem Scanner, der

Ihre herausgegebenen Medikamente und Verbrauchsmaterialien erfaßt, können Sie, mit einiger Übung, sehr viel an Erfassungs- und Zählarbeit einsparen. Durch die unmittelbare Erfassung wird die Rechnungserstellung vereinfacht und Sie erreichen Zinsvorteile durch den schnelleren Versand der Rechnungen.

Wie sieht es mit der Datensicherung aus?

Wenn wir es auch in der Checkliste mit aufgeführt haben, so möchten wir dennoch an dieser Stelle mit Nachdruck daran appellieren, daß Sie bei der Anschaffung jedweder Hardware ein Datensicherungs-System (Streamer o. ä.) anschaffen. Ob Marken- oder „NoName"-Produkt, Sie sind vor Daten-Crashs nie ganz sicher. Beide Autoren können ein Lied davon singen, wenn auch in diesen Fällen die meisten Daten gesichert waren. Besser ein sogenanntes „Back up" wiederbeleben als gar keine Daten mehr. (Anm.: Auch diese Gefahr ist keine Begründung für die „doppelte Buchführung" mit den alten Karteikarten!

Software-Fragen

Die meisten Fragen zur Praxismanagement-Software ergeben sich aus der Checkliste. Daher sollen an dieser Stelle noch einige andere darüber hinausgehende Empfehlungen ausgesprochen werden:

Neben dem Betriebssystem (z. B. Windows) und der Praxismanagement-Software sollten Sie folgende weitere Programme installiert haben: ein sogenanntes Office-Paket, mit dessen Hilfe Sie Texte, Datentabellen und Präsentationen er/bearbeiten können; eine Internet-Zugangs-Software; ein Viren-Schutzprogramm (stets aktualisiert, wenn Sie häufig Daten aus externen Systemen verarbeiten oder externe E-Mails erhalten!). Daneben ist u. U. ein Fotobearbeitungsprogramm sinnvoll, falls Sie klinische Bilder verarbeiten wollen oder häufig Präsentationen/Vorträge vorbereiten. Zu dieser Software wollen wir keine besonderen Empfehlungen abgeben, Ihr Fachhändler wird Sie hierin sicher gern beraten.

Soll man regelmäßig Updates kaufen?

Der Computerhändler würde das ganz klar mit „Ja" beantworten. Wir tun das grundsätzlich auch, mit zwei Einschränkungen: Wer nicht gerade Computerfreak ist, sollte immer ein paar Monate warten, bis die ersten „Wehwehchen" des neuen Updates behoben sind. Zweitens sollten Sie kritisch überprüfen, ob Ihnen die neue Software mehr Nutzen als Aufwand beschert. Konkret: Welche zusätzlichen Leistungen bietet das System, die Sie sich wünschen und wirklich nutzen wollen?

Wer soll die Systempflege/Hotline übernehmen?

Der reibungslose Ablauf im Praxisalltag setzt eine funktionstüchtige Hard- und Software voraus. Dazu gibt es zwei ganz einfache Anforderungen: Der betreffende Dienstleister muß in Problemsituationen

(Systemabsturz o. ä.) schnell erreichbar und, wenn möglich, auch umgehend vor Ort sein können. Er sollte Ihr System genau kennen, um evtl. telefonisch weiterhelfen zu können.

D. h., es muß nicht unbedingt Ihr Hardware-/Software-Lieferant sein, sondern es kann durchaus ein EDV-Servicebetrieb in Ihrer unmittelbaren Nähe sein. Sie sollten auch überlegen, ob Sie mit dem betreffenden Dienstleister einen Wartungs-/Hotline-/Vor-Ort-Service-Vertrag abschließen.

Software in betriebswirtschaftlicher Hinsicht

Egal, welche Software Sie einsetzen bzw. einzusetzen beabsichtigen, sie sollte u. a. über folgende wichtige Auswertungs- und Darstellungsmöglichkeiten verfügen:

- Gesamtumsätze kurativer Leistungen und Abgabemedikamente einschließlich Auswertungsmöglichkeiten je Tierarzt (je Monat, je Jahr). Diese Auswertungen geben Ihnen einen wichtigen Überblick, wie Ihre Praxis im Bereich der wichtigen Eigenleistungen (kurativen Leistungen) steht und sich entwickelt hat. Eine überproportionale Umsatzsteigerung über Abgabemedikamente und ein Umsatzverlust im Bereich kurativer Leistungen ist grundsätzlich negativ zu bewerten und wird sich auch in der Gewinnentwicklung zeigen, da die Wertschöpfung bei reinen Eigenleistungen i. d. R. wesentlich höher ist. Außerdem brauchen Sie solche Zahlen, um effektive Leistungsprämiensysteme (bezogen auf kurative Leistungen) je Mitarbeiter zu entwickeln. Aus diesem Grund muß es auch möglich sein, einzelne Rechnungs- bzw. Leistungspositionen je Mitarbeiter aufzuschlüsseln.
- Auswertungsmöglichkeit bezüglich der Umsatzentwicklung je Kunde und Tierart (je Monat, je Jahr) zur Nachverfolgung der Entwicklungen in der Kundenstruktur. Erkennen Sie in Monatsauswertungen z. B., daß Ihre durchschnittlichen Umsätze je Tierart „Katze" heruntergegangen sind, kann dies vielleicht ein Anzeichen dafür sein, daß Ihr Leistungsangebot nicht mehr aktuell ist (verglichen mit dem Mitbewerber).
- Rangliste der Top-Kunden (je Tierart).
- Idealerweise verfügt Ihre Software über eine Schnittstelle zu einer internen Finanzbuchhaltung, so daß die Rechnungsdaten direkt eingelesen und verbucht werden können. Eine ergänzende Anmerkung hierzu: Viele Tierärzte sind heute noch an „Verrechnungsstellen" angeschlossen. Unabhängig davon, daß die hierfür zu leistenden Gebühren teilweise variieren (zwischen 1,5 und 3 % des jeweiligen Rechnungswertes, je nach Größe und Verhandlungsgeschick der Tierarztpraxis), kommen natürlich noch die Kosten des Steuerberaters hinzu. Es ist ein weitverbreiteter Irrglaube, daß Sie für die Erstellung der Buchhaltung und Steuererklärung unbedingt einen Steuerberater benötigen. Alle vorbereitenden Arbeiten könnten Sie gänzlich allein in Ihrem Betrieb abwickeln. Wenn Sie nun die Kosten der Verrechnungsstelle und die Kosten Ihres Steuerberaters für die laufende

Buchhaltung addieren, können Sie ggf. feststellen, daß für das gesamt aufzuwendende Geld p.a. ein(e) qualifizierte(r) MitarbeiterIn eingestellt werden könnte, der/die auch noch ganz andere Aufgaben wahrnehmen würde, so daß Sie unter dem Strich noch Geld gespart hätten; den Zins- und Liquiditätsvorteil einer unmittelbaren Rechnungsstellung ganz außer Acht gelassen. Machen Sie die Probe (Vergleichsrechnung) aufs Exempel. Vergessen Sie dabei natürlich nicht, daß Sie Ihre Buchhaltungsergebnisse auch mit Ihrem Steuerberater vor der Abgabe von Steuererklärungen besprechen. Nicht mehr und nicht weniger. Und ein Wort an diejenigen Steuerberater, die dieses Buch lesen: Es geht uns nicht darum, Ihnen Mandanten „abspenstig" zu machen. Auch für Sie wäre es u. E. in vielen Fällen einfacher, wenn Sie sich auf die tatsächlich beratende Tätigkeit konzentrieren könnten.

14 Personal

„Zum Erfolg (der Tierarztpraxis) hilft einem weiter – der Zauberstab der Mitarbeiter!" Wenn man diesem leicht abgewandelten Vers von Eugen Roth Glauben schenken darf, hängt von dem Mitarbeiter bzw. vom Personal der Erfolg eines Unternehmens ab. Und das ist in der Tat in zweifacher Hinsicht so:

Welche Bedeutung hat das Personal für Ihre Praxis?

Es wird Ihnen nur gelingen, neue Kunden zu gewinnen, zu begeistern und langfristig zu gewinnen, wenn Sie und Ihre Mitarbeiter effektiv – und d. h. hochmotiviert, mit hoher fachlicher und sozialer Kompetenz und kundenorientiert daran arbeiten. Dabei gibt in aller Regel der Schwächste das Gesamtleistungsniveau vor. Konkret: Der Tierarzt leistet hervorragende, chirurgische Arbeit, die Tierarzthelferin gibt eine wichtige Frage des Kunden nach der Operation nicht weiter an den Tierarzt, dadurch tritt eine vermeidbare Komplikation beim Patienten auf, die zu erheblichen Problemen führt. Der Kunde ist trotz der eigentlich guten ärztlichen Erstversorgung unzufrieden und wechselt u. U. sogar in eine andere Praxis. Umgekehrt kann aber z. B. auch die Tierarzthelferin durch ihre fürsorgliche und zuvorkommende Art bei therapieresistenten Hautpatienten die anfänglichen Therapiefehler des jungen Assistenten kompensieren.

Personalkosten sind sowohl in kleineren als auch in großen Praxen die höchsten Kosten und vor allem mehr oder weniger mittel- bis langfristige Fixkosten (Kündigungsfristen …). Das bedeutet, daß der Erfolg – und Erfolg ist nicht nur qualitativ gute Arbeit, sondern letztendlich auch Gewinn – auch von der Effizienz der Mitarbeiter abhängt. Und das bedeutet wiederum, daß der Unternehmer als Führungskraft dafür Sorge tragen muß, daß die Aufgaben leistungsabhängig richtig verteilt werden und freie Arbeitszeitressourcen nutzbringend eingesetzt werden.

Dieses Kapitel soll Ihnen zeigen, wie Sie, angefangen bei der „Personalbeschaffung", über die „Personalführung" bis hin zur „Personalentwicklung", die richtigen Entscheidungen treffen und Ihr (Führungs-) Verhalten bewußt mitarbeiterorientierter einsetzen. Anm. in eigener Sache: Grundsätzlich kann man zwei Ausrichtungen in der Führung unterscheiden, die mitarbeiterorientierte oder die unternehmensorientierte. Die Autoren vertreten die Auffassung, daß die unternehmensorientierte (Das Unternehmen bietet Arbeit und hat ein Recht auf Arbeitsleistung – der Mitarbeiter hat eine Bringschuld!) unter dem gesamten kundenorientierten Marketing-Ansatz schwer umsetzbar ist und befürworten daher die mitarbeiterorientierte Führung.

Personalbeschaffung

Wie finden die meisten Tierärzte ihre Mitarbeiter?

Normalerweise spielt sich die Mitarbeiter-Beschaffung in Tierarztpraxen bislang folgendermaßen ab:

Man stellt fest, daß eine Tierarzthelferin oder ein Assistent gebraucht wird, geht davon aus, daß das Stellenprofil von Suchendem und Gesuchtem gleich gesehen wird, schaltet eine Standardanzeige, macht einige Vorstellungsgespräche aus, bei denen auch stolz die Praxis vorgeführt wird und stellt den Betreffenden ein, der einem subjektiv am besten gefällt (aus dem Bauch heraus gesucht, aus dem Bauch heraus eingestellt und im glücklichsten Fall sehr zufrieden, wenn's denn klappt mit dem Neuen). Das ist sicherlich ein Weg, der zuweilen zum Ziel führt. Wenn Sie sich allerdings vor Augen führen, wie hoch der Kostenaufwand für Suche und Einarbeitung ist, sollten Sie zukünftig ein wenig zielgerichteter vorgehen! Wie, das soll das folgende Kapitel beschreiben. In praxi sollten Sie dann auf die angebotenen Checklisten zurückgreifen:

Welche Schritte sind notwendig, um die besten Mitarbeiter zu finden und einzustellen?

Beschreiben Sie bitte zunächst so genau wie möglich die zu besetzende Stelle. Der Vollständigkeit halber führen wir im folgenden alle notwendigen Aspekte eines größeren Klinik- oder Praxis-Unternehmens auf. In Einzelpraxen können Sie dann einfach auf den einen oder anderen Punkt verzichten, wie z. B. die Angabe des direkten Vorgesetzten:

- Exakte Bezeichnung der Stelle
- Direkter Vorgesetzter
- Einstellung befristet/unbefristet
- Teilzeit-/Vollzeittätigkeit
- Arbeitszeiten wochentags/an Wochenenden/Bereitschaftsdienst
- Aufgabengebiet
- Ziele
- Gehaltsrahmen (Leistungsprämien?)
- Befugnisse und Kompetenzen.

Die folgenden Beispiele sollen Ihnen eine kleine Orientierungshilfe sein. Wir empfehlen in jedem Fall, solche oder ähnlich strukturierte Stellenbeschreibungen zu erstellen. Denn gerade in einer sich weiterentwickelnden Praxis kommen Sie heute um die Einschätzung bzw. Beurteilung Ihrer Mitarbeiter nicht herum, und dazu benötigen Sie eine vernünftige Grundlage.

Beschreiben Sie dann das Anforderungsprofil, daß Sie an den neuen Mitarbeiter stellen:

„Harte Faktoren" (deshalb hart, weil Sie diese Anforderungen objektiv bewerten können)
- Familienstand
- Schulbildung

- Studium
- Doktortitel/Fachtierarzt für .../spezielle Zusatzqualifikation
- Berufsabschluß
- Praktische Erfahrungen: Kenntnisse und Fertigkeiten (ggf. kaufmännische Kenntnisse)
- Sprachkenntnisse
- Alter(sgrenze)
- selbst Tierhalter
- ggf. Hobbys

„Weiche Faktoren" (deshalb weich, weil Sie diese Eigenschaften nur subjektiv bewerten können)

Anm.: Hierbei kommt es darauf an, daß Sie zunächst die Bedeutung der einzelnen Kriterien für sich selbst bewerten!

- Teamfähigkeit
- Kundenorientierung,
- Umgang mit Tieren (speziell Hunden, Katzen, Pferden und/oder Exoten)
- Auftreten, äußeres Erscheinungsbild
- Organisations- und Planungsvermögen, Sorgfalt
- Analysevermögen, Kreativität
- Einfühlungsvermögen, Menschenkenntnis, (... kann „aktiv zuhören")
- Durchsetzungskraft
- Beharrlichkeit
- Ausdauer/Belastbarkeit
- Flexibilität
- Zuverlässigkeit, Loyalität

Beispiele:

Stellenbeschreibung Tierarzthelferin

Stand: Mai 1999

Name:

Abteilung:	Kleintierpraxis
Bezeichnung der Stelle:	Tierarzthelferin
Stellenbezeichnung des direkten Vorgesetzten:	Abteilungsleiterin Kleintierpraxis
Planstelle:	unbefristet
Aufgabengebiet:	

Funktionen

Unterstützung des Tierärzteteams durch effiziente Terminkoordinierung, effektiven Telefondienst und zuvorkommende Einweisung der Kunden im Rezeptions- und Wartezimmer-Bereich. Schaffung von Freiräumen für die Tierärzte durch selbständige Vor- und Nachbereitung der Konsultationen

Aufgaben

- Telefonauskunft und Terminplanung mit Kunden (und Lieferanten)
- Rechnungsabwicklung (Kunden)
- Medikamenten-Einkaufsabwicklung und Lagerhaltung
- Koordination (Organisation) von internen Besprechungen
- „optimale" Post- bzw. Fax- und E-Mail-Verteilung bzw. Zuordnung
- Mitarbeit bei Marketing-Service-Aktivitäten (Überarbeitung der Praxisbroschüre und der Kunden-Infobriefe)

Persönliche und fachliche Anforderungen:

- ausgebildete Tierarzthelferin
- kaufmännische Fähigkeiten
- wünschenswert: gute Englischkenntnisse (häufig englischsprachige Kunden)
- wünschenswert: Erfahrung in einer größeren Klinik

„Weiche Faktoren":

Analytische Kompetenz:

- gutes Organisationsvermögen
- gutes Analysevermögen, Kreativität

Zwischenmenschliche Kompetenz:

- gutes Einfühlungsvermögen (sowohl für Kunden als auch für die Patienten – Menschenkenntnis)
- hohe Durchsetzungskraft
- hohe Teamorientierung

Motive/Einstellungen:

- hohe Kundenorientierung
- Flexibilität (unregelmäßige Arbeitszeiten)
- Beharrlichkeit/Ausdauer

Befugnisse/Kompetenzen

- Terminkoordination (selbständig)
- Abrechnung (mit Abzeichnungspflicht)
- Schriftverkehr (mit Abzeichnungspflicht)
- Einkauf (mit Abzeichnungspflicht)

Einstufung: Tarif plus 100 DM/Monat

Ziele für 2000: ...

Stellenbeschreibung Assistenztierarzt

Stand: Mai 1999

Name:

Abteilung: Kleintierpraxis

Bezeichnung der Stelle: Assistenztierarzt

Stellenbezeichnung
des direkten Vorgesetzten: Abteilungsleiterin Kleintierpraxis

Planstelle: befristet für zwei Jahre

Aufgabengebiet:

Funktionen
- Unterstützung des leitenden Tierarztes durch selbständige Betreuung der Kunden der Kleintierpraxis – Schwerpunkt Hunde und Katzen
- Unterstützung des leitenden Tierarztes bei Operationen

Aufgaben
- Behandlung und Beratung gemäß Klinik-Richtlinie
- Telefonische Nachbetreuung der Kunden
- Beratung/Vortragstätigkeit an den örtlichen Schulen
- Notdienst an jedem zweiten Wochenende (außer während des Jahresurlaubs)
- Organisation der Bibliothek (Information des Teams über aktuelle Fachliteratur)

Persönliche und fachliche Anforderungen:
- praktischer Tierarzt
- verhandlungssicheres Englisch
- wünschenswert: Fachtierarzt für Chirurgie oder Kleintiermedizin

„Weiche Faktoren":

<u>Analytische Kompetenz:</u>
- gutes Organisationsvermögen
- sehr gutes Analysevermögen

Zwischenmenschliche Kompetenz:
- sehr gutes Einfühlungsvermögen (sowohl für Kunden als auch für die Patienten)
- hohe Durchsetzungskraft
- hohe Zuverlässigkeit (Loyalität)
- hohe Teamorientierung

Motive/Einstellungen:
- hohe Kundenorientierung
- Flexibilität
- Beharrlichkeit/Ausdauer
- ausgeprägte Lernbereitschaft

Befugnisse/Kompetenzen:
- Terminkoordination (selbständig)
- Schriftverkehr
- Einkauf (mit Informationspflicht an zuständige Helferin)
- Budgetverwaltung Literatur/Bibliothek/Fort- und Weiterbildung

Einstufung: 6.500 DM/Monat

Ziele für 2000: ...

Formulieren Sie eine entsprechende Stellenanzeige, in der Sie das Stellen- und Anforderungsprofil, aber auch Ihre Praxis (Anzahl der Mitarbeiter, Zielsetzung, ggf. Mission-Statement, Ausstattung usw.) interessant darstellen.

Schalten Sie die Anzeige – je nach Bedarf – bei der Suche nach Tierarzthelferinnen in der Lokalpresse, ggf. in einer überregionalen Zeitung oder bei Suche nach Assistenten z. B. im Deutschen Tierärzteblatt oder in einer der üblichen Fachzeitschriften. U. U. kann es sich anbieten, auch bei Kollegen oder bei Außendienstmitarbeitern von Pharmaunternehmen anzufragen. Vielleicht kennen auch Ihre Mitarbeiter mögliche, interessierte Bewerber. Denn zuweilen kann man über die Mundpropaganda eher an geeignete Kandidaten gelangen als über Anzeigen. Zur Größe und Gestaltung des Inserats sei hier nur soviel gesagt: Eine „Briefmarken"-Format-Anzeige mit zahlreichen Abkürzungen spricht nicht unbedingt für eine engagierte, kundenorientierte Praxis. Wie Sie hier vorgehen, lesen Sie bitte im Kapitel „Werbung". Bitte vergessen Sie auf keinen Fall Ihre vollständige Anschrift, Ihre Telefonnummer und ggf. Ihre E-Mail-Adresse.

Im Grunde selbstverständlich, aber dennoch wird es häufig vergessen: Informieren Sie Ihre Mitarbeiter über die Stellensuche, ansonsten kann die Anzeige zu großer Verwirrung führen. Im übrigen sollten Sie ohnehin Ihre Mitarbeiter bei der Suche und Auswahl einbinden.

Abbildung 14.1
Checkliste „Stellenanzeigen"

Checkliste „Stellenanzeige"

Aussagen über die Praxis:
- ✓ Lage und ggf. Alter der Praxis
- ✓ Anzahl der Mitarbeiter
- ✓ Einbindung des „Mission-Statements"

Beispiel:
⇒ Für unsere fünf Jahre alte Kleintierpraxis in Kleinstadt suchen wir ...
⇒ zur Unterstützung unseres 7köpfigen Teams
⇒ Tragen Sie mit dazu bei, daß die Kleintiere bei uns in guten Händen sind

Aussagen über die Stelle:
- ✓ Grund der Stellenausschreibung
- ✓ Eintrittstermin
- ✓ Berufsbezeichnung
- ✓ Funktions-/Aufgabenbeschreibung
- ✓ Verantwortungsumfang
- ✓ Entwicklungsmöglichkeiten

Beispiel:
⇒ zur Erweiterung unseres Teams
⇒ zum 1. Oktober 1999
⇒ eine(n) Tierarzthelfer(in) mit Berufserfahrung
⇒ für unseren Rezeptionsbereich
⇒ Koordination der Terminpraxis
⇒ Lagerverwaltung
⇒ Nach der Einarbeitungszeit ist die Übernahme der Verantwortung für den Petshop-Bereich vorgesehen

Aussagen zum Anforderungsprofil:
- ✓ Ausbildung und Erfahrung
- ✓ Spezialkenntnisse/Fachwissen
- ✓ „weiche Faktoren"

Beispiel:
⇒ Berufserfahrung möglichst in einer großen Klinik
⇒ EDV-Erfahrung notwendig
⇒ Ausgeprägtes Organisationstalent
⇒ Liebe zu Hunden und Katzen
⇒ Freude am Umgang mit Menschen
⇒ Belastbarkeit

Aussagen zu Konditionen:
- ✓ Bezahlung/Gehalt
- ✓ Arbeitszeiten
- ✓ Fort- und Weiterbildung

Beispiel:
⇒ Wir zahlen übertarifliche Gehälter
⇒ Unser Praxisteam hat individuell abgestimmte Arbeitszeiten
⇒ Wir bieten die Möglichkeit zur internen Fort- und Weiterbildung

Aussagen zur Bewerbung:
- ✓ erwünschte Unterlagen
- ✓ Vorabinformation

Beispiel:
⇒ Bewerben Sie sich bitte schriftlich unter Einreichung der üblichen Bewerbungsunterlagen
⇒ Für telefonische Vorabauskünfte steht Ihnen Herr Dr. Pfiffig täglich zwischen 18.00 und 19.00 Uhr zur Verfügung

Adresse, Telefonnummer, E-Mail:
- ✓ ggf. Ansprechpartner

Beispiel:
⇒ Tierärztliche Praxis Dr. Peter Pfiffig
Kleintierweg 1, 50000 Kleinstadt
Tel.: 0 11 11 / 77 77
E-Mail: Peter.Pfiffig@t-online.de

Grundsätzlich sollte sichergestellt sein, daß Ihr Stellen- und Anforderungsprofil dem Bewerber vor einer ersten Kontaktaufnahme bekannt ist. Das heißt: Wenn jemand sich auf Empfehlung spontan bewirbt, sollten Sie ihm vorher Ihre Erwartungen kommunizieren. So können Sie u. U. viel Zeit sparen.

Ihre „Werbemaßnahmen" sind gestartet, Sie bekommen reichlich schriftliche und fernmündliche Bewerbungen. Grundsätzlich sollten Sie Wert legen auf eine vollständige, schriftliche Bewerbungsunterlage (d. h. Anschreiben, tabellarischer Lebenslauf, Paßfoto, Zeugniskopien), auch wenn Ihnen das letztendlich die Mühe bereitet, abgelehnten Kandidaten die Unterlagen wieder zurückzuschicken. (Anm.: Wenn Ihre Anzeige zweimal erfolglos blieb, empfiehlt es sich, zumindest die Aufmachung zu ändern. Evtl. müssen Sie dann noch in die überregionale Presse, wenn Sie vorher nur lokal geschaltet haben.)

Bevor Sie die Bewerber zu sich einladen, ist es insbesondere bei Tierarzthelferinnen sinnvoll, telefonisch Kontakt aufzunehmen. Schließlich würde die Bewerberin im Falle einer Anstellung sehr häufig mit dem Telefon arbeiten müssen. Außerdem haben Sie einen gewissen Überraschungseffekt, worauf die Bewerber nicht unbedingt vorbereitet sind.

Worauf sollten Sie bei den Bewerbungsunterlagen achten? – Hierüber sind so viele Bücher verfaßt worden, daß man folgende Formalien als „Muß" voraussetzen sollte:

- ein aussagekräftiges Anschreiben (zumindest beim Akademiker) mit korrekter Anschrift Ihrer Praxis und mit korrektem Absender-Briefkopf. Wer keine Telefonnummer angibt, muß sich nicht wundern, wenn er nicht eingeladen wird
- ein qualitativ gutes Bewerbungs-Foto – egal ob schwarz/weiß oder farbig – aber bitte nicht aus einem Automaten
- ein unterschriebener, tabellarischer Lebenslauf (Angaben s. oben)
- Zeugniskopien (evtl. auch Kopien der Zertifikate von Fort- und Weiterbildungsmaßnahmen)

Leider werden Sie – wie auch viele Personalchefs in großen Unternehmen – feststellen, daß die schriftliche Bewerbung allenfalls eine „Negativ"-Auslese zuläßt, und die ist u. U. nicht immer richtig. Dennoch müssen Sie auswählen, denn Sie haben für die Auswahl ja nicht unbegrenzt Zeit. Also checken Sie:

- Formale Anforderung erfüllt!
- Anschreiben weist keine groben grammatikalischen und orthographischen Fehler auf! (Keine Positiv-Auslese: Das Schreiben kann von jemand anderem vorgeschrieben sein!)
- Zeugnisse weisen durchschnittliche, gute oder sehr gute Leistungen aus. (Beim Schulzeugnis geht das noch einfach; bei Zeugnissen früherer Arbeitgeber wird es schon schwieriger. Es gibt zwar allgemeingültige Beurteilungs-Formulierungen für Zeugnisse, aber erstens können

nicht alle Arbeitgeber diese anwenden und zweitens sind sie u. U. bewußt geschönt. Also Vorsicht! – Wenn eine positive Bewertung durch konkrete Beispiele unterlegt wird, sollte man sich darauf verlassen können.)
- Lückenloser Lebenslauf (Wenn Zeiträume von mehr als 2–3 Monaten nicht erläutert wurden, muß man hier zumindest bei einem Gespräch nachhaken.)

Sie haben sich dazu entschieden, einige Bewerber zum Vorstellungsgespräch einzuladen. Dies sollten Sie schriftlich machen. (Anm.: Es ist üblich, daß Sie dann die Reisekosten übernehmen; am besten geben Sie das in Ihrem Einladungsschreiben gleich an: „Wir übernehmen Ihre Reisekosten auf der Basis DB 2. Klasse oder im engeren Umfeld auf der Basis S-Bahn- oder Bus-Tarif." – Das gilt auch, wenn der Kandidat mit Pkw anreist. – Kommt ein Bewerber auf eine Assistentenstelle von weiter her, sollten Sie u. U. auch für eine Übernachtungsmöglichkeit sorgen.) Bitten Sie auf jeden Fall um Bestätigung des Termins.

Bereiten Sie das Vorstellungsgespräch rechtzeitig vor! – An folgende Punkte ist zu denken:
- Im Terminplan genügend Freiräume schaffen! (Für ein Bewerbungsgespräch mit einer Tierarzthelferin sollten Sie für sich selbst mindestens eine Stunde reservieren; für einen Assistenten benötigen Sie u. U. länger; daneben sollten auch die Mitarbeiter Zeit einplanen, um den Bewerber in der Praxis/Klinik herumzuführen oder idealerweise auch Gespräche mit dem Kandidaten zu führen.)
- Administrative Dinge vorbereiten: Reisekostenabrechnungsformular, ggf. Personalbogen, ggf. einen Raum vorbereiten/aufräumen, in dem man sich in Ruhe unterhalten kann.

Basierend auf dem Anforderungsprofil und den Bewerbungen sollten Sie sich einen Fragenkatalog zurechtlegen, damit Sie selbst einen Leitfaden für das Gespräch haben.

Es gibt kein allgemeingültiges Rezept für den Ablauf eines Bewerbungsgesprächs, aber folgende Verfahrens- bzw. Verhaltensweisen haben sich als sinnvoll erwiesen:

Eröffnen Sie das Gespräch mit Fragen nach dem Wohlbefinden oder „Wir freuen uns, daß Sie da sind; haben Sie uns gut gefunden?" – Stellen Sie sich und ggf. Ihre Mitarbeiter kurz vor und erläutern Sie den weiteren Ablauf.

Eine freundliche und unverkrampfte Atmosphäre ist entscheidend für den weiteren Gesprächsverlauf.

Beginnen Sie damit, daß der Kandidat Ihnen über seinen Lebenslauf bzw. beruflichen Werdegang berichtet. (Vergleichen Sie die Aussage mit der schriftlichen Unterlage!)

Lassen Sie ausreden, aber steigen Sie ruhig an der einen oder anderen Stelle mit möglichst offenen Fragen (was, wann, wie …) ein, um Hintergründe zu erfahren.

Nachdem sich der Bewerber vorgestellt hat und Sie ebenfalls etwas zu sich und Ihrem Unternehmen gesagt haben (Auch Sie bewerben sich!), sollten Sie versuchen, die oben erwähnten „weichen" Faktoren zu analysieren. Das können Sie einerseits mit bestimmten Fragen tun (Einen Fragenkatalog mit entsprechenden Interpretationshilfen halten wir auf Diskette für Sie parat, s. Hinweis S. 172).

Andererseits bietet es sich auch an, den Bewerber mit kleinen Rollenspielen zu konfrontieren. An dem Verhalten können Sie im allgemeinen relativ schnell erkennen, wie der Bewerber einzuschätzen ist (z. B. in bezug auf Kundenorientierung oder Teamfähigkeit).

Wenn der Bewerber viel Schriftverkehr erledigen soll, bietet es sich an, ein Schreiben formulieren zu lassen.

Die ersten Gespräche sind abgeschlossen. Wenn Sie bereits eine abschlägige Entscheidung getroffen haben, sollten Sie diese auch gleich dem Bewerber mit einer entsprechenden Begründung mitteilen. Bitte suchen Sie dabei nach einem rationalen Grund, der die Person nicht verletzt. Halten Sie einen oder mehrere Kandidaten für geeignet, sollten Sie die Betreffenden nach deren Eindruck fragen: „Haben Sie nach unserem Gespräch weiterhin Interesse an der Stelle?" Wenn ja, fordern Sie den Bewerber auf, Ihnen telefonisch nach 1–2 Tagen Bedenkzeit noch einmal definitiv sein Interesse zu bestätigen. Bis dahin sollten Sie selbst eine definitive Entscheidung getroffen haben bzw. die zwei oder drei Bewerber in eine engere Auswahlrunde nehmen und ein weiteres Gespräch ansetzen. Das klingt vielleicht sehr aufwendig, aber Sie werden staunen, wenn Sie die Menschen an einem anderen Tag – vielleicht mit etwas weniger Nervosität – erleben.

Es wird häufig empfohlen, insbesondere Tierarzthelferinnen oder Auszubildende, für einige Tage oder sogar zwei Wochen hospitieren zu lassen: Das ist sicherlich nicht gänzlich abzulehnen, birgt aber gewisse Risiken in sich. Erstens sollten Sie die Maßnahme versicherungstechnisch abklären, zweitens kostet es Sie und/oder Ihre Mitarbeiter Zeit und drittens verhält sich die Person mit großer Wahrscheinlichkeit anders (in der Regel positiver, weil sehr interessiert und hilfsbereit), als wenn sie festangestellt wäre. Wir empfehlen daher, lieber die Auswahlgespräche sorgfältig und kritisch zu führen.

Bis hierher ist alles gut verlaufen. Ein Anstellungsvertrag wurde geschlossen. Hier verweisen wir auf gängige Muster unterschiedlicher Verlage. Die Probezeit läuft, und Sie stellen fest, daß Sie sich doch unsicher sind, ob der neue Mitarbeiter der Richtige ist. Delegieren Sie nach einer kurzen Eingewöhnungsphase konkrete Aufgaben an ihn, um eine „echte" Arbeit auf Probe zu gewährleisten. Kommen Sie rechtzeitig vor Ende der Probezeit zu der Überzeugung, daß es wohl nicht gut geht, gehen Sie den Weg der Kündigung. Oder verlängern Sie die Probezeit noch einmal schriftlich, selbstverständlich im gegenseitigen Einvernehmen und nach einem persönlichen Gespräch. Aber treffen Sie in jedem

Fall konsequente Entscheidungen, denn ein Mitarbeiter, der Sie persönlich in der Probezeit nicht überzeugt, wird es später sehr wahrscheinlich auch nicht tun.

Eine generelle Empfehlung für neue Mitarbeiter oder Mitarbeiter mit neuem Aufgabengebiet: Erstellen Sie oder einer Ihrer Mitarbeiter einen entsprechenden Einarbeitungsplan (mit Teilzielen), nach dem vorgegangen und an dem sich der Neue orientieren kann. Ja, wir wissen schon, was Sie jetzt sagen: „Wann soll ich das noch alles tun?" Unterschätzen Sie bitte zwei Dinge nicht: Erstens den Zeitaufwand, der durch ungezielte Einarbeitung notwendig ist und den Neuen u. U. erst später nutzbringend arbeiten läßt und, zweitens die positive Wirkung auf den Neuen durch den individuellen Einarbeitungsplan, der ihn motiviert.

Was bedeutet Führen bzw. Führung?

Um es gleich vorwegzunehmen: Wer glaubt, daß er ein Buch über Mitarbeiterführung lesen und anschließend Menschen führen kann, der irrt sich gewaltig. Geschweige denn ist dieses Kapitel dazu in der Lage. Aber es soll Ihnen Anregungen geben, wie Sie mit Ihren Mitarbeitern leichter und schneller gemeinsame Ziele erreichen, wie Sie sie dazu beeinflussen können und sollen, und, wie Sie die jeweiligen Umstände berücksichtigen.

Um Ihnen einen kleinen Überblick über die Spannweite des Begriffs „Führen" bzw. „Führung" zu geben, haben wir in Anlehnung an das sehr empfehlenswerte Buch „Führung 2000" von Georg Wolff und Gesine Göschel einige Definitionen in bezug auf die Tierarztpraxis umgeschrieben:

Führen heißt Delegieren

Je größer Ihre Praxis wird, desto mehr Aufgaben und damit verbundene Zuständigkeiten und Verantwortlichkeiten müssen an Mitarbeiter übertragen werden. Es ist in etlichen großen Tierarztpraxen zu beobachten, daß der Chef von jeher alles entscheidet und alles „macht". Das hat mehrere Konsequenzen: Die Mitarbeiter werden im Zweifelsfall alles auf den Chef abwälzen. Entscheidungen werden bei Abwesenheit des Chefs nicht getroffen, er ist also quasi unentbehrlich. Wenn dieser Chef sich aus dem Unternehmen zurückzieht, bricht der Betrieb zusammen. Das gilt in Tierarztpraxen genauso wie in Industriebetrieben. Daher gibt es heute kein Führungssystem mehr, das Delegieren nicht zu einem seiner Grundbedingungen macht.

Führung heißt Zusammenarbeit

Zu kaum einer Zeit ist soviel von „Teamwork" gesprochen worden, wie in den letzten Jahren. Und das hat auch seinen Grund: Kein Mensch besitzt alle notwendigen Eigenschaften, Fähigkeiten und Fertigkeiten, um alle anstehenden Herausforderungen kreativ, flexibel, beharrlich und letztendlich erfolgreich zu meistern. Nur das Team bietet diese Möglichkeiten, indem mehrere Menschen ihre besonderen Fähigkeiten und Fertigkeiten einbringen können. Das heißt aber nicht, daß dies ohne Reibung abläuft. Im Gegenteil: Herausragende Leistungen werden in aller Regel mit „Schmerzen" geboren! Man muß also Regeln der Zusammenarbeit haben. Schauen Sie sich in diesem Zusammenhang das entsprechende Kapitel „Spielregeln" an.

Zusammenarbeit heißt aber auch gerade in Tierarztpraxen, daß jeder auch einmal freie Zeit für Familie und Hobby hat, ohne daß die Kunden auf den gewohnten Service verzichten müssen. Sie kennen vielleicht die scherzhafte Erklärung für den Begriff TEAM: Toll Ein Anderer Macht's. Vielfach ist das leider so, und deshalb muß der Chef stets bestrebt sein, jeden Mitarbeiter gleichermaßen in den Arbeitsprozeß hineinzuholen.

Führung ist Information

„Information ist der Sauerstoff eines Unternehmens" – damit ist schon gesagt, daß ohne Informationen gar nichts läuft. Aber auch das wäre ein bißchen zu leicht: Durch Printmedien, Rundfunk, Fernsehen und zunehmend durch Internet werden wir geradezu überflutet von Informationen. Eine Selektion ist daher unvermeidlich.

Weil aber bereits eine fehlende Information im Praxisablauf fatale Folgen haben kann oder zumindest die Gefahr der Kostenverschwendung in sich birgt, ist Information vielleicht die zentralste Führungsaufgabe. Denn Sie werden als Chef keine andere Chance haben, als zu selektieren. Schon an dieser Stelle sei die Bemerkung gestattet, daß Information nicht nur eine Bringschuld des Chefs, sondern sehr wohl auch eine wichtige Aufgabe der Mitarbeiter ist.

Führung bedeutet Kommunikation

Wenn man von Information als Führungsaufgabe spricht, ist es selbstverständlich, daß Kommunikation ebenfalls zur Führung gehört. Kommunikation gilt nicht umsonst als der Schlüssel zum Erfolg und verbindet viele der in diesem Kapitel genannten Führungsaspekte. Denken Sie bei Kommunikation bitte nicht nur an die Führung Ihrer Mitarbeiter. Ebenso wichtig ist im Dienstleistungsunternehmen „Tierarztpraxis" auch die Kommunikation zur Führung der Kunden. Das geschieht schon ganz banal durch die evtl. durch Bildsymbole ergänzten Beschilderungen innerhalb der Praxis und endet beim Besuch Ihres Kunden mit der Rückversicherung durch Sie oder Ihre Helferin, daß die Anwendung des Medikaments oder andere Ratschläge richtig verstanden wurden.

Führen heißt, Menschen ihren Fähigkeiten entsprechend einzusetzen

Wenn Sie diese Formulierung lesen, denken Sie vielleicht unwillkürlich an die großen Feldherren, die die richtigen Soldaten an die richtige Stelle setzen mußten. Wenn man den alltäglichen Streßmorgen in einer Tierarztpraxis miterlebt – das Telefon klingelt unaufhörlich, ein aggressiver Hund macht das ganze Wartezimmer rebellisch, jetzt kommt auch noch ein Notfall herein und zu allem Überfluß verspätet sich der Chef – sieht man mal die „richtige" Helferin, mal die „falsche" Helferin an der

Rezeption. Wenn Sie jetzt sagen, man könne sich die Leute ja nicht immer aussuchen, möchten wir noch einmal auf das vorangegangene Kapitel verweisen.

Wer Menschen führen will, muß über ein Mindestmaß an Menschenkenntnis verfügen, muß Menschen mögen (so albern das klingen mag!) und muß Menschen gewissenhaft beurteilen. Nur dann kann er sie richtig, d. h. nutzbringend (aus Sicht der Praxis) und befriedigend (aus Sicht des Mitarbeiters) einsetzen.

Führung ist Motivation

Motivation ist auch ein beliebtes Schlagwort unserer Zeit. Eine Führungskraft muß motivieren, heißt es in vielen Büchern zum Thema „Führung". Das ist sicher grundsätzlich nicht falsch. Es ist aber in dieser Absolutheit auch nicht richtig. An dieser Stelle sei auf das sehr lesenswerte Buch „Mythos Motivation" von Reinhold Sprenger verwiesen, in dem diese Thematik kontrovers aufgearbeitet wird.

Sie sollten auch bei Ihren Mitarbeitern einmal überlegen, inwieweit eine Eigenmotivation und inwieweit eine Fremdmotivation deren Handeln beeinflußt. Mit der Eigenmotivation ist gemeint, daß der Mensch eine Arbeit aus eigenem Antrieb verrichtet, während Fremdmotivation bedeutet, daß der Mensch mehr durch äußere Umstände gesteuert arbeitet. Eine Führungskraft, die es versteht, Motive ihrer Mitarbeiter zu erkennen, die dadurch begründeten Bedürfnisse zu befriedigen oder umgekehrt Demotivation zu vermeiden, hat es in der Führung leichter. In dem Kapitel „Motivation" werden wir Ihnen eine erste Hilfestellung geben.

Führung bedeutet Zielsetzung

Die Zielsetzung darf natürlich auch bei dem Thema „Führung" nicht fehlen. Wohin wollen Sie führen, wenn nicht zu einem Ziel. Und dazu gibt es grundsätzlich zwei Möglichkeiten: Entweder Sie machen (autoritär) eine Zielvorgabe oder Sie treffen (kooperativ) eine Zielvereinbarung. Der Vorteil der zweiten Variante liegt auf der Hand. Beide Seiten – Chef und Mitarbeiter – müssen gemeinsam Ja sagen zu dem Ziel. Hierbei spielt das Thema Kommunikation wieder eine ganz entscheidende Rolle. Prüfen Sie lieber einmal mehr, ob beide das gleiche Ziel meinen, wenn sie auseinandergehen. Denn „gedacht" ist nicht gleich „gesagt", und „gesagt" ist nicht gleich „gehört", „gehört" ist nicht gleich „verstanden", „verstanden" ist nicht gleich „akzeptiert" und „akzeptiert" ist noch lange nicht gleich „getan".

Führung heißt Kontrollieren

Wer Ziele setzt, muß zwangsläufig auch prüfen, ob sie erreicht worden sind. Statt Kontrolle spricht man heute allerdings eher von Controlling. Warum? Ganz einfach: Kontrolle ist statisch und nach hinten gerichtet, Controlling betrachtet den Prozeß und orientiert sich nach vorn, beinhaltet also sozusagen bereits die Kurskorrektur.

Kontrollieren kann aber auch unangenehm sein, wenn ein Mitarbeiter die geforderte und erwartete Leistung nicht erbracht hat. Hier muß ein Kritikgespräch geführt werden und Chef und Mitarbeiter müssen gemeinsam zu einer Lösung kommen, wie das Defizit abgestellt werden kann.

Führung bedeutet, die Leistung anderer anzuerkennen

In dem stressigen Tagesablauf einer Tierarztpraxis wird sie häufig vergessen, auch wenn manche Tierärzte an der Tür zu stehen haben: „Haben Sie Ihren Tierarzt heute schon gelobt?" Wer meint, daß Anerkennung guter Leistung immer mit Geld bzw. Prämie einhergehen muß, der irrt. Häufig ist ein qualifiziertes Lob mehr wert als Geld. Denn der Mitarbeiter fühlt sich dadurch als Teil des Ganzen, als jemand, ohne den das Ziel/die Gesamtleistung nicht erreicht worden wäre. Und so ist es ja auch meistens.

Führung ist lebenslanges Lernen

Die Informationsflut wurde bereits angesprochen. Das Wissen auf nahezu allen Gebieten vermehrt sich exponentiell, und auch die Gesellschaft verändert sich immer schneller. So muß die Führungskraft immer wieder dazulernen, um sich auf neue Situationen, auf neue, vielleicht vorher nicht gekannte Mitarbeiterbedürfnisse einstellen zu können.

Führen bedeutet Verändern

Wenn wir auf die letzten Jahre zurückblicken, müssen wir folgendes feststellen: Das einzige, was sich nicht ändert, ist der ständige Wandel. Wandel kann man grundsätzlich mit zwei Gefühlshaltungen begegnen, entweder pessimistisch, indem man quasi nur die Risiken betrachtet, oder optimistisch, indem man überwiegend die Chancen erkennt. Das letztere ist eine wichtige Basis zum Führen. Wir behaupten, nur positive, optimistische Menschen können führen, führen und verändern. Denn diese Menschen lassen sich nicht passiv verändern, sondern steigen aktiv in den Veränderungsprozeß ein. Gerade in einem Beruf, wie dem des Tierarztes, hält man gern an Traditionen fest. Leider oder vielleicht zum Glück bringt das Beklagen der Veränderung den Unternehmer „Tierarzt" überhaupt nicht weiter, und seine Mitarbeiter ebensowenig. Deshalb schlagen wir vor: Verändern Sie, bevor Sie verändert werden. Und das bedeutet – wie bereits an anderer Stelle erwähnt – Einbinden Ihrer Mitarbeiter in Veränderungsprozesse (Beispiel EDV, neue Diagnostik, Pet-Shop, aktive Beratung ...), ein offenes Ohr für Verbesserungsvorschläge Ihrer Mitarbeiter.

Was hilft Ihnen das nun? – Diese Zusammenstellung der einzelnen Aspekte der Führung erhebt keinen Anspruch auf Vollständigkeit und ist auch kein Rezeptbuch für richtige Führung. Sie soll Ihnen lediglich veranschaulichen, wie vielschichtig die Thematik ist und an welche Dinge Sie denken müssen, wenn Sie die Verantwortung für Personal bzw. Mitarbeiter übernehmen. In den folgenden Abschnitten sollen wesentliche Aspekte noch einmal aufgegriffen und mit praxisgerechten Beispielen untermauert werden.

Wie oben erwähnt, gehört das Delegieren heute zur erfolgreichen Führung, auch oder gerade in der Tierarztpraxis. Nehmen Sie ab und zu das folgende Fließschema zur Hand, um darauf zu achten, daß Sie die wesentlichen Aspekte der Delegation berücksichtigen.

Delegieren ist gar nicht so einfach!

In erfolgreichen, kundenorientierten Tierarztpraxen werden die Mitarbeiter leistungsorientiert geführt, und viele Aufgaben werden durch Delegation effektiver und effizienter erledigt.

Sie können nicht alles selbst machen. Daher müssen Sie das Vertrauen haben, daß Mitarbeiter (zum Teil auch Kunden oder Lieferanten) die von Ihnen übertragenen Aufgaben ebensogut oder besser als Sie erledigen.

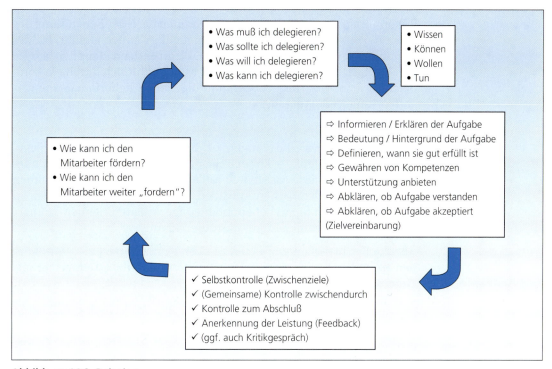

Abbildung 14.2 Delegieren

Es klingt banal, aber wir stellen immer wieder fest – selbst in relativ personalstarken Praxen –, daß Tierärzte selbst Telefonate annehmen, wenn sie im Sprechzimmer behandeln, oder daß sie nach der Behandlung selbst „kassieren". Abgesehen davon, daß die Außenwirkung eher negativ ist, können die Helferinnen diese Aufgaben (wenn sie vorher richtig eingewiesen wurden) besser.

Was muß ich delegieren?

Alle administrativen Aufgaben (angefangen bei der Terminvereinbarung, Rechnungswesen für Einnahmen und Ausgaben, Lagerhaltung bis hin zur Buchführung) sollten delegiert werden. Das ersetzt – wie Sie

Was sollte ich delegieren?

aus dem Fließschema ersehen können – nicht die Kontrolle. Aber es schafft Ihnen Freiräume für die tiermedizinischen Tätigkeiten und die Management-Aufgaben.

Was will ich delegieren?

Nachdem Sie die typischen Tierarzthelferinnen-Aufgaben delegiert haben, überlegen Sie, welche weiteren Aufgaben Sie noch delegieren wollen, die Ihnen direkt die Arbeit erleichtern. Das könnten z. B. die Anamnese oder einige wichtige Fragen der Anamnese sein, die erfahrene Tierarzthelferinnen durchaus übernehmen können. Aber Vorsicht! Die Kunden mögen es überhaupt nicht, wenn sie zweimal – oder gar dreimal, wenn dann noch der Assistent zugezogen wird – exakt das gleiche gefragt werden.

Es könnte aber auch die Beratung des Kunden nach der Behandlung des Patienten sein. Auch in diesem Fall braucht es einige Übung, bis der Kunde sich kompetent behandelt fühlt. Wenn es denn klappt, haben Sie drei Vorteile: Sie haben mehr Zeit, der Kunde fühlt sich durch ein kompetentes Team wohl aufgehoben und die Tierarzthelferin hat eine verantwortungsvolle Aufgabe.

Was kann ich delegieren?

Alle weiteren Service-Leistungen – z. B. auch den Verkauf von Pflegeartikeln oder Diätetika – können Sie delegieren. Wenn Sie einen oder mehrere spezialisierte Assistenten/Kollegen in der Praxis haben, können Sie quasi alle medizinischen Aufgaben delegieren. Wenn Sie ehrlich zu sich sind, werden Sie sicher spontan einige Arbeiten nennen können, die sehr wohl jemand anderes ausführen kann.

Aber vielleicht stellen wir die Frage noch einmal umgekehrt: Was können bzw. dürfen Sie nicht delegieren? Und da gibt es einige für alle Unternehmen zutreffende Aufgaben:

- Alle Management-Entscheidungen (s. Kapitel „Strategie") können Sie nicht delegieren.
- Alle Personal-Entscheidungen (Einstellungen, Kündigungen, Fort- und Weiterbildung, Gehaltsentwicklung) können Sie nicht delegieren.

Bevor wir nun in den eigentlichen Delegationsvorgang einsteigen, müssen Sie sich fragen, ob die Person, der Sie eine Aufgabe übertragen wollen, überhaupt dazu in der Lage ist. Um dies zu klären, schlagen wir vor, die von der VA-Akademie für Führen und Verkaufen e.V. formulierten vier Säulen der Leistung – Wissen, Können, Wollen, Tun – zu checken:

Wissen

Wissen bedeutet, daß der Mitarbeiter zunächst einmal die Ziele der Praxis kennt: Dazu gehört z. B. auch, daß die angebotenen Dienstleistungen bekannt sind.

Abgesehen von den medizinischen Kenntnissen müssen den Mitarbeitern alle die Praxis betreffenden Aspekte (Sprechzeiten, OP-Termine,

Anfahrtbeschreibung, Erfassen von Patienten-Daten ...) präsent sein. Um einen Teil des notwendigen Wissens schnell zu vermitteln, sind Aufzeichnungen über bestimmte Arbeitsabläufe sinnvoll.

Fehlen dem Mitarbeiter wichtige Kenntnisse oder Informationen, so müssen diese erst vermittelt werden.

Können

Ob es den allgemeinen Umgang mit Patienten und Kunden oder bestimmte Handreichungen bei Operationen betrifft, die meisten in der Praxis notwendigen Fertigkeiten müssen vorgemacht und dann immer wieder geübt bzw. trainiert werden. D. h., Sie müssen sich fragen, ob der Mitarbeiter genügend Übung hatte, um die Aufgabe zu erfüllen.

Wollen

Um Wissen und Können bemühen sich die meisten Führungskräfte (= Tierärzte) noch relativ gut. Wenn es aber um das Wollen des Mitarbeiters geht, oder anders ausgedrückt, um die Motivation, dann stellen sich häufig Probleme heraus. Haben Sie Ihre Helferin schon einmal gefragt, ob und warum ihr ihre Arbeit Spaß macht oder nicht? Erhält sie eine ihren *Motiven* gerechte Anerkennung? (Anm.: Das Thema „Motivation" und „Motive" wird anschließend eingehend behandelt.)

Tun

Bis hierher haben Sie es geschafft. Ihre Mitarbeiter haben die Säulen Wissen, Können und Wollen gemeistert. Nun heißt es, diese Basis-Leistungen in konsequentes Tun umzusetzen. Hat der Mitarbeiter die Zeit und die Freiräume dazu, die Aufgabe zu erledigen?

Wissen, Können, Wollen und Tun sind die Meilensteine auf dem Weg zur Leistung. Überlegen Sie bei allen Arbeitsaufträgen, ob der Mitarbeiter weiß, kann und will, was er tun soll, und prüfen Sie, ob er es tatsächlich tut!

Nehmen Sie sich bitte Zeit für die Delegation wichtiger und ggf. umfangreicher Aufgaben und achten Sie darauf, daß Sie alle folgenden Punkte einbeziehen:

- Erklären Sie zunächst die Aufgabe! Dabei gilt die Regel „Vom Einfachen zum Schweren", „Vom Erlernten zum Neuen".
- Geben Sie Hinweise zum Hintergrund bzw. zur Zielsetzung.
- Definieren Sie, wann der Mitarbeiter die Aufgabe gut erfüllt hat (... sonst haben Sie u. U. eine andere Erwartungshaltung als Ihr Mitarbeiter).
- Gewähren Sie soweit möglich und notwendig zusätzliche Kompetenzen (das motiviert den Mitarbeiter).
- Bieten Sie Ihre Unterstützung an (grundsätzlich, oder wenn der Mitarbeiter nicht weiterkommt; aber Vorsicht: Die Aufgabe muß der Mitarbeiter erledigen!).

- Lassen Sie den Mitarbeiter die Aufgabe mit seinen eigenen Worten wiederholen, damit Sie feststellen, ob sie in Ihrem Sinne richtig verstanden wurde.
- Fragen Sie den Mitarbeiter offen, ob er damit einverstanden ist und die Aufgabe akzeptiert (Achtung! Wenn Sie bereits am Anfang spüren, daß Widerstände kommen – z. B. „Da habe ich gar keine Zeit für, ich bin eh schon überlastet!" –, müssen diese überzeugend, nicht überredend ausgeräumt werden. Besonders dominante Führungskräfte müssen sich hier stark selbst kontrollieren, ansonsten haben Sie zwar delegiert, aber der Mitarbeiter wird nur daran arbeiten, Ihnen zu erklären, warum es nicht klappt.)

Auch wenn einige Menschen damit scheinbar ihre Probleme haben, Kontrolle gehört untrennbar zum Delegieren und hat keinesfalls etwas damit zu tun, daß man jemandem nicht traue.

Es ist aber leichter, wenn Sie von vornherein gemeinsam mit dem Mitarbeiter Zwischenziele vereinbaren, die er selbst kontrollieren kann. Evtl. legt man noch eine gemeinsame Zwischenkontrolle fest. Auf jeden Fall muß ein Endtermin festgelegt werden, an dem ein Soll-Ist-Vergleich vorgenommen wird. Wurde das Soll erreicht, war der Mitarbeiter also erfolgreich. D. h. aber nicht zwingend, daß die Leistung auch sehr gut war. Umgekehrt bedeutet auch das Nichterreichen eines Ziels nicht unweigerlich eine schlechte Leistung. Entscheidend ist die Frage, inwieweit der Mitarbeiter das erreichte Ziel durch eigenes (selbständiges) Handeln beeinflußt hat.

Egal, ob die Leistung gut oder sehr gut war, der Mitarbeiter hat dann einen Anspruch auf Anerkennung.

Haben Sie das Delegationsprinzip erst einmal gut in Ihrem Betrieb installiert, werden Sie die Mitarbeiter unwillkürlich nach erfüllten Aufgaben weiter zu neuen Arbeiten (auf-)fordern und ggf. fördern (durch interne oder externe Fort- oder Weiterbildung).

Motivation als Erfolgsgrundlage der Personalführung in Tierarztpraxen

Motivation ist zu einem Modeschlagwort unserer Zeit geworden. Jeder, der über Führung spricht oder schreibt, kommt an der Motivation nicht vorbei. Selbst die Mitarbeiter in einem Unternehmen sprechen davon, daß sie entweder motiviert oder demotiviert bzw. frustriert seien.

Was heißt nun eigentlich Motivation?

Der psychologische Begriff der Motivation

In dem Begriff steckt der Wortstamm „movere" = bewegen, antreiben. D. h., jemand, der motiviert ist, bewegt etwas, fühlt sich angetrieben zu einer Aktion, zu einem Verhalten. Und dieses „Bewegen" oder „Antreiben" läßt sich zurückverfolgen auf den Wunsch nach der Erfüllung bestimmter Bedürfnisse.

Die Bedürfnispyramide nach Maslow

Bereits in den 40er Jahren hatte der Psychologe Abraham Maslow eine Hierarchie der Bedürfnisse des Menschen aufgestellt. Auf der untersten Stufe stehen die (physiologischen) Grundbedürfnisse. Sie sind sozusagen die Basis für das Leben, denn sie umfassen essentielle Bedürfnisse, wie Essen, Trinken, Kleidung und Wohnung. Auf der nächsten Stufe stehen die Bedürfnisse nach Sicherheit, Schutz gegen Gewalt oder auch Umweltsicherheit. Erst wenn diese beiden Bedürfnisse erfüllt sind, schließt sich die dritte Stufe der Gemeinschaftsbedürfnisse, d. h. der Wunsch nach Geselligkeit, gemeinsamen Erlebnissen in einer Gruppe usw. an.

Abbildung 14.3
Maslowsche Bedürfnispyramide

Die beiden höchsten Stufen, die Stufe der sogenannten „Ego"-Bedürfnisse und die Stufe der Selbstverwirklichung sind sehr individuell und werden nach Maslow erst nach Erfüllen der Bedürfnisse auf den unteren Stufen relevant. Heute geht man allerdings davon aus, daß auch bei einem Mangel eines niedriger eingestuften Bedürfnisses dennoch ein höher eingestuftes Motiv die treibende Kraft eines Menschen sein kann.

In der folgenden Übersicht sind die Bedürfnisse nach Maslow einmal in heutige Begrifflichkeiten unseres Arbeitslebens übertragen worden. Wenn Sie die rechte Spalte einmal kritisch ansehen, werden Sie u. U. selbst auf den unteren Stufen der Bedürfnispyramide Punkte finden, von denen Ihre Mitarbeiter sagen würden: „Das ist bei uns in der Praxis noch nicht erfüllt", angefangen bei der möglicherweise unangemessenen Entlohnung des Assistenten bis hin zu dem Thema „schlechtes Betriebsklima".

Egal, ob Sie diese Maslowsche Bedürfnispyramide oder die folgenden „Hygienefaktoren" und „Motivationsfaktoren" nach Herzberg als Be-

Bedürfnisgruppe	Bedürfnisse (allgemein)	Bedürfnisse in der heutigen Arbeitswelt
Physiologische Bedürfnisse bzw. Grundbedürfnisse	⇨ Nahrung ⇨ Wohnung ⇨ Kleidung ⇨ Arbeitsplatz ⇨ Arbeitsmittel	☺ angemessene Entlohnung ☺ Unterstützung bei Wohnungssuche ☺ adäquate Arbeitsstätte (beheizte, gut zu lüftende Räume ☺ Kaffeemaschine, Kühlschrank, Mikrowelle am Arbeitsplatz (zum Essen/Trinken in den Pausen) ☺ ggf. Arbeitskleidung
Sicherheits-Bedürfnisse	⇨ Sicherheit zu Hause und am Arbeitsplatz ⇨ Sicherheit des Arbeitsplatzes ⇨ 'Umwelt'-Sicherheit	☺ adäquater Bildschirmarbeitsplatz ☺ Krankenversicherung, Entgeldfortzahlung bei Krankheit ☺ Arbeitssicherheit ☺ 'offene' Kommunikation ☹ Vermeidung von 'Mobbing'
Soziale Bedürfnisse bzw. Gemeinschafts-Bedürfnisse	⇨ Gemeinschaft pflegen ⇨ gutes Betriebsklima ⇨ gemeinsames Ziel ⇨ gemeinsame Erfolge	☺ klare 'Spielregeln' in der Praxis ☺ Team-Gespräche ☺ Sozialraum für Mitarbeiter ☺ gemeinsame Veranstaltungen (spontan und geplant)
'Ego'-Bedürfnisse	⇨ Selbstbewußtsein ⇨ Selbstwertgefühl ⇨ Anerkennung der Leistung	☺ Fordern und fördern durch individuelle Aufgaben ☺ Lob und Anerkennung ☺ Mitarbeitergespräche ☺ 'Teilhabenlassen am Erfolg'
Selbstverwirklichung	⇨ herausfordernde Aufgaben übernehmen ⇨ 'Empowerment' ⇨ Führung	☺ Übertragung schwieriger Aufgaben mit sehr hohem Selbständigkeitsgrad und sehr hoher Verantwortung ☺ Vortragstätigkeit

Abbildung 14.4 Was bedeutet die Maslowsche Bedürfnispyramide bezogen auf Tierarztpraxen?

zugsgrundlage für Ihre Führung heranziehen, Sie sollten sich immer der Tatsache bewußt sein, daß Sie andere nur dann motivieren können, wenn Sie sich selbst auch motivieren können. Denn für Sie gelten letztendlich die gleichen Grundlagen der Motivation. Nur wer selbst eine positive Einstellung zu seiner Arbeit hat, kann auch andere dafür begeistern.

Hygiene- und Motivationsfaktoren nach Herzberg

Jedem Tierarzt sind Hygienefaktoren in der Praxis bekannt; aber die, die Sie jetzt vielleicht vermuten, sind an dieser Stelle nicht gemeint. Hier geht es um Faktoren, die beim einzelnen oder beim gesamten Team zu extremer Unzufriedenheit führen. (Motivationsfaktoren sind demnach Faktoren, die zu deutlicher Zufriedenheit führen.)

Der Management-Professor Frederick Herzberg von der Universität Utah/USA hatte dazu knapp 2000 Mitarbeiter aus verschiedenen Branchen und Funktionen befragt und folgende Kriterien herausgefunden:

Beispiele Motivatoren	Mögliche, konkrete Motivatoren in der Tierarztpraxis	So empfindet der Mitarbeiter die „Motivatoren"
eigene Leistung (Erfolg bei der Arbeit)	⇨ den ersten Notdienst erfolgreich „überstanden" ⇨ die erste OP ohne den Chef ⇨ Ordnung in die Lagerhaltung gebracht ⇨ das allmorgendliche Chaos „überlebt", bewältigt	✓ „Klasse, ich habe es geschafft!" ✓ „Toll, wie wir das gemeistert haben" ✓ „Weiter so!"
qualifizierte Anerkennung (Wertschätzung)	⇨ regelmäßige Team-Besprechungen zur Abstimmung und zum Informationsaustausch ⇨ Mitarbeitergespräche ⇨ Hervorheben des Nutzens einer konkreten Leistung durch den Chef (qualifiziertes Lob) ⇨ Lob durch Kollegen oder Kunden	✓ „Ich weiß, was von mir erwartet wird" ✓ „Ich weiß, worauf es ankommt" ✓ „Mein Chef kümmert sich um mich und erkennt meine Leistungen an" ✓ „Den Kunden habe ich richtig begeistert mit meinem Verhalten"
Aufgaben-Anforderungen (Niveau der Arbeitsinhalte)	⇨ wechselnder Einsatz der Helferinnen – mal in der Rezeption mal im Sprechzimmer ⇨ Einsatz nach Stärken und Neigungen	✓ „Das macht Spaß, eine sinnvolle Tätigkeit zu haben" ✓ „Ich mache meine Arbeit richtig gern" ✓ „Das fordert mich"
persönliche Verantwortung	⇨ selbständige Terminplanung ⇨ Einweisung der Kunden in den Praxisablauf ⇨ Lagerverwaltung ⇨ Rechnungswesen ⇨ Übernahme der Hausbesuche	✓ „Mein Chef hält große Stücke auf mich" ✓ „Ich werde hier gebraucht" ✓ „Meine Kollegen und mein Chef können sich auf mich verlassen (mir vertrauen)"
persönliche Entwicklung	⇨ Übernahme des Labors ⇨ Mentorin für Auszubildende ⇨ gezielte Fortbildungsseminare ⇨ Besuche von wichtigen Kongressen	✓ „Hier werde ich gefordert und gefördert, das ist gut" ✓ „Mein Arbeitseinsatz lohnt sich; ich komme voran" ✓ „Ich bin froh und zufrieden mit dem Job"
Entwicklung im Unternehmen (Karriere)	⇨ Leiterin Kleintierpraxis ⇨ Leitende Helferin ⇨ Angebot der Partnerschaft an Assistenten ⇨ Weiterbildung zur Fachberaterin für Tierernährung	✓ „Das hätte ich mir vor ein paar Jahren nicht träumen lassen, toll" ✓ „Das ist eine klasse Chance für mich"

Abbildung 14.5
Beispiele für Motivatoren in der tierärztlichen Praxis

Die Mitarbeiter sind immer dann unzufrieden, wenn
- die Verantwortlichkeiten nicht klar geregelt sind,
- sie ständig durch Kontrollen gegängelt werden (kein Vertrauen von seiten des Chefs da ist),
- das Betriebsklima nicht stimmt (ständige Spannungen, Mobbing ...),
- das Verhältnis zum Chef oder zu den Kollegen schlecht ist,
- der Arbeitsplatz als unzureichend empfunden wird,
- etwas vorher Vorhandenes plötzlich entzogen wird (Status im Unternehmen, regelmäßige Prämienzahlung ...),
- die Bezahlung nicht zufriedenstellend ist bzw. als ungerecht empfunden wird.

Gerade die beiden letzten Punkte werden häufig unterschätzt, weil die Entscheidung u. U. sehr rational getroffen wurde: Durch die Einstellung einer zusätzlichen Helferin fühlt sich die bisherige Helferin zurückgesetzt. Ihr Status und ihre Verantwortlichkeiten wurden schlicht geteilt. Das empfindet sie u. U. als Vertrauensentzug, zumal sie sich jetzt nicht mehr so oft mit dem Chef austauschen kann wie bisher. Oder der Mitarbeiter ist es seit drei Jahren gewohnt, im Sommer eine Sonderzahlung bzw. Prämie für sein besonderes Engagement zu erhalten. Wegen der schlechten Geschäftslage („Das muß der doch verstehen!") fällt sie in diesem Jahr flach. Der Mitarbeiter ist demotiviert, weil er die Sonderzahlung quasi als Besitzstand empfindet.

Gehen wir einmal davon aus, daß Sie alle Hygienefaktoren „im Griff" haben. Dann heißt das aber noch lange nicht, daß der Mitarbeiter dann hochmotiviert ist. Um eine andauernde hohe Motivation zu erzeugen, müssen Sie entweder Mitarbeiter mit einer extrem hohen Eigenmotivation für den Beruf haben oder gezielt „Motivatoren" einsetzen.

In der folgenden Übersicht sind beispielhaft mögliche Motivatoren aufgelistet, die in der Tierarztpraxis zu dauerhafter Motivation der Mit-

Abbildung 14.6
Was versteht man unter „Hygienefaktoren" und „Motivationsfaktoren" in der Tierarztpraxis?

„Hygienefaktoren"	„Motivationsfaktoren"
☹ Betriebsklima	☺ eigene Leistung
☹ Verhältnis zum Vorgesetzten bzw. zum Chef	☺ qualifizierte Anerkennung/ Wertschätzung
☹ Arbeitsplatz	☺ Aufgabenanforderung (Niveau der Arbeitsinhalte)
☹ Unternehmenskultur	☺ persönliche Verantwortung
☹ „Besitzstand" bezüglich Gehalt	☺ persönliche Entwicklung
☹ „Besitzstand" bezüglich Arbeitsbedingungen	☺ Entwicklung im Unternehmen
☹ „Besitzstand" bezüglich Status/ Rolle im Unternehmen	

arbeiter beitragen können. In der rechten Spalte sind die entsprechenden Empfindungen (Gefühle) der Mitarbeiter aufgezeigt, die Ihnen den Erfolg der Motivatoren belegen sollen. Fragen Sie Ihre Mitarbeiter ruhig einmal, ob ihnen die Arbeit Spaß macht, was ihnen besonders gut gefällt an ihrem Job und ob sie sich erinnern können an Situationen in der Praxis, in denen sie richtig zufrieden waren.

Prämien als Motivationsmittel in Tierarztpraxen

Im Grunde ist mit der vorherigen Beschreibung der Herzbergschen Motivatoren bereits alles gesagt: Prämien als Motivationsmittel sind dort nicht aufgeführt, und zwar deshalb nicht, weil man mit Prämien u. U. einen Hygienefaktor künstlich heraufbeschwört: Warum? Ganz einfach:

Die einmal für eine besondere Leistung ausgezahlte Prämie oder die Zuwendung in Form eines Abendessengutscheins oder eines Geschenks werden bei anhaltend guten Leistungen immer wieder erwartet. U. U. wird sogar eine Steigerung erwartet.

Dennoch gelten Prämien oder Provisionen (Umsatzbeteiligungen) als geeignete Instrumente, um MitarbeiterInnen kurzfristig zu höheren oder gar Höchstleistungen zu motivieren. Bevor Sie allerdings ein solches Instrument in Ihrem Unternehmen einsetzen, sollten Sie folgende vier wesentliche Aspekte genau beleuchten:

- Können Sie speziell Ihren Mitarbeiter mit Prämien oder Provisionen zusätzlich motivieren? Menschen besitzen unterschiedliche Motivstrukturen; und deshalb sind manche Menschen z. B. eher durch Übertragung höherer Verantwortung, durch mehr persönliche Zuwendung/Anerkennung oder mehr Freiräume in der Arbeitsgestaltung zu motivieren als durch Geld- oder Sachprämien. Sie müssen also zunächst etwas über die Motivstruktur Ihrer Mitarbeiter herausfinden.
- Bei welchen Aufgaben/Arbeiten in Ihrer Praxis ist eine deutliche Leistungssteigerung meßbar, realisierbar und im positiven Sinne durch den Mitarbeiter direkt beeinflußbar?
- Ist eine überdurchschnittliche Leistung – z. B. Mehrverkauf von Pflegemitteln – mittel- bis langfristig aus strategischer Sicht gegenüber den Kunden sinnvoll bzw. vertretbar?
- Ist eine derart deutliche Leistungssteigerung möglich, die einen entsprechenden Prämienanreiz rechtfertigen würde (s. Mindestanreiz für eine Prämie)?

Wer einmal ein Prämiensystem einrichtet, sollte sich dessen bewußt sein, daß Mitarbeiter spätestens nach der zweiten Prämienausschüttung eine Erwartungshaltung entwickeln (s. o.). D. h., man schaukelt die Ansprüche deutlich hoch. Wenn man dann die Prämien abschafft, erzielt man u. U. Demotivation. Um dies von vornherein zu verhindern, empfiehlt es sich, Prämienwettbewerbe auf keinen Fall ständig einzusetzen und immer die Einmaligkeit zu betonen.

Mitarbeiter- und Teamgespräche in Tierarztpraxen

Kommunikation ist der Schlüssel zum Erfolg

... jedes Unternehmens, also auch in der Tierarztpraxis. Deshalb gehören Gespräche mit und zwischen den Mitarbeitern – und das sind nicht nur rein technische Anweisungen – zu den zentralen Führungs- und Steuerungsinstrumenten eines jeden Vorgesetzten. Vielfach ist festzustellen, daß den Gesprächen zu wenig Bedeutung beigemessen wird. Die meisten Gespräche werden unvorbereitet und ungezielt durchgeführt. Ganz abgesehen von Praxisinhabern, die die Notwendigkeit sowohl von Team- als auch Mitarbeitergesprächen schlicht negieren. Zunächst einmal müssen wir unterscheiden zwischen Einzel-Gesprächen (den eigentlichen Mitarbeiter-Gesprächen) und Team- bzw. Gruppengesprächen.

Was sind Einzel- oder Mitarbeitergespräche?

Die Einzelgespräche finden zwischen dem Vorgesetztem und einem Mitarbeiter statt. Sie können kurze, persönliche oder fachbezogene Gespräche zur Beschreibung bestimmter Aufgaben sein, sie können aber auch ausführliche, vorher entsprechend vorbereitete Gespräche sein. In jedem Fall dienen sie der Anwendung von Delegation, Motivation, Zielvereinbarung zum Zwecke des Fordern und Förderns des Mitarbeiters. Bei dem ausführlichen Gespräch, das wir ein wenig ausführlicher beschreiben wollen, handelt es sich um das sogenannte „Mitarbeitergespräch". Wie die Bezeichnung bereits andeutet, steht der Mitarbeiter hier im Mittelpunkt, mit seinen Aufgaben, seinen Erfolgen, seinen Problemen, seinen Gefühlen usw. Um diesen Gesprächen die entsprechende Bedeutung zu verleihen und um beidseitig Nutzen daraus zu ziehen (s. Motivationsfaktoren nach Herzberg: qualifizierte Anerkennung, Entwicklung ...), sollten sie mit ausreichender Vorbereitungszeit durchgeführt werden. Im Normalfall reicht ein solches – ca. 2- bis 4stündiges – Gespräch pro Jahr. Daß man hierbei ungestört und in angenehmer Atmosphäre sitzen sollte, erübrigt sich wohl zu erwähnen. Wichtig ist unabhängig von den jeweiligen Inhalten schon einmal die Tatsache, daß sich der Vorgesetzte „richtig" Zeit nimmt für seinen Mitarbeiter. Liebe Vorgesetzte: Bitte beachten Sie dabei das „Gleichgewicht der Macht". Durch Ihre Position als Arbeitgeber sind Sie ohnehin schon in der stärkeren Position. Achten Sie darauf, daß der Mitarbeiter möglichst 60–70 % Redeanteil hat, damit er das Gefühl hat, ernstgenommen zu werden und daß Ihnen seine Meinung viel bedeutet.

Was sind Gruppen- oder Teamgespräche?

Teamgespräche haben einen etwas anderen Zweck. Natürlich dienen sie letztendlich auch der Motivation und Delegation. Primär stehen hier aber das Tagesgeschäft, der Informationsaustausch, die „Ideenbörse" und natürlich Lob und Anerkennung auf Teamebene im Vordergrund.

Ob Sie Teamgespräche einmal monatlich, einmal wöchentlich oder sogar jeden Tag durchführen, hängt von der Größe (Anzahl der Mitarbeiter) und Komplexität Ihres Unternehmens ab. Wichtig erscheint uns, daß es eine feste Institution ist, die von den Mitarbeitern als nützliche Einrichtung angesehen wird.

Dann kann Ihnen diese Maßnahme dabei helfen, die Arbeitsabläufe deutlich zu optimieren, die Praxis kundenorientierter zu gestalten. Und Sie werden erstaunt sein, wie Sie peu à peu dazu kommen, daß alle Mitarbeiter die „gleiche Sprache" sprechen.

Im folgenden haben wir stichwortartig die Rahmenbedingungen zusammengestellt, wie sie sich generell und auch speziell in Tierarztpraxen bewährt haben:

Rahmenbedingungen von Mitarbeiter- und Teamgesprächen

Bedingung	Mitarbeitergespräch	Teamgespräch
Häufigkeit	mindestens 1x jährlich	mindestens 1x pro Monat, besser 1 x pro Woche, möglich jeden Tag
Terminplanung	mindestens 14 Tage vorher fixieren	immer an ein- und demselben Wochentag, zur gleichen Uhrzeit
Dauer	2–4 Stunden (Zeitpuffer einplanen!)	maximal 60 min (pünktlich beenden!)
Ort	ruhig, ungestört, keine Ablenkung	ruhig, ungestört, keine Ablenkung
ideal wäre	ein kleiner Tisch (nicht am Chef-Schreibtisch!)	ein runder Tisch
Leitung/Moderation	Vorgesetzter bzw. Chef	Chef
Tagesordnung	nicht unbedingt notwendig, u. U. könnte der Vorgesetzte ein paar Fragen zur Gliederung vorgeben (s. Inhalte!)	ja, Standard mit bestimmten wichtigen Punkten
Protokoll	ja, sinnvoll (wird durch Vorgesetzten erledigt, vom Mitarbeiter gegengezeichnet, insbesondere bei Zielvereinbarungen oder Fördermaßnahmen)	im allgemeinen nicht notwendig, u. U. werden eine Arbeitsanweisung, ein Verbesserungsvorschlag, ein Urlaubsplan schriftlich festgehalten

Inhalte von Mitarbeiter- und Teamgesprächen

Damit die Gespräche für alle Beteiligten sinnvoll und damit nutzbringend ablaufen, muß allen bewußt sein, welche Ziele und daraus folgend welche Inhalte verfolgt werden. In der folgenden Übersicht sind beispielhaft Ziele und Inhalte (in Form von Fragen) zusammengestellt worden. Sie sollen nur beispielhaft darlegen, wie man die Gespräche inhaltlich ausgestalten kann; in Ihrem individuellen Fall sollten Sie überlegen, welche Aspekte Sie zusätzlich aufnehmen und welche Sie ggf. weglassen wollen.

Mitarbeitergespräch:	Teamgespräch:
Ziele: Sich hineinversetzen in die Gefühlswelt des Mitarbeiters Erkennen der Motive des Mitarbeiters Fordern und Fördern des einzelnen Beurteilen des Mitarbeiters Gemeinsam Ziele für die zukünftige Arbeit vereinbaren	**Ziele:** Informationen austauschen gemeinsame „gleiche" Sprache sprechen Arbeit optimal koordinieren Gemeinschaftsgefühl bzw. Zusammengehörigkeitsgefühl fördern Ideen aller nutzen „Immer besser werden" durch gegenseitiges Voneinanderlernen
Inhalte/Fragen: Wie hat sich der Mitarbeiter in der zurückliegenden Zeit gefühlt (berufliche und private Erfolge und Niederlagen)? Was war für den Mitarbeiter besonders erfreulich, was besonders hinderlich? Wie wird der Mitarbeiter beurteilt? Wie beurteilt der Mitarbeiter den Vorgesetzten? (Anm.: Das macht nur Sinn in sehr offener Atmosphäre; denken Sie an das Gleichgewicht der Macht) Welche Ziele werden für die nächsten 6 oder 12 Monate vereinbart? (Welche persönlichen Ziele hat der Mitarbeiter?) Wie kommt der Mitarbeiter zum Ziel? (Welche Unterstützung benötigt er; sind ggf. Fort- und Weiterbildung notwendig; sind u. U. zusätzliche Kompetenzen notwendig?) Wie sieht die gehaltliche Entwicklung aus? Wie sieht die Entwicklung im Unternehmen aus?	**Inhalte/Fragen:** Wie werden (ab)gelaufene Aktionen (Notfälle, schwierige Operationen o. a.) von allen bewertet? Was lief gut? Was können wir zukünftig besser machen? Welche besonderen Aufgaben bzw. Aktionen stehen bevor (Urlaubsvertretungen, Wochenenddienste, Fortbildungen etc.)? Welche wichtigen medizinischen Neuerungen gibt es (neues Präparat im Einsatz, neues Diagnosegerät im Einsatz usw.)? Welche Verbesserungsvorschläge gibt es zur Patientenannahme, Kundenbetreuung während der Wartezeit, Kundenberatung usw.? Wo stehen wir? Wie sieht die Geschäftssituation aus (Umsatzentwicklung, Kostenentwicklung)? (Anm.: einmal monatlich oder einmal vierteljährlich!) Welche werblichen Maßnahmen sind geplant?
Abschluß des Gesprächs: Wie hat sich der Mitarbeiter gefühlt? Sind alle offenen Punkte geklärt? Wann soll das nächste Mitarbeitergespräch stattfinden?	**Abschluß des Gesprächs:** Positiver Appell des Vorgesetzten an die Mitarbeiter!

Auch wenn Sie den Eindruck haben, daß die Führung solcher Gespräche viel zu viel Zeit von Ihrer eigentlichen Arbeitszeit wegnimmt, sollten Sie es einmal ausprobieren, bitte mindestens über einen Zeitraum von 3–6 Monaten. Und dann entscheiden Sie erneut! Doch bevor Sie starten, möchten wir Sie darauf aufmerksam machen, daß die Effektivität und Effizienz mit einer guten Vor- und Nachbereitung steigt.

Insbesondere Mitarbeitergespräche bedürfen der beiderseitigen gründlichen Vorbereitung, wobei die Faustregel gilt, daß Vor- und Nachbereitung zusammen etwa soviel Zeit in Anspruch nimmt, wie das Gespräch selbst. Nehmen Sie sich für die Vorbereitung die Stellenbeschreibung zur Hand, um einen Leitfaden zur Beurteilung der einzelnen Aufgaben zu haben.

Für die Teamgespräche gilt ebenfalls, daß sie durch eine Vorbereitung an Niveau gewinnen. Die Nachbereitung besteht im wesentlichen darin, die vereinbarten Verbesserungen umzusetzen und das neu Gelernte anzuwenden.

Der Vorgesetzte muß sowohl beim Mitarbeiter- als auch beim Teamgespräch analysieren, was gut und was weniger gut gelaufen ist und, soweit er die Ursachen erkannt hat, diese bei künftigen Gesprächen berücksichtigen.

Es würde in diesem Handbuch zu weit führen, alle Aspekte der Gesprächsführung im Detail zu beschreiben. Dazu empfehlen wir die einschlägige Literatur, oder noch besser, den Besuch geeigneter Führungsseminare, bei denen nicht nur Theorie, sondern angewandte Praxis vermittelt wird.

Noch ein paar Worte zum Thema „Kritikgespräche"

Doch auf einen besonderen Gesprächstyp muß noch hingewiesen werden, da er sich in wesentlichen Punkten von den bisherigen unterscheidet: dem Kritikgespräch. Wer sich wenig engagiert, läuft auch wenig Gefahr Fehler zu machen. Demgegenüber sind engagierte Mitarbeiter auch immer gefährdet, Fehler zu machen. Das muß grundsätzlich erlaubt sein, denn durch Fehler lernt man im Leben. Das darf aber nicht erlaubt sein, wenn ständig die gleichen Fehler gemacht werden. In solchen Fällen sind Kritikgespräche angebracht, und zwar möglichst sofort.

Konfrontieren Sie den Mitarbeiter direkt mit dem Problem, reden Sie nicht mit verallgemeinernden Floskeln darum herum! Nehmen Sie sich Zeit, den Fehler gemeinsam aufzuarbeiten. (Wichtig: Es sollte auf jeden Fall ein Gespräch unter vier Augen sein!) Dabei ist es wichtig, daß nicht der Mitarbeiter persönlich angegriffen wird („Sie Idiot"), sondern die Fehlleistung analysiert wird („Können Sie sich vorstellen, daß Kunden unsere Praxis nicht wieder betreten, weil sie unfreundlich und wenig zuvorkommend behandelt worden sind?"), die Ursachen analysiert werden („Morgens ist immer solch ein Streß, das Telefon klingelt, diese Kundin wollte sich vordrängeln, und die Auszubildende steht eh nur untätig herum!"), möglichst eine gleiche (vollständige) Sichtweise des Problems geschaffen wird und damit ein Erkenntnisprozeß erfolgt.

Am Ende eines solchen, möglichst kurzen und bündigen Kritikgesprächs muß die vom Mitarbeiter bestätigte Vereinbarung stehen, künftig in ähnlichen Situationen anders zu agieren.

„Fruchtet" ein klares und offenes Kritikgespräch mehrfach nicht, müssen ggf. Maßnahmen, wie z. B. ein Verweis oder eine Abmahnung, vorgenommen werden. Aber ehe Sie solche Geschütze auffahren, sollten Sie sich immer folgendes vor Augen führen:

Es gibt strenggenommen nur drei Gründe, sich wider besseres Wissen wiederholt falsch zu verhalten:

- Dummheit – Da können Sie leider wenig tun außer üben, üben, üben!
- Angst – Dann müssen Sie den Mitarbeiter in seiner Selbstsicherheit stärken! (In kleinen Schritten Erfolgserlebnisse vermitteln!)
- Ignoranz – Dann liegt ein ernstzunehmender Vertrauensbruch vor. Von einem solchen Mitarbeiter sollten Sie sich über kurz oder lang trennen.

Wir konnten dieses wichtige Thema in wichtigen Punkten anreißen und hoffen, daß Sie sowohl durch zusätzliche Lektüre als auch durch Teilnahme an geeigneten Seminaren den Wert gezielter Gespräche mit Ihren Mitarbeitern erkennen und schätzen lernen. In konkreten Problemfällen stehen Ihnen die Autoren gern zur Verfügung.

Fortbildung für das Tierarztpraxis-Personal

Wohl kaum eine andere Branche bietet so viele Fort- und Weiterbildungsmöglichkeiten an wie die Veterinärbranche. Den Schwerpunkt bilden nach wie vor fachspezifische Themen – von der Grundlagenmedizin bis hin zu spezifischen pharmakologischen, klinischen oder diagnostischen Themen. Waren es vor ein paar Jahren in erster Linie Organisationen, wie der BpT, die DVG oder Pharma-Unternehmen, die entsprechende Fortbildungen anboten, so sind es heute zunehmend auch größere Kliniken und z.T. auch internationale Organisationen, die mit Fortbildungsangeboten „locken".

Um Fort- und Weiterbildung effektiv und effizient zu nutzen, müssen Sie sich vorher Gedanken gemacht haben – einerseits über Ihre Motive, andererseits über Ihre Ziele.

Was können die Motive sein?

Nun, das naheliegendste Motiv ist wohl, daß Sie wissensdurstig sind und etwas Neues für Ihre berufliche Tätigkeit kennenlernen wollen. Ein weiteres Motiv könnte sein, daß Sie tatsächlich alte Freunde wiedersehen wollen, sozusagen Kontakte pflegen, und das Nützliche mit dem Angenehmen verbinden. Und da spielt dann vielleicht auch noch das Motiv Gesundheit mit hinein, denn Sie wollen einmal ausspannen.

Bei Tierärzten wird nur in wenigen Fällen das Motiv Gewinn eine primäre Rolle spielen, jedenfalls nicht, wenn es um Ihre eigene Weiterbildung geht. Bei einem Mitarbeiter ist das schon etwas anderes. Da steht schnell die Frage im Raum „Was bringt mir das?" Und hier sollten Sie einmal hinterfragen, was eigentlich Ihre Ziele sind?

Was sind Ihre Ziele?

Aus Seminar- und Vortragsveranstaltungen mit Tierärzten wissen wir, daß die meisten von ihnen keine klar umrissenen – und erst recht nicht schriftlich fixierte – Ziele für ihr Unternehmen und für sich persönlich haben. Das bedeutet natürlich nicht, daß sie am Ende eines Jahres unglücklich und unzufrieden zurückblicken werden, aber das bedeutet, daß sie keinen Abgleich vornehmen können und daraus für die Zukunft lernen. Wer heute – unter dem zunehmenden Wettbewerbsdruck – nicht nur innerhalb der Tierärzteschaft, sondern auch außerhalb durch immer neue direkte oder indirekte Wettbewerber, wie z. B. Tierheilpraktiker, Pferdeflüsterer, Tierpsychiater, Pet-Shops usw., keine klaren Ziele und entsprechende Maßnahmenpläne entwickelt hat, überläßt seinen Erfolg dem Zufall.

Setzen Sie sich und Ihren Mitarbeitern Ziele und überlegen Sie, welche Fort- und Weiterbildungsmaßnahmen Ihnen auf dem Weg dorthin nützliche Dienste erweisen. Dazu ist es wichtig zu wissen, welches Erfolgsfaktoren Ihrer Praxis sind:

☐ hohe fachliche Qualifikation des Tierarztes/der Tierärzte
☐ moderne, optimale Geräteausstattung
☐ ausgezeichnete Praxisorganisation
☐ sehr guter Rundum-Service
☐ ansprechende Praxis- und Warteräume
☐ gute Lage/gute Parkmöglichkeiten
☐ gute Erreichbarkeit
☐ engagierte, hochmotivierte Mitarbeiter
☐ freundliche, zuvorkommende Behandlung der Kunden
☐ ....

Was sind Ihre Erfolgsfaktoren?

Die Liste könnte sicherlich noch endlos fortgesetzt werden. Aber dann müssen Sie sich fragen, was wirklich entscheidend ist? Die Autoren sind der Überzeugung, Sie werden feststellen, daß Sie und Ihre Mitarbeiter und Ihr bzw. deren Wissen, Können und Verhalten ganz entscheidend für Ihren Praxiserfolg sind. Also heißt es, dieses wichtige Potential optimal zu nutzen. Dazu gibt es die Möglichkeit der gezielten Weiterbildung, nicht nur in medizinisch-fachlichen Bereichen, sondern gerade auch auf dem Gebiet der Kommunikation, des Marketings und Managements.

Wenn es um die Fort- und Weiterbildung Ihrer Mitarbeiter geht:

Beantworten Sie sich selbst bitte die folgenden Fragen, lassen Sie anschließend – in einem Gespräch – Ihre(n) Mitarbeiter(in) die ihn/sie betreffenden beantworten. Erörtern Sie dann, mit welchen Maßnahmen die Leistungsverbesserung in Angriff genommen werden soll. (In vielen Fällen reicht schon ein regelmäßiges Feedback, in manchen Fällen – gerade wenn es z. B. um die Themen „Umgang mit dem Kunden", selbstsicheres Auftreten, kundenorientiertes Verhalten am Telefon und beim Verkaufen geht –, können Seminare ganz entscheidende Impulse geben!)

- Durch welche (besonderen) Fähigkeiten und mit welcher Aufgabenerfüllung soll der Mitarbeiter zum Praxiserfolg (zu meinem Erfolg) beitragen?

- Durch welche Arbeiten bzw. Leistungen trage ich (besonders) zum Erfolg unserer Praxis/Klinik bei?
- Welches Verhalten (welche Fertigkeiten) soll sie/er kurz-, mittel-, langfristig verbessern?
    - ☐ kurzfristig:
    - ☐ mittelfristig:
    - ☐ langfristig:
- Bei welchen meiner täglichen Aufgaben könnte ich mich verbessern?
- Was fällt mir besonders schwer?
- Wo habe ich Probleme?
- Was muß sie/er lernen, um diese Fertigkeit bzw. dieses Verhalten zu verbessern?
- Wann oder wo brauche ich Hilfe von meiner Chefin/meinem Chef, um mich zu verbessern?

Unterstellen wir einmal, Sie haben in Ihrem Gespräch mit Ihrer Tierarzthelferin Defizite im „Umgang mit Ihren Kunden" festgestellt. Und die Mitarbeiterin signalisiert Ihnen deutlich, daß sie sich in diesem Verhalten verbessern will und sich vielleicht sogar konkret für ein Kommunikations-Seminar interessiert. (Anm.: Schicken Sie bitte keinen Mitarbeiter auf ein Seminar, der das wider Willen oder gleichgültig macht!)

- Was sind Sie bereit, in diese Maßnahme zu investieren? Einen oder mehrere Arbeitstage Ausfall, oder soll das Seminar an einem freien Tag/am Wochenende genommen werden?
- Übernahme der Teilnahmegebühren, Fahrtkosten und ggf. weiterer Spesen?
- Ausreichend Gesprächszeiten nach dem Seminar, um das Gelernte gemeinsam aufarbeiten zu können? (Anm.: Das vergessen die meisten, aber es ist vielleicht sogar das wichtigste, denn ansonsten haben Sie die vorher genannten Kosten u. U. unnütz vergeudet!)
- Wie wollen Sie die im Seminar – hoffentlich – erfahrene Motivationsspritze nutzen?

Konkret gefragt:
Sind Sie bereit, Ihrer Helferin
- mehr Verantwortung zu übertragen?
- mehr Freiräume zu geben bei der Ausgestaltung/Organisation der Arbeit?
- die Umsetzung von Ideen z. B. zur Verbesserung der Kundenbeziehungen zu ermöglichen?

Dann machen Sie das bereits vor dem Seminar deutlich! Und fordern Sie nach dem Seminar Ihre Mitarbeiterin auf, mehr Verantwortung zu übernehmen!

Wie führen Sie das Gespräch nach dem Seminar?

Führen Sie das Gespräch in ruhiger Atmosphäre und erörtern Sie folgende Fragen:
- Wie hat die Helferin sich auf dem Seminar gefühlt, was hat sie erlebt?
- Was war besonders gut, neu und wäre für unsere Praxis sinnvoll und nützlich?
- Wie kann die Helferin die Erkenntnisse in den Praxisablauf einbringen? (Anm.: Lassen Sie die Helferin Vorschläge unterbreiten, sie war schließlich auf dem Seminar und nicht Sie!)
- Wie bzw. woran und wann können Sie und Ihre Helferin Verbesserungen messen? (Kundenbefragung nach etwa 3 Monaten)

Sie sehen, die Entscheidung, sich selbst und Mitarbeiter fortbilden zu lassen, erfordert eine ganze Reihe von Vorüberlegungen und vor allem vertrauensvollen Gesprächen, um sie anschließend positiv nutzen zu können. Wir würden uns freuen, wenn Sie in Zukunft sagen können: Das Seminar hat echt etwas gebracht, mein Mitarbeiter hat sich deutlich verbessert, und wir spüren die Verbesserung auch an den Reaktionen unserer Kunden.

15 Die Tierarzthelferin / MitarbeiterInnen in der Administration

Die Schlüsselposition der Tierarzthelferin in der Tierarztpraxis hat uns veranlaßt, unabhängig vom Kapitel „Personal", eine eigenständige Abhandlung in dieses Buch aufzunehmen. Dies geschieht vor allem aufgrund unseres Wissens, daß die Tierarzthelferin in ihrer Bedeutung vom Tierarzt noch häufig unterschätzt wird. Auch der „reibungslose" und streßfreiere Ablauf in der Praxis wird nicht unbedingt durch den Tierarzt, sondern viel eher durch die Tierarzthelferin gewährleistet. In Befragungen von über 900 Berufsvertreterinnen haben wir festgestellt, daß ein hoher Grad an Unzufriedenheit mit Chef oder Chefin vorhanden ist. Mit ein Grund für vorzeitiges Ausscheiden aus dem Beruf, für die festzustellende „Flucht" in Ehe, Partnerschaft und Familie, weil, unter anderem wegen einem nicht adäquaten Entlohnungssystem, das eigene Leben nicht finanzierbar ist bzw. das Berufsleben in der Tierarztpraxis auf die Dauer zuwenig Motivation beinhaltet. Viele Tierärzte vergessen auch, daß eine zur Nachbarpraxis wechselnde Helferin immer einen Teil der guten Kunden mitnimmt.

Voraussetzung für ein funktionierendes und langfristiges Miteinander sind Spielregeln, wie sie normalerweise in jedem Unternehmen definiert werden müssen.

Der Tierarzt sagt: „Meine Tierarzthelferin bringt nicht die Leistung, die ich erwarte."

Die Tierarzthelferin sagt: „Ich kann ja machen, was ich will, mehr Gehalt ist nicht drin, und Überstunden sind eine Selbstverständlichkeit."

Zugegeben: Diese beiden Positionen sind sehr gegensätzlich. Aber sie eröffnen eine Bandbreite der Betrachtung, in der sich sicherlich viele Tierärzte und Tierarzthelferinnen wiederfinden können. Geht man der Sache auf den Grund, ist in vielen Fällen ein massives Kommunikationsproblem vorhanden, das sich schließlich in Aussagen, wie obenstehend, manifestiert. Die Auflösung steckt im Praxisalltag und den vielen kleinen „Problemchen", die schließlich zu einer derartigen Endbewertung führen:

Die Tierarzthelferin ärgert sich u. a. über folgende Dinge:

- Der Tierarzt hält Termine nicht ein bzw. behandelt, bei gleichem Behandlungsbild, den einen Kunden/Patienten z. B. 10 Minuten, den anderen 20 Minuten.

Spielregeln in der Tierarztpraxis

- Kunden, die unangemeldet mit mehreren Patienten zur Behandlung kommen, werden drangenommen, auch wenn das Wartezimmer fast berstet.
- Überstunden und überproportionaler Einsatz werden nicht oder kaum abgegolten, vielmehr als Selbstverständlichkeit angesehen.
- Anweisungen des Tierarztes müssen zwischen Tür und Angel („Wir haben Streß!") aufgeschnappt und zügigst ohne Rücksicht auf eigene Planungen umgesetzt werden.
- Es passiert schon mal (öfters), daß der Tierarzt verärgert ist und unfreundlich mit Helferinnen umgeht. Auch wenn Kunden dabei sind, stört das den Tierarzt nicht.

Der Tierarzt ärgert sich u. a. über folgende Dinge:
- Das Wartezimmer ist meistens voll. Das Termin-Management klappt überhaupt nicht.
- Die Tierarzthelferin kann keine Prioritäten setzen. Unwichtige Arbeiten werden oft zuerst erledigt.
- Von Problemen erfährt der Tierarzt oft als letzter. Er kann sich manche Kundenverärgerung nicht erklären.
- Die Auskünfte, die Tierarzthelferinnen den Kunden geben, sind oft nicht umfassend oder genau genug. Das muß dann der Tierarzt ausbügeln.
- Die Tierarzthelferin geht mit Kunden nicht freundlich genug um.
- Die Vorbereitungen für die Patientenbehandlung werden nur nachlässig durchgeführt.
- Das Lager und/oder die Behandlungsräume sind unaufgeräumt.

Auch diese „Ärgernisse" eröffnen wieder eine Bandbreite der Betrachtung. Das eine mehr, das andere weniger, oder in ganz anderer Form. Auf jeden Fall sind das vielgehörte Probleme und Verärgerungen, wie sie z. B. in unseren Seminaren immer wieder geäußert werden. Dabei wäre es doch so einfach ...

Wir wollen jetzt nicht auf menschliche Qualitäten im einzelnen eingehen. Hier muß sich jeder kritisch selbst hinterfragen. Fest steht, daß Sie als Arbeitgeber Verpflichtungen haben. U. E. gehört auch eine adäquate Menschenführung dazu, die von gegenseitigem Respekt, Achtung und Vertrauen geprägt ist.

Die aufgezeigten (und auch nicht aufgezeigten) Ärgernisse samt daraus resultierender Probleme gehen sehr häufig auf Kommunikationsprobleme zurück. Wir rufen uns in Erinnerung: Kommunikation funktioniert nur dann, wenn es einen Sender, einen Empfänger, einen gemeinsamen Kanal, eine einheitliche Codierung, Prägnanz und ständige Stimulanz gibt. Voraussetzungen für eine funktionierende Kommunikation (Zusammenarbeit) in der Tierarztpraxis ist das Finden adäquater Antworten/Lösungsmöglichkeiten auf die aufgeworfenen Problemfälle (Spielregeln).

„Der Tierarzt hält Termine nicht ein bzw. behandelt, bei gleichem Behandlungsbild, den einen Kunden/Patienten z. B. 10 Minuten, den anderen 20 Minuten."

Für Standardbehandlungen empfehlen wir Ihnen ein Zeitraster zu bilden. Beispiel: Kastration Katze (ohne Vorbereitung) einschließlich Kundengespräch = 12–15 Minuten. Nach diesem Muster stellen Sie einen realistischen Zeitkatalog auf, der grundsätzlich für das gesamte Praxisteam verbindlich ist. D. h., daß alle Beteiligten sich grundsätzlich an diese Zeiten zu halten haben, natürlich auch der Tierarzt. Selbst wenn „Kegelbruder Josef" in die Praxis kommt, bleibt das dann private Gespräch außen vor. Vorteil dieses Vorgehens: Jedes Mitglied des Praxisteams kann viele Vorgänge transparent durchschauen und planen. Die Planung für den Tierarzt wird hierdurch auch einfacher.

„Kunden, die unangemeldet mit mehreren Patienten zur Behandlung kommen, werden drangenommen, auch wenn das Wartezimmer fast berstet."

Hier kann es u. E. nur einen Grundsatz geben: Keine unangemeldeten Mehrfachbehandlungen zu Lasten Dritter. Es ist nicht einzusehen, daß ggf. mehrere Kunden im Wartezimmer „noch" länger warten müssen und der Terminplan der Helferin wieder einmal komplett durcheinander kommt. Mehrfachbehandlungen können Sie in Unsicherheitsfällen übrigens schon planen; einfach durch die Frage Ihrer Helferin bei einer telefonischen Terminvereinbarung: „Sie kommen mit Bello? Bringen Sie noch ein anderes Tier mit?"

Scheuen Sie sich nicht, unangemeldete Mehrfachbehandlungen freundlich und begründet zurückzuweisen. Deshalb wird Ihnen der Kunde nicht gleich abspringen. Und wenn doch: Was ist Ihnen lieber? Fünf Kunden, die bei akzeptabler Wartezeit zufrieden die Praxis verlassen, oder dieselbe Kundschaft, die wegen einem Fall (unangemeldete Mehrfachbehandlung) über Gebühr strapaziert wurde und vielleicht nicht mehr so bereitwillig Werbung für Sie macht? Sind die zufriedenen Kunden in der Mehrzahl, bringen Sie Ihnen weit mehr ein (Multiplikatoreffekt), als nur ein unzufriedener Kunde Ihnen schaden könnte.

„Überstunden und überproportionaler Einsatz werden nicht oder kaum abgegolten, vielmehr als Selbstverständlichkeit angesehen."

Unabhängig von gesetzlichen Vorschriften ist es u. E. eine Selbstverständlichkeit, daß überproportionaler Einsatz nicht nur erkannt, sondern auch honoriert werden muß. Dabei müssen Sie zwingend beachten, daß Ihre eigene Leistungsfähigkeit und -bereitschaft nicht der Maßstab für Ihr Personal sein darf. Schließlich sind Sie der Unternehmer und haben, entsprechenden Praxiserfolg vorausgesetzt, auch einen Gewinn, der nur in wenigen Fällen mit dem Gehalt des Personals gleichzusetzen ist. Auch sollten Sie sich als Unternehmer nicht grundsätzlich darüber freuen, daß Ihr Praxispersonal so viel für „so wenig" arbeitet. Denken Sie immer daran, daß ein Personalwechsel Sie ungeheures Geld kostet (Einarbeitung, Erklärungen, Kundenbindung etc.). Versäumen Sie es, rechtzeitig motivierend tätig zu sein (und dazu gehört nun einmal auch Geld), dann ist in vielen Fällen die Kündigung vorprogrammiert. Das, was sie über Jahre eingespart haben, geht Ihnen dann vielleicht verloren. Wo also ist das „Geschäft"?

„Anweisungen des Tierarztes müssen zwischen Tür und Angel („Wir haben Streß!") aufgeschnappt und zügigst ohne Rücksicht auf eigene Planungen umgesetzt werden."

Die Arbeit ist immer nur so gut, wie Ihre Erklärung des Arbeitswegs oder Ihre Zielvorgabe. „Regieren" Sie zwischen Tür und Angel und setzen auch hier wieder voraus, daß Ihr Praxispersonal ähnlich schnell umsetzen kann, wie Sie selbst, dann ist diese Annahme auch wieder nicht richtig. Nehmen Sie sich Zeit für Ihre Anweisungen und erklären das Ziel möglichst genau. Erst dann können Sie den Anspruch erheben, daß Arbeiten auch sorgfältig ausgeführt werden. Und wenn Sie im Streß sind, eigentlich überhaupt keine Zeit haben usw., usw., dann sollten Sie darüber nachdenken, ob Sie nicht ein E-Mail-Programm anschaffen, mit dem Sie Nachrichten (also auch Arbeitsanweisungen) textlich von Praxiscomputer zu Praxiscomputer schicken können. Sie werden übrigens überrascht sein, wie oft Ihnen in den ersten Tagen nach Anschaffung eines solchen Programms auffällt, daß Ihre textlichen Anweisungen viel ausführlicher und besser sind, als solche, die zwischen Tür und Angel gesagt werden. Durch einfache Formularfelder können Sie solchen schriftlichen Anweisungen auch Prioritäten (1, 2 oder 3) zuordnen. Ihr Praxispersonal weiß dann auch zu planen.

„Es passiert schon mal (öfters), daß der Tierarzt verärgert ist und unfreundlich mit Helferinnen umgeht. Auch wenn Kunden dabei sind, stört das den Tierarzt nicht."

Jeder hat seine Launen und Wehwehchen. Der Chef hat oft ganz besondere. Nein, stimmt natürlich nicht. Der Unterschied mag höchstens darin bestehen, daß den Launen des Chefs nicht sofort jemand widerspricht. Schließlich ist er/sie Chef. Das birgt eine ganz besondere Gefahr. Allzuleicht gewöhnen wir uns in solchen Positionen Verhaltensweisen an, die tatsächlich nicht richtig sind. Und auch hier wieder die Kettenreaktion: Sie wollen delegieren, aber schaffen es nicht, weil beim Praxisteam durch solche Verhaltensweisen Blockaden entstehen („Jetzt erst recht nicht!"). Sie wollen, daß Ihre Kunden Ihre MitarbeiterInnen akzeptieren und als Ansprechpartner für Fragen ansehen. Funktioniert dann auch nicht, wenn der Kunde Ihr Verhalten gegenüber MitarbeiterInnen natürlich bemerkt und die Praxishierachie entsprechend aufbaut. Unwirsches oder unfreundliches Verhalten wird vom Kunden oft so interpretiert: „Wenn der/die so mit dem/der spricht, hat der Tierarzt sicherlich Grund dazu. Ist bestimmt keine gute/kompetente/freundliche Arbeitskraft. Ist für mich bestimmt kein Ansprechpartner!"

„Das Wartezimmer ist meistens voll. Das Termin-Management klappt überhaupt nicht."

Sollten die in diesem Kapitel schon veröffentlichten Tips noch nichts gebracht haben, dann ist es für Sie als Tierarzt vielleicht Zeit, das Kernproblem zu erkennen. Das kann darin bestehen, daß Sie schleunigst einen Assistenten/eine Assistentin einstellen müssen, weil die Gesamtbelastung einfach zu hoch ist. Oder Sie müssen sich Gedanken darüber machen, Ihre Praxis in eine (reine) Terminpraxis zu verwandeln. Oder Sie müssen sich selbst überprüfen, ob die duchzuführenden Behandlungen von Ihnen noch effektiver durchgeführt werden können. Fast immer handelt es sich jedoch um ein unternehmerisches Problem, das viel zu schnell beim Personal gesucht und gesehen wird.

„Die Auskünfte, die Tierarzthelferinnen den Kunden geben, sind oft nicht umfassend oder genau genug. Das muß dann der Tierarzt ausbügeln."

In unseren Seminaren stellen wir immer wieder dieselbe Frage: „Wer von Ihnen hat sich in der Praxis mit allen MitarbeiterInnen schon einmal zusammengesetzt und das Thema ‚Oft gehörte Fragen und Bemerkungen unserer Kunden' erörtert bzw. erarbeitet?" Bisher haben wir keine bejahende Antwort erhalten. Dabei wäre auch das doch so einfach. Im Grunde genommen ist der Themenkomplex schnell erarbeitet. Wenn die Ergebnisse (Fragen der Kunden/Antworten der Praxis) auch noch schriftlich festgehalten würden, dann wäre für die Zukunft sichergestellt, daß alle MitarbeiterInnen „eine" Praxissprache sprechen und unnötige Doppelarbeiten durch unterschiedliche Auskünfte vermieden werden. Last but not least stellen Sie so auch ein gewisses Qualitätsniveau sicher.

„Die Tierarzthelferin geht mit Kunden nicht freundlich genug um."

Entweder handeln MitarbeiterInnen nach einem Vorbild (im Zweifelsfalle sind das auch Sie), sind unmotiviert, ängstlich oder wissen einfach nicht mit Situationen umzugehen (fehlende Selbstsicherheit). Wenn Sie die Tips aus diesem Kapitel umsetzen, werden Sie feststellen, daß hierdurch schon eine Menge „Freundlichkeit", bedingt durch gestiegene Selbstsicherheit etc., produziert werden kann. Unabhängig davon gibt es, unter anderem in diversen Seminarprogrammen, Weiterbildungsmöglichkeiten, die Ihrem Praxispersonal den guten Umgang mit schwierigen Kunden/Situationen näherbringt.

„Die Vorbereitungen für die Patientenbehandlung werden nur nachlässig durchgeführt."

Wenn Sie schon Standard-Behandlungszeiten (s. o.) in einem Katalog festgehalten haben, dann wäre es doch ein einfaches, in einer separaten Spalte die für diese Behandlungen notwendigen Vorbereitungen als Stichwortliste zu beschreiben. Ihr Praxispersonal braucht dann nur noch abzuhaken. Nachlässigkeiten können wesentlich eingeschränkt werden. Dasselbe gilt für die Führung des Lagers. Auch hier können einzelne Regalaufkleber (Mindestbestand, Haltbarkeit, Anordnung etc.) als Checklisten dienen. Weiterer Vorteil: Jeder Praxismitarbeiter erkennt auf Anhieb, worauf es ankommt.

Die Tierarzthelferin als Verkaufskraft

Was macht eigentlich Ihre Tierarzthelferin?

„Sie koordiniert meine Praxis, Termine, Sprechstunde und hilft bei der Behandlung", können Sie sich vielleicht jetzt sagen. Wir fragen: Ist das alles? Nicht, daß wir der Meinung sind, daß Ihre Tierarzthelferin „unterbeschäftigt" ist. Ganz im Gegenteil: Wir kennen gerade den Streß einer Helferin im Praxisalltag. Trotzdem, oder gerade deswegen, begegnen uns immer wieder Fälle, in denen die Tierarzthelferin mit ihrer beruflichen Situation sehr unzufrieden ist. Eigene Umfragen (anläßlich unserer Seminare für Tierarzthelferinnen) haben gezeigt, daß sie sich häufig mehr Verantwortung, mehr Motivation, u. a. durch mehr Geld, wünschen. Und hier hört der Konsens mit dem Tierarzt dann häufig auf. „Mehr Geld, wofür denn?" Tja, wofür? Schließen wir diese Frage mit unserem Einleitungsstatement zusammen, dann könnte einer Tierarzthelferin mehr Geld für ihre Tätigkeit als professionelle „Verkaufskraft" gezahlt werden. Eine Tätigkeit, die auch helfen würde, die vorhandenen Potentiale Ihrer Praxis besser zu erschließen. Was sind diese Potentiale?

Die Arbeit der Tierarzthelferin wird, auf den gesamten Tag bezogen, sehr wenig von Ihnen bemerkt, da Sie sich im Behandlungsraum, oder, bei Fahrpraxen, im Auto befinden. Während der Zeit, in der Sie das alles nicht mitbekommen, spricht sie mit Kunden, versucht sich zu kümmern, freundlich zu sein und die Kundenzufriedenheit zu steigern. Sie hat, auf das Jahr gerechnet, in vielen Fällen sehr viel häufiger Kontakt zu Ihren Kunden als Sie selbst. Dieser Situation sind sich viele Tierärzte nicht bewußt und reduzieren die Tätigkeit Ihrer Helferin auf ein denkbares Minimum, auch hinsichtlich des Gehalts. Dabei wären dann Sie nicht der erste Tierarzt, der nach einem Weggang einer erfahrenen Helferin feststellen müßte, daß auch eine beträchtliche Anzahl von Kunden „mitwandert". Das Potential der guten Tierarzthelferin liegt also zunächst in der Kontakthäufigkeit zu den Kunden (Anrufe, Empfang, Verabschiedung, Erinnerung etc.). Dieses Potential wird dann nicht genutzt, wenn die Tierarzthelferin in dieser Zeit jede Gelegenheit zu einem zusätzlichen verstreichen läßt. Die meisten Tierarzthelferinnen tun dies, weil sie hierfür nicht ausgebildet sind, keine entsprechenden Verantwortungsgebiete übertragen bekommen haben und/oder – und hier beißt sich die Katze wieder in den Schwanz – nicht genügend motiviert (Geld?) sind.

Sinnvolle Überlegung zur Nutzung des in den meisten Fällen brachliegenden Potentials ist also die Frage: Welche Verkaufs- und Tätigkeitsbereiche existieren in meiner Praxis, in denen meine Tierarzthelferin(nen) als kompetente „Verkaufskraft" eingesetzt werden kann/können? Die Antworten auf diese Frage sind in der Regel naheliegend. Natürlich bietet sich der Futtermittel- und Ergänzungsfuttermittel hervorragend an. Ein großflächiges Plakat im Eingangs- und Empfangsbereich („Fachberaterin für Ernährungsfragen: Anke Müller") sorgt nach meiner Erfahrung schon alleine für so viel Nachfrage, daß eine allzu offensive und oft als unangenehm empfundene Ansprache der Kunden gar nicht stattfinden muß. Um diese Nachfrage zu befriedigen, ist es allerdings notwendig, daß das notwendige Fachwissen auch vorhanden ist. Deshalb bleiben viele solcher Versuche in den Kinderschuhen stecken. Es ist nun mal eine alte Weisheit, daß die sogenannte „individuelle Bedürfnisbefriedigung" die erfolgversprechendste Verkaufsmethode ist. Eine individuelle Bedürfnisbefriedigung kann aber nur erreicht werden, wenn ein „Verkäufer" tatsächlich alle Pro- und Contra-Argumente hinsichtlich eines Produktes und einer Leistung kennt, und diese auch auf die vor ihm stehende Person einzeln beziehen kann; Fachwissen eben, das nicht nebenbei erworben werden kann. Hier können Sie rechnen, daß ein regelmäßiger Seminarbesuch über die Dauer von bis zu 6 Monaten notwendig wird. Gemeint sind nicht nur die Produktschulungen bekannter Pharmaunternehmen, sondern tatsächlich auch wichtige, herstellerunabhängige Grundlagenseminare. Nach solchen Qualifizierungsmaßnahmen können Sie in aller Regel davon ausgehen, daß einem „Verkauf" nichts mehr im Wege steht. Ach doch, da war noch etwas. Es wäre vielleicht nicht schlecht, wenn Sie, neben all dem zu vermittelnden Fachwissen, auch eine Schulung vorsehen, in der etwas über Verkaufstechniken, Umgang mit dem Kunden usw. vorgetragen wird. Eine Schulung, die Ihnen, wenn Sie Ihnen anläßlich Ihrer eigenen Ausbildung angeboten worden wäre, sicherlich auch in vielen Fällen manche bitteren Erfahrungen (im Umgang und hinsichtlich der Reaktionen Ihrer Kunden) erspart hätte. Natürlich gehört, zu guter Letzt, die Persönlichkeit Ihrer Helferin dazu: Eine selbstbewußte, extrovertierte Dame, oder eine mit solchen Anlagen, sollte es schon sein.

Stichwort Leistungsprämie: Diese können und müssen Sie u. E. dann auch einsetzen, um tatsächlich so nachhaltig zu motivieren, daß das brachliegende Potential in Ihrer Praxis über die „Verkaufskraft" Tierarzthelferin erschlossen werden kann. Ein Verlust geht mit der Anwendung solcher Leistungsprämien nicht einher, da, wie der Begriff schon sagt, eine (zusätzliche) Leistung prämiert wird; Leistungen, die Ihrer Praxis sonst nicht zur Verfügung gestanden hätten.

Der Futtermittel- und Ergänzungsfuttermittelbereich ist sicherlich nicht das einzige verkäuferische und „gewinnbringende" Betätigungsfeld für eine Tierarzthelferin. Zu nennen sind hier Bereiche, die auch zukünftig in der Veterinärmedizin eine immer größere Rolle spielen werden: Es ist u. E. durchaus denkbar, eine Tierarzthelferin im Bereich (arztüberwachte) Physiotherapie auszubilden, so daß hierdurch ein neues, kundenziehendes, aber dennoch absolut seriöses Angebot kreiert werden kann. Aufgrund des wissenschaftlich festgestellten „elternähnlichen Verhaltens" der Kunden zu ihren Tieren wurden und werden im Laufe der Zeit auch Betätigungsfelder (wirtschaftlich) wichtig, die vor 10 Jahren noch kaum eine Rolle gespielt haben. Ähnliches ist zu dem Bereich „Verhaltenstherapie" zu sagen, bei dem die Tierarzthelferin sicherlich keine „tragende", allerdings in Teilbereichen durchaus wichtig mitwirkende Rolle spielen kann. Rollen, die sich zum Nutzen und zum Ertrag der Tierarztpraxis positiv auswirken werden – Potentialausschöpfung eben.

Abbildung 15.1
Checkliste „Leistungsprämie"

1. Definieren **einer eindeutig bestimmbaren** Zielgröße, die der Mitarbeiter aktiv beeinflussen kann:
   Beispiele:

	Vorjahr	Planjahr	Veränderung
Umsatzsteigerung TAM-Verkauf			+10.000 DM
Umsatzsteigerung Futter-Verkauf			+15,00%
Gewinn zusätzlicher Kunden			+150
Umsatzsteigerung pro Patient			+25,00%
Kostensenkung Lagerhaltung			-3.000 DM

   Das Ziel sollte abhängig gemacht werden von der Tätigkeit der Person und von der Zielsetzung des Tierarztes für das Planjahr.

2. **Herunterbrechen des Jahreszieles auf kleinere Zeiteinheiten (Monate, Quartale)**
   Gute Leistungen sollten zeitlich erfolgsnah honoriert werden, eine Prämie im Februar für das gesamte vergangene Jahr ist "nett", aber nicht unbedingt leistungsfördernd.
   Dabei sollten Sie, soweit möglich, saisonale Schwankungen berücksichtigen.
   Beispiel:
   Ziel: Umsatz Tiernahrung +30.000,- DM/ a
   Saisonale Vorgabe: 1.Quartal: + 6.000 DM, 2.Q.:+ 9.000 DM,
   Saisonale Vorgabe: 3.Q.:+ 9.000 DM, 4.Q.: + 6.000DM

3. **Definieren der Prämienhöhe**
   Richtwert: zwischen 2/3 eines Monatsgehaltes und 2 Monatsgehältern.

   Beispiel:
   Monatsgehalt   3.000 DM
   Prämie max: 1,5 Monatsgehälter   4.500 DM
   Auszahlung max je Quartal   1.125 DM

4. **Prämienverlauf und Zielerreichung definieren**
   Wird das Ziel erreicht, wird die Prämie fällig (= 100 Ziel--> 100% Prämie)
   Definieren Sie, ab wieviel % Zielerreichung die Prämienzahlung beginnt, und wie der Prämienverlauf über 100% Zielerreichung hinaus verlaufen soll.
   Beispiel:
   - Start bei 55% Zielerreichung mit 10% Prämie bis 100%
   - je 5% mehr Zielerreichung 10% mehr Prämie
   - bei über 100% je % Zielerreichung 1% höhere Prämie

Tabelle für Beispiel	Ziel erreichung	Prämie	Quartalsprämie 100% = 1125
	< 55%		- DM
Start	55%	10%	113 DM
je 5% Zielerreichung 10 % Prämie	60%	20%	225 DM
	65%	30%	338 DM
	70%	40%	450 DM
	75%	50%	563 DM
	80%	60%	675 DM
	85%	70%	788 DM
	90%	80%	900 DM
	95%	90%	1.013 DM
	100%	**100%**	**1.125 DM**
je % Zielerreichung 1% Prämie	102%	102%	1.148 DM
	110%	110%	1.238 DM
nach oben offen	130%	130%	1.463 DM

Last but not least stellt der gesamte Bereich der Komplementärmedizin (nicht: Alternativmedizin!) eine weites Feld dar, in dem die Tierarzthelferin, im Gegensatz z. B. zu den USA, noch vielzuwenig einbezogen wird. Es gibt eine Vielzahl von Tätigkeiten, die operativ, wie der „Manager" sagt, nicht allein vom Tierarzt wahrgenommen werden müssen.

Sicherlich bedeutet die Ausbildung der Tierarzthelferin zur „Verkäuferin" oder zur Inhaberin eines „Profit-Centers" weitere Mühe, weiteren Zeitaufwand und weitere Kosten. Nach Abschluß aller Vorbereitungen haben Sie allerdings auch einen unmittelbar meßbaren Erfolg.

16 Umgang / Kommunikation mit Kunden (Menschen)

Das Sozialwissenschaftliche Institut der Universität Virginia, USA, hat festgestellt, daß in jedem vierten Treffen mit anderen Menschen, das mindestens 10 Minuten dauert, mindestens einmal gelogen wird. Dabei kommt der Durchschnittsmensch auf mindestens zwei Unwahrheiten pro Tag. 70 % aller „Lügner" haben keinerlei Schuldgefühle. Dies liegt u. a. an selbstlegitimierenden Motiven:

- Schonen des Gesprächspartners
- Eigenes Unheil abwenden
- Selbstaufwertung
- Konfliktentschärfung
- Meinungsverschiedenheiten beseitigen

Lügen ist deshalb eine gern praktizierte und alltägliche Kommunikationsform. Wir wissen natürlich nicht, wie es die Leserinnen und Leser dieses Buches halten (und möchten dies auch nicht werten), wir werden Ihnen auf den nächsten Seiten unsere Meinungen zu einer guten und erfolgreichen Kommunikation mit Ihren Kunden darlegen. Dies auch deshalb, weil heutzutage nur noch wenige Menschen „richtig" kommunizieren können. Dies wird u. a. durch eine Flut von „Lebensberatungsbüchern" bewiesen, die Absatz finden. Das Thema ist also aktuell, oder nicht?

Weil es wesentlich über den Erfolg oder Mißerfolg des Tierarztes (Menschen) entscheidet, gehen wir im nachfolgenden hierauf ausführlich ein.

Emotionen

Das Verhalten/Verhältnis der Kunden zu ihren Tieren ist „elternähnlich". Diese Erkenntnis können Sie jeden Tag in Ihrer Praxis erleben. Insbesondere bei Hunden, Katzen und Pferden sind Entwicklungen erkennbar, die die Arbeit des Tierarztes nicht einfacher machen. Gerade der elternähnliche, oft auch gern als „vermenschlichtes" Verhalten bezeichnete Umgang mit Haus- und Hobbytieren führt u. a. zur Haltungs- und Umgangsproblematik, die auch als Ursache für Krankheiten (z. B. Pferdehaltung in wohnstubenähnlichen Verhältnissen) und Fehlverhalten (z. B. Dominanzprobleme bei Hunden) definiert werden kann. Nicht zuletzt aufgrund dieser Entwicklungen kann der Bereich „Verhaltenstherapie" als ein wichtiges Wachstumsfeld für den Tierarzt betrachtet werden. Auch die Zunahme der Tierheilpraktiker (und die durch den Tierarzt hierdurch empfundenen „Probleme") spielt in diesem Zusammenhang eine wichtige Rolle.

Sie haben sich also auf emotionale Kundenbedürfnisse einzustellen, deren Grundlagen und Funktionen in der Ausbildung nicht vermittelt werden konnten. Dies auch im Zusammenhang mit einem in unserer Kultur üblichen Ausbildungssystem, welches eindeutig „linkshirnig", also auf Fakten und Analysen unter der natürlich nicht möglichen Ausschaltung der Gefühlswelt, basiert. Dabei wird vollkommen vernachlässigt, daß alle durch einen Menschen aufgenommenen Informationen sowieso gefühlsmäßig eingefärbt werden. Eine „sachliche", d. h. unemotionale, Kommunikation gibt es gar nicht. Wenn dann noch, wie das bei den meisten Ihrer Kunden der Fall ist, Grundbedürfnisgefühle (Bedürfnishierarchie nach Maslow) hinzukommen, ist jede in diesem Zusammenhang geführte Kommunikation emotionsorientiert zu führen, will man nicht den Erfolg der Kommunikation von vornherein hoch gefährden.

Die i. a. R. festzustellende hohe Emotionsbelastung der Kunden fordert heute mehr denn je entsprechende Kommunikationskenntnisse und das Hintergrundwissen, um adäquat auf den Kunden eingehen, und damit schließlich verkaufen zu können. Für die tägliche Praxis bedeutet das im einzelnen:

Insbesondere der nicht professionelle Kunde (Tierhalter) steht bei tierärztlichen Konsultationen unter (negativ empfundenen) Streß. Dieser Streß wird in vielen Fällen (außen) nicht wahrgenommen, ist aber latent vorhanden und hat ein vorbestimmbares Verhaltensmuster zur Folge. Medizinisch-chemisch, allerdings sehr vereinfacht ausgedrückt, kommt es bei Streß zur Ausschüttung von Adrenalin. Adrenalin wiederum hat zur Folge, daß das Individuum die Entscheidung zu treffen hat, ob es flüchten oder kämpfen soll. Die Reduktion auf diese Grundentscheidung liegt in der Entwicklungsgeschichte des Menschen begründet, für den die Ausschließlichkeit der Entscheidung vor Tausenden und Hunderten von Jahren noch eine wichtige Rolle spielte. In unserer heutigen Gesellschaft kann, unabhängig davon, wie das Unterbewußtsein die schließliche Entscheidung trifft, die Umsetzung nicht in der Deutlichkeit erfolgen, wie in der frühen Geschichte des Menschen. Gefördert werden also Aggressionen, die Sie zur Genüge aus Ihrer Praxis kennen. Wenn Sie sich jedoch vor Augen halten, weshalb u. a. diese Aggressionen entstehen (können), ist es in vielen Fällen einfacher, auch einmal „verzeihen" zu können.

Adrenalin bzw. die oben beschriebenen Abläufe bewirken aber auch, daß die Denkfähigkeit des Menschen im weitesten Sinne eingeschränkt bzw. unterbunden wird. Dies können Sie u. a. auch selbst immer dann feststellen, wenn Sie sich aufregen bzw. streiten und Ihnen erst Stunden oder Tage später Argumente einfallen, die Ihnen in der betreffenden Situation einfach nicht in den Kopf kommen wollten. Für die Tierarztpraxis bedeutet dies, daß Sie insbesondere darauf achten müssen, möglichst bildhaft und damit verständlich zu kommunizieren. Jeder Tierarzt erlebt es immer wieder, daß es trotz ausführlicher Darlegung von Dosierungen und Handhabungen immer wieder dazu kommt, daß der

Kunde, manchmal nur wenige Stunden nach dem Gespräch, noch einmal nachfragt: „Das habe ich nicht verstanden. Können Sie es mir noch einmal erklären?" Viele fragen aber gar nicht mehr nach und es kommt zu Fehlanwendungen, die Sie als Tierarzt dann auch nicht glücklicher machen. All dies geschieht häufig vor dem Hintergrund der oben dargestellten Mechanismen.

Nicht zuletzt deshalb, weil es eine Reihe von (ausländischen) Kollegen gibt, die insbesondere die menschlich-emotionale Seite ansprechen und „bedienen" (z. B. amerikanische Pferdedentisten mit unglaublichen Erfolgen), wundert sich so mancher Tierarzt darüber, weshalb seine fachliche Qualifikation denn einfach nicht „ankommt".

Wenn Sie zukünftig unter Berücksichtigung des Ausgeführten kunden- und bedürfnisorientiert kommunizieren wollen, dann akzeptieren Sie das Dargestellte und beachten z. B. folgende Grundsätze:

Ihre fachliche Behandlung bedarf der Übersetzung für den Menschen. Sie müssen das, was Sie tun, emotional transportieren und dabei die Sorgen und Empfindungen Ihrer Kunden in den Vordergrund stellen. Beispiel aus der Praxis: Ein Pferdepraktiker behandelt in Anwesenheit der Kundin ein Pferd wegen Hufabszeß. Der Plan des Tierarztes sah darüber hinaus vor, eine Ultraschalluntersuchung der Gebärmutter durchzuführen. Nach der *von der Kundin* als außerordentlich schmerzhaft empfundenen Hufbehandlung stellte sie die Frage, ob die US-Untersuchung nicht besser an einem anderen Tag gemacht werden solle. Glücklicherweise erkannte der Tierarzt die emotionale Verfassung der Kundin („Mein Liebling hat heute schon genug gelitten!") und verschob die weitere Behandlung.

Für vom Kunden anzuwendende Medikamente und Futtermittel sollten Sie, unabhängig von Beipackzetteln und Packungsaufdrucken, selbst und sehr einfach entworfene Informationen bereithalten, die dem Kunden möglichst bildhaft über Sinn, Nutzen und Anwendungsmöglichkeiten informieren. Dabei sollten Sie sprachlich nie die Sorge um das Tier vergessen: „Damit es Ihrem Liebling möglichst schnell wieder gut geht, haben Sie dieses Mittel bekommen." Derart emotionalisierte Informationen entsprechen der Kundenerwartung und geben auch dem Menschen das Gefühl, in guter Behandlung zu sein.

Wenn Sie mit dem Kunden direkt kommunizieren, dann drücken Sie immer Verständnis für die Sorgen aus und beweisen Sie emotionale Kompetenz, in dem Sie auf die Emotionen und nicht auf vorgeschobene Fakten eingehen. Beispiel: In einer Kleintierpraxis betritt die Besitzerin einer Hündin den Behandlungsraum, um dem Tierarzt von (fehlgeschlagenen) Deckversuchen zu berichten. Nachdem sie dies getan hat, stellt sie die Frage, ob denn auch alle Voruntersuchungen tatsächlich richtig gelaufen seien, oder ob es denn nicht sein könne, daß etwas „vergessen" wurde. Der Tierarzt geht erkennbar (Körpersprache, Ausdrucksweise, Tonfall) in eine (belehrende) Rechtfertigungsposition und versucht aus fachlicher Sicht zu erklären, daß alle vorangegangenen

Untersuchungen umfassend und richtig waren. Auf beiden Seiten (Kunde und Tierarzt) steigt die Aggressivität. In diesem Moment schaltet sich einer der Buchautoren in das Gespräch ein: „Wissen sie, Frau Müller (= Kundin), daß Ihnen das so passiert ist, ist wirklich ärgerlich. Jetzt haben Sie sich so bemüht und nichts ist daraus geworden. Ich glaube, ich an Ihrer Stelle hätte erst einmal auf ein Holz gebissen und zwei Glas Schnaps getrunken." Antwort der Kundin (lächelnd, energisch): „Vier Glas Schnaps habe ich sogar getrunken, so habe ich mich geärgert!" In diesem Augenblick war der Bann gebrochen. Das Gespräch verlief danach viel besser, weil die Kundin sich in ihren Gefühlen wiedererkannt glaubte. Wenn es, wie anfangs beschrieben, so weitergelaufen wäre, hätte durchaus die Gefahr bestanden, daß die Kompetenz des Tierarztes ernstlich in Frage gestellt gewesen wäre, tatsächlich allerdings nicht aufgrund fachlicher Gesichtspunkte.

Emotionen: Eine Bemerkung zur Euthanasie

Immer wieder werden wir darauf angesprochen, wie der Tierarzt und die Tierarzthelferin mit Kunden umgehen sollen, deren Tiere euthanasiert werden müssen. Aus diesem Grund nehmen wir uns dieses Themas kurz an:

Die schon besprochene, besondere Beziehung der meisten Menschen zu ihrem Tier führt nun auch dazu, daß das Trauerverhalten ähnlich wie das beim Tode eines nahestehenden Menschen sein kann. Vielleicht wissen Sie aus eigener Erfahrung, daß die in solchen Momenten entstehenden Emotionen nur sehr schlecht kontrollierbar sind. Ansonsten hart auftretende und auch so wirkende Menschen wirken plötzlich vollkommen zusammenbrechend. Menschen, die zuvor noch als schwach und labil galten, werden zu ganz starken Persönlichkeiten. Dies alles erklärt, weshalb der Umgang mit solchen Situationen so schwer ist: Das Verhalten einzelner Menschen ist nicht mehr vorherbestimmbar.

Wie sollten Sie in der Praxis mit diesen ganz speziellen Situationen und Emotionen umgehen. Hier einige Tips:

- Wenn die Euthanasie vorn vornherein feststeht, sollten Sie Ihren Kunden über einen separaten Eingang in die Praxis lotsen. Fremde Menschen (Wartezimmer), die den Sachverhalt nicht nachvollziehen können, reagieren oft befremdlich und mit Abstand auf ihnen unbekannte, offensichtlich negativ wirkende Emotionen. Ebenso sollten Sie, sofern räumlich möglich, nach der Euthanasie dem Kunden die Möglichkeit zum Verlassen der Praxis durch einen separaten Ausgang geben.

- Wir raten Ihnen dringend, den Kunden zu fragen, ob er bei der Euthanasie dabei sein will. Dabei sollte es Ihr Bestreben sein, den Kunden, wenn überhaupt, erst dann hereinzuholen, wenn die entscheidenden Spritzen gegeben wurden. Denken Sie immer an die „elternähnliche Beziehung" der Kunden zu ihren Tieren und daran, wie sehr eine miterlebte Euthanasie geeignet ist, beim Kunden ein heftig nachwirkendes Trauma entstehen zu lassen. Kinder sollten natürlich überhaupt nicht an den unmittelbaren Vorgängen beteiligt werden. Wenn Sie daran Zweifel haben, sollten Sie sich unbedingt die Zeit nehmen, einmal ein Gespräch mit einem Kinderpsychologen zu führen.

- Nach der Euthanasie sollten Sie den Kunden die Gelegenheit geben, einige Minuten mit ihrem Tier zu verbringen. Lassen Sie die Kunden aber nicht zulange allein und versuchen Sie, sie nach 10–15 Minuten aus dem Raum zu begleiten. Manchmal müssen Sie mit nicht kontrollierbaren Emotionen umgehen. Es kann sogar passieren, daß Ihnen der Vorwurf gemacht wird, daß das Tier ohne Ihre Behandlung noch leben würde. Reagieren Sie gelassen und versuchen Sie, die Emotionen Ihrer Kunden mit entsprechendem Mitgefühl und einer wachsamen Deutlichkeit zu begegnen. Reden Sie mit Ihren Kunden, aber rechtfertigen Sie sich nicht.

- Viele Kunden fragen Sie, was denn nun mit dem Tier geschieht. Wenn Ihre Kunden das Tier nicht mitnehmen wollen/können, dann sparen Sie sich bitte deutliche Hinweise auf die Tierkörperbeseitigungsanstalt. Wenn Sie das zweifelhafte Vergnügen hatten, jemals eine solche Anstalt zu besichtigen, wissen Sie warum. Sie können solche Fragen zumindest teilweise umgehen, wenn Sie eine kleine, auch selbstgefertigte Broschüre anwenden, in denen die einzelnen Möglichkeiten dargestellt werden. Sollten Sie tatsächlich gezwungen sein, auf die o. a. Frage zu antworten, dann nehmen Sie guten Gewissens eine Lüge („Das Tier wird verbrannt.") in den Mund.

- Auch Ihre Tierarzthelferinnen sind aufgrund der Reaktionen der Kunden mit und nach Euthanasie recht unsicher. Sprechen Sie in Ihrer Praxis diese Fälle an und diskutieren Sie die „richtigen" Verhaltensweisen.

Körpersprache

Es gibt unterschiedlichste Kommunikationsarten (z. B. Laut- bzw. Verbalkommunikation, geruchliche Kommunikation, Berührungskommunikation etc.), die wir, bewußt oder unbewußt, jeden Tag wahrnehmen und anwenden. Im Grunde genommen ist es so, daß alles, was unsere Sinne in irgendeiner Form anspricht und aktiviert, einen kommunikativen Prozeß auslöst. Dabei gibt es keinen Augenblick in unserem Leben, in dem wir nicht kommunizieren. Lesen wir z. B. ein Buch, teilen wir über unsere Körperhaltung unserer Umgebung mit: „Laßt mich einen Augenblick in Ruhe, ich konzentriere mich gerade auf ein Buch!" Dies ist auch der Grund, weshalb die meisten Menschen beim Anblick eines buchlesenden Menschen, den sie etwas fragen wollen, auch mit den Worten „Darf ich Dich/Sie einen Augenblick stören ...?" unterbrechen. Sie haben unbewußt eine „Stör-mich-bitte-nicht"-Körperhaltung wahrgenommen. Oder wir erleben häufiger in unserem Leben die Situation, daß wir den Ausführungen eines Gegenübers lauschen und uns beschleicht unwillkürlich und wiederum unbewußt das „Gefühl", daß

„uns ein Bär aufgebunden wird". Viele interpretieren das anschließend, und insbesondere dann, wenn sich tatsächlich die Unwahrheit herausstellt, als sogenannten „sechsten Sinn". In Wirklichkeit hat das nur wenig damit zu tun. Jeder, der sich schon etwas mit dem Thema Körpersprache auseinandergesetzt hat, weiß, daß die Verbalinformation nicht konkludent zur Körpersprache stand; etwa dann, wenn Mund- und/oder Kinn-Nasenpartie verdeckt und/oder teilweise abgedeckt wurde, verlegene, von unten gerichtete Blicke hinzukamen und der gesamtkörpersprachliche Ausdruck stärker verharrte. („Ich will nicht erwischt werden!")

Körpersprache, das ist naheliegend, ist die älteste aller Sprachen. Darüber hinaus ist sie die zuverlässigste Sprache, da kein Mensch sich so verstellen kann (was er bei der reinen Verbalkommunikation kann), diesen „sprachlichen" Ausdruck im gesamten zu manipulieren.

Die Beherrschung der Körpersprache (Interpretation und Anwendung) ermöglicht Menschen natürlich, sehr frühzeitig und zuverlässig Verhaltensänderungen innerhalb eines Gesprächs wahrzunehmen und sich hierauf vorzubereiten. In vielen Fällen kann darauf Einfluß genommen werden. So lassen sich aggressive Entwicklungen im Gespräch nicht nur verbal erkennen, sondern, und das schon, bevor irgendwelche Worte eine Rolle spielen, viel früher über den körpersprachlichen Ausdruck des Gegenübers. Beispiel: Die kulturübergreifende, angeborene Reaktion des Menschen auf Schreck (reaktionsauslösendes Grundgefühl: Angst) besteht im Hochziehen der Schultern zum Schutz der lebenswichtigen Halsregion (Schlagadern). In belastenden Streßsituationen, die dann schließlich zu einer Flucht- oder Angriffsreaktion führen, ist aufgrund des reaktionsauslösenden Grundgefühls (s. o.) ebenfalls zu beobachten, wie die Schultern der Betroffenen sich bemerkbar heben. Die Ausprägungen sind sicherlich unterschiedlich, die Bedeutung allerdings immer dieselbe. Wenn Sie dies bei einem Gesprächspartner bemerken (Ihr Unterbewußtsein registriert dies immer!), ist es höchste Zeit, das Thema zu wechseln, oder aber aggressionsabbauende Methoden einzusetzen (Bewegung, frühzeitiges Lächeln, emotionale Verständnisbrücke etc.). Die Kenntnis der Körpersprache und der entsprechenden Einflußmöglichkeiten hilft Ihnen also, mit belastenden Gesprächssituationen noch besser umgehen zu können. Aufgrund der streßgeprägten Emotionalität Ihrer Kunden haben Sie häufig damit zu tun.

Um Ihnen noch einmal und nachhaltig die Bedeutung der unterschiedlichen Kommunikationsbestandteile deutlich zu machen, zeigen wir Ihnen nachfolgend die Erfolgskomponenten einschließlich deren Wichtigkeit für die Kommunikation.

Bei der Kommunikation via Telefon fehlt natürlich die Wahrnehmung der Körpersprache. Zwar können Sie sich über Ihre eigene Körpersprache konditionieren (in verkrampfter Haltung werden Sie kaum lockere Gespräche führen können), die unmittelbare und ansonsten

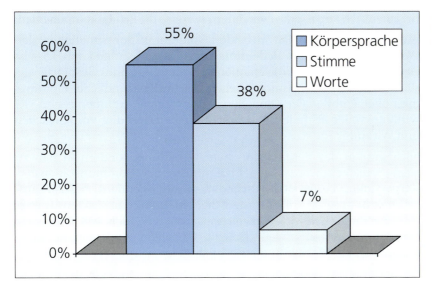

Abbildung 16.1
Erfolgreiche Kommunikation ist abhängig von ...

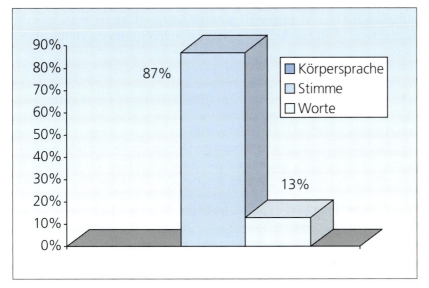

Abbildung 16.2
Erfolgreiche Telefonkommunikation ist abhängig von ...

sehr zuverlässige Rückkopplung über den körpersprachlichen Ausdruck des Gegenübers fehlt jedoch völlig. Nicht zuletzt deshalb fällt es den meisten Menschen leichter, unangenehme Dinge, Reklamationen und Beschwerden via Telefon vorzubringen, da auch die über die Körpersprache stimulierten Aggressionshemmungen wegfallen.

Das Telefon ist somit ein sehr unsicheres und risikobehaftetes Kommunikationsmittel. Diese Tatsache zugrundegelegt, muß man sich nach wie vor darüber wundern, mit welcher Stiefmütterlichkeit die gesamte Organisation des Telefonverkehrs in der Tierarztpraxis vorgenommen wird. Näheres dazu im entsprechenden Kapitel dieses Buches.

Bei einem Telefongespräch verändern sich also die Erfolgskomponenten:

Auffällig sollte sein, daß in beiden Kommunikationssituationen den Worten nur sehr wenig Bedeutung zugemessen werden kann. Dies ist ein dringender Appell, die emotionale Bedeutung eines Gesprächs viel stärker in den Vordergrund zu heben. Leichte, verständliche, allerdings mit hoher, emotionaler Kompetenz vorgetragene Argumente sind viel wirkungsvoller als jede wissenschaftliche Ausbreitung von Ursachen und Wirkung!

Nicht nur in der tiermedizinischen Ausbildung, sondern in nahezu allen Bereichen werden die Erkenntnisse der Kommunikationsforschung kaum berücksichtigt. Die linkshirnig orientierte Ausbildungssystematik unserer Kultur fördert die Bedeutung von Fakten, vergißt aber, daß diese auch wirkungsvoll transportiert werden wollen. Da viele Menschen hier mittlerweile Defizite feststellen, sind entsprechende Seminare oft sehr teuer und ausgebucht. Wen wundert es.

Die Botschaft für Sie soll sein, daß gerade Sie, als „Jongleur" der Emotionen Ihrer Kunden, gefordert sind, Kommunikation gezielt und positiv einzusetzen. Viel wichtiger als manche Fachfortbildung wäre also die Fortbildung in dieser Richtung. Wir garantieren Ihnen eine deutliche Erfolgssteigerung.

Vom Umgang mit Aggressionen

Aufgrund der beschriebenen, emotionalen Verfassung Ihrer Kunden erleben Sie, und mit Sicherheit Ihre Tierarzthelferinnen, es immer wieder, daß Kunden in bestimmten Situationen und bei bestimmten Anlässen (z. B. Behandlungserfolg stellt sich nicht ein) aggressiv reagieren. Weil diese Reaktionsart die größte Gefahr für abfolgende, gestörte Kundenbeziehungen, bis hin zum Abbruch der Beziehung, darstellt, geben wir Ihnen nachfolgend einige Tips, wie Sie darauf eingehen können und zwar so, daß sich die Aggression Ihres Gegenübers nicht verstärkt, wenn möglich sogar verschwindet.

Wie sehr umfassend beschrieben, sollten Sie auf emotionale Informationen auch emotional positiv (Eingehen auf die Sorge um das Tier) eingehen können. Dies ist überhaupt die Grundvoraussetzung, um Aggressionen nicht eskalieren zu lassen.

Wenn Sie die hohe Emotionalität Ihrer Kunden akzeptieren, fällt es Ihnen im Einzelfall einfacher zu „verzeihen". Sie geraten nicht so schnell in eine Rechtfertigungsposition („Ich habe aber alles richtig gemacht. Mich trifft keine Schuld ..."), aus der es kein Entrinnen mehr gibt und die gleichbedeutend ist mit einer Gegenaggression. Gegenaggressionen führen immer und unweigerlich zu einer Situation, die das Gespräch, wenn nicht sogar das Verhältnis zwischen Menschen empfindlich und nachhaltig stört.

Erst wenn der Mensch „ängstlich" ist oder wird, reagiert er mit „Angriff" oder „Flucht". Diese evolutionstechnisch und gendispositorisch bedingte Verhaltensweise läßt sich nicht ausschalten. Wenn es gelingt, zum Zeitpunkt der Angstentstehung emotional ehrlich zu sein, dann wird die Aggression des Gegenübers gestoppt oder abgemildert. Sie werden jetzt denken, daß SIE doch keine Angst haben? Aber natürlich: Angst davor verletzt zu werden, Angst vor Strafe (Entzug des Vertrauens), Angst vor Nichtachtung, um nur einige wenige Grundängste zu nennen. Diese Angst leitet Ihr Verhalten in bestimmten Situationen ein, auch wenn daraus schnell Wut, Enttäuschung oder ähnliches wird. Im Augenblick der Angstempfindung dieses Gefühl mitzuteilen, ist eine hohe Kunst. Beispiele: „Herr Müller *(Aufmerksamkeit durch direkte Ansprache/Persönlichkeit durch Namensnennung)*, ich kann mich gut in Ihre Sorge um Ihr Tier hineinversetzen *(emotionale Ansprache)*. Mir ginge es an Ihrer Stelle wohl ähnlich *(Verständnis zeigen)*. Im Augenblick habe ich Angst, daß unser Gespräch nicht gut verläuft *(Mitteilung des Grundgefühls)*. Dabei möchte ich natürlich alles tun, damit es Ihrem Tier (noch) besser geht und Sie mit mir zufrieden sind. Ich mache Ihnen folgenden Vorschlag ... *(Lösung anbieten!)*. Wie denken Sie darüber *(Erfolgskontrolle)*?

Das „Gegenbeispiel" zu unserem Vorschlag könnte wie folgt aussehen:

„Also, Herr Müller, ich habe bis jetzt wirklich alles gemacht, was gemacht werden konnte. Wenn Sie es wünschen, werde ich auch noch etwas anderes machen. Versprechen kann Ihnen gar nichts. Ich habe auch den Eindruck, daß Ihr Tier in den letzten Tagen falsch bewegt worden ist. Außerdem verbitte ich mir diesen Ton ... !"

Haben Sie sich zu 50, 60, 70, 80 oder gar 90 % wiedererkannt? Wenn ja, brauchen wir Ihnen über den „Erfolg" und die „Aggressionshemmung" einer solchen Kommunikation ja nichts mehr zu sagen.

Wenn es Ihnen gelingt, wie im erstbeschriebenen Beispiel zu reagieren, dann werden Sie einen unmittelbaren Erfolg erleben. Und wenn Sie den erlebt haben, wird Ihnen das ganze auch noch Spaß machen. Probieren Sie es aus. Wissen geht vor Glauben.

Es gibt „magische" Symbole in der Körpersprache, mit denen Sie auf Aggressionen erfolgreich reagieren können. Da wir kein Buch über Körpersprache schreiben, hier nur einige Beispiele: Die seitliche Neigung des Kopfes („Küß' mich, aber beiß' mich nicht!") ist ein körpersprachliches Vertrauensangebot und vermindert immer eine Aggression, beugt ihr sogar vor. Denken Sie nur daran, wenn Sie Ihren Lebenspartner um etwas bitten und Sie wissen, daß Ihr Partner das gar nicht so gern tut. Oder Sie wollen eine Bitte deutlich verstärken. Dann neigen auch Sie bzw. Ihr Lebenspartner häufig den Kopf zur Seite und verstärken es nochmals um die Anwendung des Kindchenschemas (Kosenamen, Infantilität im Verhalten etc.).

Ein ähnlich wirkender, körpersprachlicher Ausdruck ist das Präsentieren der offenen Handflächen. Auch hier können Sie im Selbsttest feststellen, wie Ihre Darstellung positiv und schließlich auch aggressionshemmend wirkt.

Wie wäre es mit einem Lächeln?

Last but not least gehen wir auf ein Thema ein, daß vielen Menschen in der Umsetzung die meisten Probleme macht: Lächeln. Unbestritten ein Vorgang der, zum richtigen Zeitpunkt eingesetzt, außerordentlich deutlich aggressionshemmend wirkt. Nicht nur das: Wenn wir lächeln, haben wir zumeist auch selbst bessere Laune und vermitteln eben diesen Zustand an unsere Mitmenschen. Womit feststehen dürfte, daß Lächeln zwischenmenschlich (dadurch auch geschäftlich) eine wertvolle und gewinnbringende Brücke schlägt. Um aber auch den wissenschaftlich orientierten Leser zu überzeugen, machen wir uns die Mühe, einen Versuch in Ansätzen und natürlich in verkürzter Form vorzustellen:

Testpersonen wurden mit Hilfe von schriftlichen Anweisungen gebeten, ein bestimmtes Gesicht zu machen. Sie wurden nicht angewiesen, z. B. „freudig" zu sein, sondern sie wurden gebeten, ein bestimmtes Gesicht über Muskelbewegungen herzustellen, ohne zu wissen, welches Gesicht das denn schließlich ist. So lauteten die Anweisungen beispielsweise:

- Ziehen Sie die Augenbrauen herab.
- Kneifen Sie die Augen zusammen.
- Schieben Sie die Unterlippe nach vorne.

Die Ergebnisse solcher Gesichtsübungen beinhalteten tatsächlich die Muskeltätigkeiten, die schließlich zu einem bestimmten Gesichtsausdruck (Freude, Ärger etc.) und damit natürlich zu einer Gefühlsmitteilung führten. Die obenstehende Gesichtsübung führt z. B. zu dem typischen und auch durchaus verständlichen Gesichtsausdruck eines Tierarztes, der nachts um 3.00 Uhr zu einer Kolik oder zu einem Kaiserschnitt gerufen wird (Ärger).

Bei den Testpersonen wurden einerseits einige Körperwerte gemessen, andererseits wurden sie gebeten, nachdem sie „dieses Gesicht" einige Zeit halten sollten, ihre Stimmung zu beschreiben. Heraus kam etwas sehr eindrucksvolles (Quelle: Ekman, P: Autonomic nervous system activity distinguishes among emotions. Science, 221, 1208–1210):

Die Körperwerte veränderten sich tatsächlich und in beeindruckender Weise mit dem jeweiligen Gesichtsausdruck. Aufgrund von Vergleichsmessungen konnte festgestellt werden, daß die „tatsächliche" Emotion ähnliche bzw. gleiche Körperwerte hervorrief.

Die Befragung der Testpersonen, nachdem sie einige Zeit das Gesicht aus der Übung gehalten hatten, ergab, daß sie mehrheitlich entsprechend der tatsächlichen Gesichtsbedeutung empfanden. Durch diese Versuchsreihe konnte der Beweis erbracht werden, daß die Muskeltätigkeiten im Gesicht Stimmungen induzieren. Hieraus leitet sich denn auch die Empfehlung so mancher Motivationstrainer ab, schon kurz nach dem Aufstehen mindestens 20–30 Sekunden lang zu lächeln. Wobei weniger das „ehrliche" Lächeln als vielmehr die Muskelbewegungen der Gesichtsmuskeln dabei zählen (für die Morgenmuffel unter Ihnen, liebe Leserinnen und Leser!).

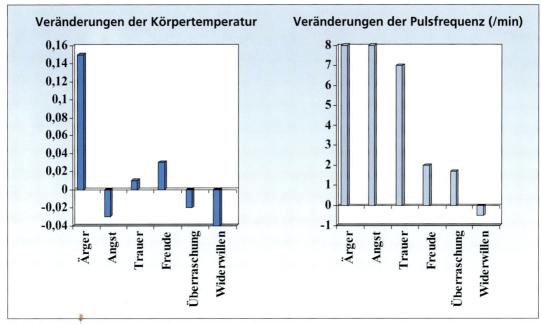

Abbildung 16.3 Die Bedeutung des eigenen Gesichts

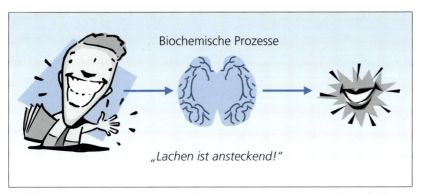

Abbildung 16.4 Gehirn und Kommunikation – Oder: Die Biochemie der Gefühle

Das mit dem Lächeln und dem eigenen Gesicht funktioniert. Überflüssig zu erwähnen, daß Menschen, wenn sie angelächelt werden, häufig zurücklachen. Auch hierbei handelt es sich um einen einfachen biochemischen Prozeß, den man sich für und in der Kommunikation zunutze machen kann.

Viele Menschen, das wissen wir aus unseren Kommunikationsseminaren, kommen sich nun lächerlich vor, wenn sie ihr Gesicht, und das auch noch zur Selbstbeeinflussung, einsetzen sollen. Uns kommt es oft viel lustiger vor, daß viel Geld für teure Motivationsseminare ausgegeben wird, wobei das eigene Potential noch lange nicht ausgeschöpft ist.

Wie wäre es also morgen mit einem Lächeln bzw. mit der Muskeltätigkeit in Ihrem Gesicht?

17 Werbung und Verkaufen in der Tierarztpraxis

Wenden wir uns nun einem Reizthema zu, das ist uns bewußt. Wir müssen uns intensiv mit diesem Thema auseinandersetzen, akzeptieren wir und Sie die in dem Kapitel „Markt für Tierärzte" beschriebenen Entwicklungen.

Immer wieder kann die nicht gerade differenziert geführte Diskussion zu diesem Thema verfolgt werden. Auch machen Umfrageergebnisse die Runde im Markt, in denen zum Ausdruck kommt, daß, einfach ausgedrückt, „alles so bleiben soll, wie es ist/war". Dabei wird vernachlässigt, daß noch nicht einmal der Begriff „Werbung" für die TeilnehmerInnen bei solchen Umfragen/Befragungen definiert wird. So wundert es nicht, daß viele TeilnehmerInnen den Begriff durchaus mit „Werbespot", „Fahnenmast" o. ä. assoziieren. Eine zuverlässige Ergebnisbetrachtung kann es dabei gar nicht geben.

Auf den Punkt gekommen: Werbung und Standesrecht

Seit Jahren wird das Standesrecht nach unserem (umfangreichen) Kenntnisstand von unterschiedlichen Kammern sehr unterschiedlich und „individuell" angewendet. Immer wieder wurde uns in Vortragsveranstaltungen und Seminaren berichtet und dargelegt, wie gleichgelagerte „Fälle" aufgrund persönlicher Meinungsbildungen entscheidender Personen unterschiedlich behandelt werden. Ein Fall ist uns noch sehr gut in Erinnerung: Ein Tierarzt schaltet eine kleinformatige Stellenanzeige zur Besetzung eines Ausbildungsplatzes in der regionalen Tageszeitung ein. „Übertriebene" Praxisbeschreibungen sind nicht Inhalt der Anzeige. Auch werden keine heraushebenden Aussagen zur Praxisqualität gemacht. Die zuständige Kammer, besser gesagt, der zuständige Kammerpräsident, veranlaßt die Einleitung eines Berufsgerichtsverfahren. Der Richter, wohl auch nicht in der Materie stehend und mit nicht viel Motivation zur Ausurteilung der Angelegenheit ausgestattet, schlägt, wie häufig in Verfahren aller Art anzutreffen, einen „Vergleich" vor, aufgrund dessen der Tierarzt eine Geldsumme zur Einstellung des Verfahrens wegen „geringer Schuld" zahlen soll. Trotzdem die einhellige Meinung mehrerer Rechtsanwälte die ist, daß das Verfahren aufgrund bestehender Gesetze und aktueller Rechtsprechung schließlich gar nicht verloren werden kann, zahlt der Tierarzt das Geld. Begründung: „Ich würde ja gern, aber ich habe soviel zu tun, daß ich einfach nicht die Nerven habe!" Schade.

Es bedarf (leider) nach wie vor mutiger Tierärzte, die dafür sorgen, daß solche Vorgehensweisen keinen Erfolg mehr haben. Wir fordern, natürlich nach Einholung rechtsanwaltlichen Rats, ausdrücklich dazu auf. Lassen Sie sich nicht mehr ins Bockshorn jagen, sondern bestehen Sie auf Ihrem guten Recht, auch wenn Sie es zur Zeit immer wieder neu einklagen müssen. Nur so können zwingend notwendige Änderungen erreicht werden. Den angestrebten „Bestands- und Wettbewerbsschutz" gibt es nicht mehr, und er kann nun mal nicht mehr so realisiert werden, wie das geltende Standesrecht und seine Auslegungen es erzwingen wollen. Im Sinne der zukunftsorientierten Vorbereitung auf den Markt wäre es u. E. geradezu eine Pflicht der Kammern und anderer Institutionen, in diesem Sinne, mit modernen Wegen, „ihre" Tierärzte zu unterstützen.

Den Kammern und Institutionen empfehlen wir, das Standesrecht endlich den geltenden Gesetzen, der bereits ergangenen Rechtsprechung und im Hinblick auf die EU-Harmonisierung anzupassen. So bieten einige Kernaussagen ergangener Urteile u. E. durchaus wichtige Ansätze für die Betrachtung. Hier ohne Kommentierung und Berücksichtigung einer Vielzahl von Urteilen, die tierarztspezifisch, allerdings in unteren Instanzen ergangen sind:

Urteil des Bundesverfassungsgerichts (AZ 1 BvR 744/88) „Apothekerurteil"

Kernaussagen:

... Apotheker sind Freiberufler *und* Kaufleute. In der Funktion als Kaufleute können sie der Werbung nicht gänzlich „entraten"...

... Der gewerbetreibende Apotheker muß auf sich aufmerksam machen dürfen ...

Eine Beschränkung von Werbung aus dem Gesichtspunkt des Schutzes vor Konkurrenz bedarf nach Meinung des Bundesverfassungsgerichts einer strengen verfassungsrechtlichen Prüfung.

Urteil des Oberlandesgerichts Koblenz (07/1996) „Praxis-Logo-Urteil"

Kernaussagen:

Dem Tierarzt ist nicht jede, sondern lediglich die „berufswidrige" Werbung verboten.

Wenn eine unsachliche Beeinflussung der Bevölkerung nicht vorliegt, kann ein Verhalten, das den Normen der Berufsordnung zuwiderläuft, selbst wenn es werbenden Charakter hat, nicht untersagt werden.

Die sachliche Information durch die Anbringung eines Praxis-Logos steht im Vordergrund (Anm. d. Verf.: *keine berufswidrige Werbung*).

Das Urteil, welches einer Tierklinik erlaubte, in kleinformatigen Anzeigen auf Sprechstunden bzw. Notfalldienste aufmerksam zu machen, wird u. E. sicherlich noch in anderen Prozessen, auch wenn es nicht um eine Tierklinik geht, herangezogen werden können.

Fazit: Bei etwas nüchterner Betrachtung und unprofessionell-realistischer Einschätzung der „Sach- und Rechtslage" könnte es, die entsprechenden „freiwilligen" Änderungen vorausgesetzt, vielleicht gelingen, die Gesamtdiskussion auf ein ganz anderes Niveau zu heben. Dies gelingt nicht mit eigenwilligen Interpretationen und dem Festhalten an antiquierten Regelungen. Geschehen Veränderungen nicht bald, fördert dies nur noch einmal zusätzlich einen Konzentrationsprozeß zu Lasten kleiner Praxen, die sich die eigene Auseinandersetzung mit dem Standesrecht gar nicht leisten können. Diese Arbeit wird ihnen von großen Praxen und Industrieunternehmen im Hintergrund abgenommen, die dann aber auch, dank fehlender bzw. eingeschränkter Informationspolitik, die alleinigen Nutznießer sind.

Die Entwicklungen sind gar nicht mehr aufzuhalten. Sie bedeuten aber auch nicht, daß wir in naher Zukunft bereits angesprochene Werbespots im Fernsehen oder ähnliches zu befürchten haben. Diese Horrorszenarien werden gern von denen an die Wand gemalt, die partout keine Änderung wünschen und entsprechend Einfluß zu nehmen suchen. Nach wie vor wird die gute fachliche und kommunikative Leistung des Tierarztes im Vordergrund stehen und für Kunden sorgen. Wenn gleichzeitig ein sympathisches und professionelles Erscheinungsbild, einschließlich professioneller Stellenanzeigen, hinzukommt, dann steigert dies nur das Ansehen vieler Praxen bei Kunden und setzt es nicht, was einige wenige glauben machen wollen, herab. Wäre dies der Fall, dann hätten die letzten 50 Jahre Marketing und Marketingkommunikation (= Werbung) bei allen anderen Unternehmen und zunehmend auch bei Freiberuflern, bedeutet, keine Kunden hinzugewinnen zu können. Verkehren wir nicht moderne und lang bekannte Grundsätze ins Gegenteil um. Der Kunde der Tierarztpraxis wird auch ein beleuchtetes Praxisschild in der Größe 0,80 x 0,80 cm nicht als übertrieben und abstoßend empfinden. Viel eher wird er sich in vielen Fällen freuen, die Praxis besser (leichter) finden zu können. Ein zweites Praxisschild an der Straße und ein drittes am Haus dürfte die Kundenfreundlichkeit noch steigern können.

Verkaufen: Eine Grundbetrachtung

Verkaufen will gelernt sein. Und das heißt zunächst einmal zu akzeptieren, daß „Verkauf" (... der eigenen Leistungen etc.) immer auch ein emotionaler Vorgang ist. Stimmt diese Komponente nicht, werden Sie nicht verkaufen, also auch nicht überzeugen können. Die reine Wissensvermittlung bzw. Darstellung von Fakten reicht lange nicht aus, um Menschen mit einem „guten Gefühl im Bauch" nach Hause gehen zu lassen. Dies stellt, wie wir in vielen Praxen beobachten konnten, immer eine Herausforderung für Mediziner dar. Allzugern wird die formale Mitteilung der Diagnose als ausreichend betrachtet; mit den Gefühlen der „Patientenhalter" (Anm.: Begrifflich ist „Gefühl" mit dem Begriff „Patientenhalter" u. E. schon nicht mehr zu vereinbaren) kann nicht umgegangen werden. Aber gerade hier müssen Sie sich bewußt werden, daß Ihre verbal formulierte, wissenschaftliche Diagnose für den Verkauf (hier mit Zielsetzung: Sympathiegewinnung, Kundenanbindung etc.) nahezu unerheblich ist. Dem Kunden das Gefühl zu

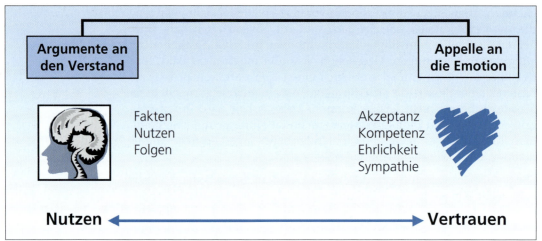

Abbildung 17.1 Was ist „Verkaufen"?

vermitteln, daß er einen „guten und netten" Tierarzt hat, ist, unabhängig auch von der Tragik der einen oder anderen Diagnose, das erklärte Ziel. Dann kommt er wieder und macht „Werbung" für seinen Tierarzt. Solche Gefühle lassen sich allerdings nur vermitteln, wenn Sie kommunizieren können und auch die Bedeutung der einzelnen Kommunikationsarten kennen (s. vorhergehendes Kapitel).

Verkaufen: Eine Folgebetrachtung

Das Verkaufstalent des Tierarztes und seines Personals drückt sich nicht nur in den Fähigkeiten einer guten Produkt- und Leistungspräsentation aus. „Verkaufen wollen" ist schließlich Denkhaltung und setzt voraus, daß die unternehmerischen Aspekte der Gesamttätigkeit voll akzeptiert werden. Also wird der Tierarzt, durchaus unter Berücksichtigung ethischer Prinzipien, alles daran setzen, seinen finanziellen Erfolg über gute Verkaufsleistungen zu erhöhen. Auf viele Bestandteile dieser für den tatsächlichen Erfolg notwendigen Verkaufsleistung sind wir in diesem Buch schon eingegangen bzw. gehen noch darauf ein. Lassen Sie uns an dieser Stelle noch ein Thema anschneiden, dem viele Tierärzte noch viel zu wenig Beachtung schenken.

Erstes Beispiel: Eine Kundin kommt ohne Tier in die Kleintierpraxis und gibt gegenüber dem zufällig an der Anmeldung stehenden Tierarzt an, daß ihr Hund neuerdings eine Bindehautentzündung habe und sie deshalb eine Augensalbe benötigen würde. Der Tierarzt händigt ihr ein Präparat aus und erklärt auch, daß sie ggf. darauf achten solle, ob nicht vielleicht eine Hornhautverletzung vorliegen würde. Unter Umständen sei es richtig, den Hund in der Praxis vorzustellen. Die Kundin verläßt dankend die Praxis.

Zweites Beispiel: Bei der Mitfahrt in der Fahrpraxis stoppt die Tierärztin, um im Pferdestall ein Atemwegepräparat abzugeben. Das Pferd wurde vor drei Tagen zuletzt abgehört. Auf Nachfrage gibt die Tierärztin an, daß sie heute nur das Präparat abstellen wolle; ein erneutes Abhören des Tieres sei in 2–3 Tagen geplant.

Was ist in den oben beschriebenen Fällen aus verkäuferischem Blickwinkel nicht so gut gelaufen?

Ganz einfach: Soweit es sich um „normale" Kunden handelt, also hochemotional an ihre Tiere gebundene, dann hätte der Tierarzt im ersten Beispiel die Kundin mit ihrem Hund konkret, d. h. mit Terminvergabe („Kommen Sie bitte morgen um 15.00 Uhr vorbei. Ich möchte mir das gern anschauen, um auszuschließen ..."), einbestellen sollen. Im zweiten Beispiel hätte nichts dagegen gesprochen, das Pferd noch einmal abzuhören, um abends am Telefon der dann sicherlich hocherfreuten Besitzerin („Die kümmern sich aber!") mitzuteilen, wie der Genesungsprozeß verläuft. In beiden Fällen hätte der Tierarzt einen Kundenkontakt mehr gehabt (= Steigerung der Anbindung) und natürlich auch mehr Umsatz gemacht. Ein weiterer „Nebennutzen" wäre gewesen, daß die Tierärzte u. E. auch medizinisch einen richtig guten Job gemacht hätten.

Viele Tierärzte sind mit der konkreten und unmittelbaren Einbestellung von Kunden bzw. der „ungefragten" Nachuntersuchung noch zu zaghaft, weil sie zuviel „denken". („Die/der glaubt bestimmt, ich will ihr/ihm das Geld aus der Tasche ziehen ...") Unter der Voraussetzung, daß ein medizinischer Nutzen gegeben ist, ist dieses Verhalten nicht nur akzeptabel, sondern sogar zwingend notwendig, um noch einmal einen deutlichen Umsatzschub zu erreichen. Man nennt dies auch „Ausschöpfung bestehender Potentiale".

In Deutschland kursieren eine Vielzahl unterschiedlicher und auch oft sehr gut gemachter Logos von Tierarztpraxen. Nur wenige Institutionen kommen noch ernsthaft auf die Idee, eine Tierarztpraxis wegen einem guten Erscheinungsbild, zu dem ein individuelles Logo zweifelsohne gehört, abzumahnen. Es ist und wäre auch u. E. fatal, denn die gute Gesamterscheinung von Tierarztpraxen kommt schließlich auch dem gesamten Berufsstand zugute. Die Vereinheitlichung über ein einheitliches Praxislogo hat auch in diesem Bereich nicht funktioniert bzw. wird regelmäßig unterlaufen. So sind uns Tierarztpraxen bekannt, die gegenüber ihnen relevant erscheinenden Institutionen und Einrichtungen ein „offizielles" Logo verwenden, gegenüber ihren Kunden der Individualgestaltung den Vorzug geben.

Ein Logo hat die Aufgabe, so etwas ähnliches wie ein unverwechselbares Zeichen eines Unternehmens zu sein und sich, ähnlich einem Fingerabdruck an einer Glasscheibe, in den Köpfen der Kunden einzuprägen und für eine bestimmte Unternehmensleistung zu stehen. Die Unternehmensleistung besteht dabei nicht nur aus dem eigentlichen Unternehmenszweck, sondern auch dem (möglichst positiven) Image des Unternehmens. Bei guter Gestaltung kann ein Logo all dies schon

Werbung in und für die Tierarztpraxis

Das Logo der Tierarztpraxis

Adreß- und Telefonbucheinträge

Erkundigen Sie sich bei der für Sie zuständigen Stadt- oder Gemeindeverwaltung nach Publikationen, die z. B. automatisch an Neubürger versendet werden. Falls Sie dort, z. B. im „Ärzteverzeichnis", noch nicht aufgenommen worden sind, nehmen Sie ggf. Kontakt mit dem herausgebenden Verlag auf und klären die Eintragung für eine Neuauflage ab. Es spricht im übrigen nichts dagegen, wenn Sie eine solche Adreßaufnahme für alle ansässigen Tierärzte organisieren.

Im örtlichen Telefonbuch sollten Sie natürlich genauso erscheinen wie in den Gelben Seiten. Wenn Sie Sprech- und/oder Terminzeiten verbindlich und langfristig festgelegt haben, dann sollten Sie diese ebenfalls nennen. Außer einem hervorgehobenen Abdruck (Schrift = fett) sollten Sie sich gründlich überlegen, einen gestalteten und langen Eintrag zu bestellen. Diese sind in der Regel sehr teuer und der Nutzen steht dem Aufwand in keiner Relation gegenüber.

Slogans

Aus Wirtschaft, Industrie und Handel kennen Sie Slogans, die insbesondere in der Werbung eingesetzt werden. Berühmtes Beispiel ist der Slogan „Otto – find' ich gut". Solcherlei „Sprüche" nennt man in der Fachterminologie USP (= Unique selling proposition = einzigartiges Verkaufsversprechen). Die Anforderung an die Entwicklung eines solchen USP sind:

- verständlich und merkfähig
- glaubwürdig und wahr
- prägnante Wirkungsweise auf den Verbraucher
- an der Zielgruppe/dem Kunden orientiert

Solche Slogans können problemlos auf allen Erscheinungsträgern, also auch auf dem Briefbogen, untergebracht werden.

Für den Tierarzt scheidet die Entwicklung und Positionierung eines USP natürlich nicht aus. Ganz im Gegenteil: Einen sinngebenden und wirkungsvollen Slogan kann er durchaus einsetzen.

Ein Beispiel für die Entwicklung:

Kunden haben u. a. folgende Wünsche im Zusammenhang mit Ihrer Tierarztpraxis/ihrem Tierarzt:

- fachliche Kompetenz
- Freundlichkeit/menschliche Qualitäten
- guter Umgang mit Tieren

Diesem „Wunschbild" kann in jedem Fall assoziativ entsprochen werden. Ein Slogan könnte beispielhaft wie folgt aufgebaut werden:

„Unser Wissen für Ihr Tier"

„Ihr Tier in guten Händen"

Einen solchen „Slogan" können Sie z. B. bei Ihrer Korrespondenz (Briefbogen) einfügen, ggf. mitdrucken lassen.

Praxisbroschüre

Eine in der Praxis auslegbare, kleine, aber umfassende Patienteninformation kann Ihnen einerseits die Arbeit erleichtern (Darstellung des Praxisablaufs, „Spielregeln"), andererseits ist sie ein hervorragendes Mittel zu Anbindung der Praxisbesucher. Über die Information zur Praxis, zu den Mitarbeitern (persönliche Anbindung), zu verschiedenen Aspekten der Kleintierhaltung etc. schafft sie die Verbindung zu Ihrer Praxis und assoziiert damit eindeutige Kompetenz. Je nach Inhalt einer solchen Broschüre erschließen Sie sich außerdem die Möglichkeit, daß eine Weitergabe im privaten Umfeld Ihres Praxisbesuchers erfolgt – Werbung in der besten Form.

Übrigens: Wenn ein neuer Tierhalter Ihre Praxis aufsucht, dann händigen Sie ihm die Patienteninformation, trotz anderslautender Empfehlungen selbsternannter Marketingexperten, *nicht* aus. Machen Sie die Begrüßung eines neuen Tierhalters/Patienten zu einem in den Privatbereich und damit nachhaltig wirkenden Erlebnis. Die aufgenommenen Tierhalterinformationen (also auch die Adresse) legen Sie mittels EDV eine Woche auf „Wiedervorlage". Übersenden Sie dann die Praxisinformation mit einem persönlichen Anschreiben.

Der Tierhalter schenkt der Praxisinformation wesentlich mehr Aufmerksamkeit in seinen Privaträumen als in Ihrer Praxis. Somit bringen Sie sich wesentlich besser in Erinnerung. Die Chance, daß eine derart übersandte Praxisbroschüre ggf. auch weitergereicht wird, ist erheblich. Bedenken Sie bitte bei all dem immer, daß Ziel einer Kommunikation/Werbung sein muß, die ungeteilte Aufmerksamkeit seines Kunden zu erreichen. Bei dem mit Streß einhergehenden Besuch der Tierarztpraxis ist dies nie der Fall!

Mustertext für ein Versandschreiben (Praxisbroschüre):

Sehr geehrter Herr ... ,

in der vergangenen Woche haben Sie unsere Praxis zur Behandlung Ihres Tieres aufgesucht. Wir danken Ihnen für Ihr Vertrauen. Damit Sie unsere Praxis noch besser kennenlernen, übersende ich Ihnen eine kleine Informationsschrift. Dort finden Sie alle Angaben zu unseren Sprechstunden, Ihren Ansprechpartnern und zum Behandlungsablauf.

Mit freundlichen Grüßen

Dr. Manfred Mustermann

Mustertext: Einleitung zur Praxisbroschüre

„... wir möchten, daß Sie sich bei uns gut aufgehoben fühlen und haben deshalb diese Information für Sie zusammengestellt. Sie dient Ihrer Orientierung in allen Praxisbelangen. Auch an die Zeiten außerhalb der Sprechstunden haben wir gedacht. So will unsere Zusammenstellung nützlicher Telefonnummern sicherstellen, daß Ihnen jederzeit medizinische Hilfe zur Verfügung steht. Es liegt uns sehr am Herzen, unsere

te ich seit einiger Zeit an einem Forschungsprojekt, das Gegenstand meiner Promotion werden wird.

Ich würde mich freuen, wenn Sie mir Ihr Vertrauen schenken.

Zusätzlich zu einigen instrumentellen und apparativen Neuerungen kann ich Ihnen auch klientenfreundliche Sprechstunden anbieten:

(...)

Gern können Sie auch Termine außerhalb dieser Zeiten und natürlich auch Hausbesuche vereinbaren. Rufen Sie mich einfach an.

Ich freue mich auf Ihren Besuch!

Ihr Dr. Erwin Müller

PS: Sehr geehrter Herr ... , Sie erhalten dieses Schreiben, weil Sie und Ihr Tier in der Kartei unserer Praxis aufgenommen sind. Falls Sie sich in der Zwischenzeit für eine andere Tierarztpraxis entschieden haben, wünsche ich Ihnen und Ihrem Tier dort weiterhin alles Gute.

Stellungnahme des versendenden Tierarztes (12/96):

„...Die Mailing-Aktion war ein voller Erfolg: Ich habe durchweg sehr gute Reaktionen erhalten. Die Leute haben sich sogar per Telefon oder gar Postkarte für die Vorstellung bedankt. Vor allem sind viele Klienten, die von meinem Vorgänger abgewandert waren, hier wieder aufgetaucht ... Es gibt mittlerweile nur noch Termine, was die Leute begrüßen, respektieren und sogar meist einhalten ... Die ganze Mailing-Aktion habe ich übrigens mit einem professionellen Direkt-Marketing-Unternehmen durchgeführt. Die Sache hat inkl. Graphik, Papier, eingescannter blauer Unterschrift, Eintüten, Frankieren und zur Post bringen nur 1,28 DM pro Brief gekostet ..."

Selbstgedrehte Videos

Wenn Sie oder einer Ihrer Bekannten und Freunde über die technischen Möglichkeiten verfügen, sollten Sie über die Anfertigung von Praxisvideos nachdenken. Z. B. können Sie in Ihren Praxisräumlichkeiten unter Mitwirkung Ihres Praxispersonals ein Video über Flohbekämpfung drehen. Irgendein Thema also, bei dem durch den Kunden potentiell etwas nicht richtig gemacht werden könnte (Flohbekämpfung nicht nur am Tier). Sie stellen nicht nur eine gezielte Kundeninformation sicher, sondern machen mit einem modernen Medium auch gute Werbung für sich selbst. Ihre gesamte Tierarztpraxis hält Einzug in das Wohnzimmer des Kunden. Besser geht es fast nicht mehr. Übrigens: Sie können durchaus eine Schutzgebühr für das Video in Höhe von z. B. 5 Mark erheben. So stellen Sie bei Nichtrückgabe sicher, daß die Materialkosten gedeckt sind.

Es gibt bereits Tierärzte, die solche Videos mit sehr hohem Erfolg einsetzen.

Anzeigen

Wir wollen und können uns nicht im einzelnen mit den diversen „Vorschriften" befassen, die die Größe, das Aussehen und die Erscheinungsweise von unterschiedlichen Anzeigen betreffen (Niederlasssung, Vertretung, Änderung der Sprechzeiten etc.). Nur soviel: Wir sind der festen (subjektiven) Überzeugung, daß es aufgrund ergangener Urteile (s. a. Urteil i. S. Anzeigenveröffentlichungen durch eine Kleintierklinik) heute schon möglich ist, viel mehr zu machen, als heute „erlaubt" ist. Letztlich kommt es u. E. auch bei Anzeigen wieder darauf an, inwieweit sie geeignet scheinen, einen übermäßigen Alleinstellungsanspruch „Wir sind die beste Klinik weit und breit ...") oder eine sachliche Information zu leisten („Sie erreichen unseren Notfalldienst täglich zwischen ... und ... Uhr."). Leisten Sie eine sachliche und natürlich an den Verbraucher gerichtete Information, dann ist es u. E. recht unwahrscheinlich, daß ein schließlich und konsequent durchzuführendes Gerichtsverfahren, ggf. auch über mehrere Instanzen, zu einer Verurteilung des Tierarztes führen kann. Es ist leider häufig anzutreffen, daß aus opportunistischen Gründen Tierärzte vor der Durchführung solcher Verfahren eher einer Einstellung gegen „Geldleistung" zustimmen. Hier wäre etwas mehr „Mut" erforderlich: Lassen Sie sich frühzeitig, mindestens bei der ersten Abmahnung, von kompetenten Rechtsanwälten beraten und die erforderlichen Schritte einleiten.

Einer Anzeigenart wollen wir an dieser Stelle nochmals unsere besondere Aufmerksamkeit widmen: Stellenanzeigen. Hierzu haben Sie bereits einiges im Kapitel „Personal" lesen können. Deshalb an dieser Stelle nur noch ein weiterer Hinweis: Die Stellenmärkte regionaler Tageszeitungen genießen i. d. R. eine hohe Aufmerksamkeit in der Bevölkerung. Eine gut ausformulierte Stellenanzeige (s. Kapitel „Personal") wird deshalb immer auch eine hohe Werbewirkung haben. Wenn Sie also tatsächlich Personal suchen, verzichten Sie bitte nicht auf diese Möglichkeit und diesen Nutzen. Übrigens: In einem Fall aus unserer Beratungspraxis hatten wir den direkten Vergleich zwischen einer einfachen Textanzeige und einer gestalteten, umfassenden Stellenanzeige. Nicht nur, daß die Bewerbungen im zweiten Fall wesentlich qualifizierter waren, es gingen insgesamt 25 Bewerbungen ein. Bei der Stellenanzeige im ersten Fall konnten gerade drei Eingänge verzeichnet werden. Sie erhalten übrigens Muster von Stellenanzeigen auf der anzufordernden Diskette.

Möglichkeit eines persönlichen Nachkontakts (Besuch des Kunden oder des Tierarztes), unabhängig von Behandlungsergebnissen, erheblich steigen.

Zum Nachlesen der Bedeutung der Kommunikationskomponenten „Körpersprache, Stimme und Worte" bei der Telefonkommunikation schlagen Sie bitte noch einmal im Kapitel „Umgang/Kommunikation mit Kunden (Menschen)" nach.

Organisation des Telefons

Angesichts der „Gefährlichkeit" des Telefonierens und der Telefonbelastung gerade in einer Tierarztpraxis muß es uns immer wieder wundern, wiewenig das Telefonieren in der Praxis organisiert ist. Nicht zuletzt deshalb können wir guten Gewissens davon sprechen, daß einiges an Streß selbstinduziert ist. Nachfolgend einige Tips für die Organisation rund ums Telefonieren:

- Glücklicherweise gibt es in den meisten Praxen mittlerweile ISDN-Leitungen. So entgehen nur wenige Anrufe; der Anrufer hört nur selten ein nervtötendes Besetztzeichen. Vorsicht: Nervtötend ist immer auch, wenn der Anrufer das Klingelzeichen mehr als 4mal hört (nach 6- bis 8mal legen viele Anrufer wieder auf).

  Durch ISDN existieren zwei Leitungen, die natürlich auch gern und gleichzeitig signalisieren. Moderne Telefonanlagen bzw. Telefondiensteanbieter bieten i. d. R. die Möglichkeit, daß ein zweiter hereinkommender Anruf automatisch auf eine Wartelinie gesetzt wird. Der Anrufer hört dann eine Wartemelodie mit einem entsprechenden Ansagetext. Hier gibt es mittlerweile recht originelle und humorvolle Ansagen. Der Vorteil einer solchen Lösung ist der, daß die Tierarzthelferin das Hereinkommen eines zweiten Anrufs bemerkt (akustisches und optisches Signal), allerdings nicht gefordert ist, das währenddessen geführte, erste Gespräch abrupt und ggf. unfreundlich, mindestens jedoch hektisch abzubrechen. Sie kann es ruhig zu Ende bringen, bevor sie in die zweite Leitung schaltet. Übrigens auch hier: Sie werden nur sehr wenige Kunden erleben, die sich über ein solches „Telefonverhalten" beschweren. Die meisten Ihrer Kunden werden es als angenehm empfinden, wenn sie am Telefon plötzlich freundlicher bedient werden.

  Beachten Sie bei allem, daß ein Anrufer nie länger als 10–15 Sekunden „allein" gelassen werden darf. Die oben beschriebene Lösung ist entsprechend zu programmieren (erneute Signalgebung).

- Sie sollten ernsthaft darüber nachdenken – auch diese Möglichkeit bieten (computergesteuerte) Telefonanlagen – für Ihre Kunden verschiedene Durchwahlnummern einzurichten, auch wenn diese teilweise oder alle auf ein oder zwei Apparaten auflaufen. Im Display können Sie dann jeweils erkennen, für welche Durchwahl angerufen wird. Voraussetzung für dieses Verfahren ist, daß Sie bei Ihrem Telefondiensteanbieter einen durchwahlfähigen Anschluß beantragen. Wenn Ihre Tierarzthelferin oder Sie nun erkennen, welche Durchwahl vom Kunden gewählt wird, dann ist es einfach, diesen Durchwahlnummern bestimmte „Funktionen" zuzuordnen.

Beispiel:

9000–22	Terminvereinbarung
9000–23	Laborergebnisse
9000–24	Telefonsprechstunde (täglich von 19.00 Uhr–21.30 Uhr)
9000- 25	Futtermittelberatung

Wenn Sie mit dieser Information neue Visitenkarten drucken lassen und Ihren Kunden mitgeben, werden Sie recht bald feststellen, daß sich viele Kunden daran halten. Für Sie und die Helferinnen hat dies den nicht zu unterschätzenden Vorteil, daß Sie bereits beim Telefonsignal erkennen können, zu welchem Zweck der Kunde anruft. Sie können sich bereits auf das Gesprächsthema einstellen, obwohl es Ihnen der Kunde noch gar nicht mitgeteilt hat.

Telefonmeldung

Melden Sie sich doch einfach nach Ihrer Praxisbezeichnung mit Ihrem vollen Vor- und Zunamen. Vergessen Sie auch nicht das freundliche „guten Morgen", „guten Tag" und manchmal (?) auch „guten Abend" anzuhängen.

Beispiel:

„Tierarztpraxis Müller. Sie sprechen mit Ute Neumann, guten Tag."

Eine solche Telefonmeldung hat mehrere, nicht zu unterschätzende Vorteile:

- Eine solche Telefonmeldung ist einfach freundlich!
- Der sich am Telefon Meldende zwingt sich durch seine Telefonmeldung, sich dem Gespräch zu widmen und ihm seine volle Aufmerksamkeit zu schenken.
- Der Anrufer hat genügend Zeit sich auf den Gesprächspartner einzustellen.
- Der Anrufer wird durch eine derartige Telefonmeldung positiv und persönlich (Nennung des Vornamens!) angebunden.

Jetzt gibt es sicherlich einige unter Ihnen, die sagen (denken): „Das funktioniert doch nicht, das ist doch viel zu lang!" In unserer Praxis kommen immer wieder solche Beispiele auf. Wenn wir sie hinterfragen stellt sich immer heraus, daß die „unterbrechenden" Kunden äußerst selten sind, oder aber, daß die Tierarztpraxis selbst schon einen Fehler eingebaut hat: Insbesondere bei Gemeinschaftspraxen gerät der Name der Praxis natürlich recht lang („Tierarztpraxis Dr. Müller, Dr. Zimmermann und Dr. Wohlgemut ..."). Bis dann die Helferin ans Ende gekommen ist, sind natürlich eine größere Anzahl von Kunden unruhig geworden. Weil aber unser grundsätzlicher Vorschlag einer Telefonmeldung nicht deshalb falsch wird, empfehlen wir, den Namen der

Tierarztpraxis zu „kürzen". Bedenken Sie bitte dabei, daß die Kunden, die die Nummer Ihrer Praxis wählen, natürlich auch eine Tierarztpraxis erwarten. Dazu gehören nicht zwingend die Namen aller beteiligten Tierärzte, diese sind den Kunden sowieso schon häufig bekannt. Was spricht also gegen eine Kürzung der Praxisbezeichnung im Telefonverkehr auf die Nennung „Tierarztpraxis ..." U. E. natürlich nichts.

Wichtige Checkpunkte, nicht nur für Telefongespräche

Neben den in diesem Kapitel bereits behandelten Themen bezeichnen wir die nachfolgenden Punkte als wichtige Aspekte einer erfolgreichen Telefonkommunikation:

- **Positive Stimmwirkung (freundliches Lächeln am Telefon)**

Über Ihr Lächeln haben wir bereits an anderer Stelle in diesem Buch geschrieben. Wie im persönlichen Gespräch, verbessert sich die Beziehung zu Ihrem Kommunikationspartner am Telefon mit einem Lächeln auf den Lippen erheblich. Hier vor allen Dingen deshalb, weil die Stimmung sich natürlich immer über Stimme überträgt. Je gelöster und besser gelaunter (Mimik!) Sie mit Ihrem Gesprächspartner am Telefon umgehen, desto positiver klingt auch Ihre Stimme und hilft Ihnen somit, einen guten Gesamteindruck zu hinterlassen. Aus diesem Grund empfehlen wir jedem, der dies noch nicht gemacht hat, sich für 2–3 Tage einen Spiegel ans Telefon zu stellen, um die eigene Mimik zu beobachten. Sie werden überrascht sein, inwieweit sich auch für Sie erkennbar, Ihr Gesichtsausdruck direkt auf Ihre Stimme und auf den Gesprächspartner überträgt.

- **Deutliche Aussprache**

Nehmen Sie einmal Ihre Stimme auf Band auf und lesen Sie einen Text, oder dokumentieren eine Unterhaltung mit Ihrem Lebenspartner (die „richtige" Unterhaltung, versteht sich ...) mit Hilfe eines Tonbandes. Wenn Sie dies noch nie gemacht haben, dann werden Sie sowieso ob Ihrer „Stimmwirkung" überrascht sein. Vielleicht kommen Sie auch zu einer besseren Einschätzung, ob Sie nun deutlich genug sprechen oder nicht. Ein Tip, um noch deutlicher sprechen zu können: Betonen Sie bewußt die Endungen von Wörtern. Durch diese „ganzheitliche" Aussprache werden Sie automatisch deutlicher und dadurch natürlich auch besser verstanden.

- **Aktiv zuhören!**

Aktives Zuhören (nicht nur am Telefon!!!) ist eine Kunst geworden. Nur noch wenige Menschen sind in der Lage, ihren Gesprächspartnern aktiv zuzuhören. Was heißt überhaupt „Aktives Zuhören"?

Jede in der Kommunikation gesendete Botschaft hat, unabhängig vom Inhalt, mehrere Bestandteile, die auf den Empfänger wirken und ihn in seiner Reaktion beeinflussen. Ein einfaches Beispiel:

Die Aussage „Du, dein Gehalt ist gering!" könnte u. a. folgende Reaktionen hervorrufen:

- „Ja, du hast recht. Ich werde mit meinem Chef sprechen."
- „Was fällt dir denn ein. Das geht dich doch gar nichts an!"
- „Wir verdienen alle nicht mehr."
- „Wieso? Das ist doch gar nicht gering. Ich finde, ich verdiene genug!"
- „Welche Gehaltshöhe wäre nach deiner Meinung angemessen?"

Je nachdem, mit welchem unserer inneren Ohren wir hören und, je nachdem, wie unsere Gemütsverfassung und unser Verhältnis zum Sender der Botschaft ist, reagieren wir auf das Gehörte. Der aktive Zuhörer versucht nun zu verstehen, weshalb der Gesprächspartner seine Aussage macht; er versucht also, die Aussage durch die Augen seines Gegenübers zu betrachten. Man nennt dies auch Einfühlungsvermögen (Empathie). Zu dem o. a. Beispiel könnte sich bei dieser Betrachtung vielleicht herausstellen, daß der Botschaftssender aufgrund seiner individuellen Wirklichkeit (er verdient seit Jahren ein sehr hohes Gehalt) zu seiner Aussage kommt. Aktives Zuhören hilft also, seine Gesprächspartner tatsächlich besser zu verstehen und sie nicht nur zu hören. Dieses Verhalten ist lern- und trainierbar. Sie werden durch aktives Zuhören sehr häufig feststellen, daß der Grund für eine bestimmte Aussage oft ein ganz anderer als der vermutete, manchmal offensichtliche Grund ist. Dies hilft Ihnen wiederum, auf andere Menschen und ihre tatsächlichen Bedürfnisse und Motivationen einzugehen. Manche unliebsame, peinliche und/oder ärgerliche Situation läßt sich so am Telefon (und im persönlichen Gespräch) vermeiden.

- **Notizen anfertigen**

Fertigen Sie grundsätzlich von jedem Telefongespräch (Ausnahmen bilden natürlich kurze Terminvereinbarungsgespräche, Mitteilung von Laborergebnissen etc.) kurze Notizen an. Sie werden nicht glauben, was Sie ansonsten innerhalb kürzester Zeit wieder vergessen haben. Diese Notizen helfen Ihnen in vielen Gesprächssituationen Vorgänge noch einmal nachvollziehen zu können. Einige Softwareprogramme bieten im übrigen die Möglichkeit, solche Protokolle zur elektronischen Kundenakte zu nehmen. Sollten Sie über ein internes Computernetzwerk verfügen, haben Sie vielleicht auch ein E-Mail-Programm. Nutzen Sie diese Möglichkeit, sich zeitsparend (Telefon-)Nachrichten von Rechner zu Rechner zu senden. Somit ist ohne viel Worte der praxisinterne Informationsfluß und die Weiterbearbeitung sichergestellt.

- **Vermeidung negativer Formulierungen**

Die nachfolgenden Hinweise für eine bessere, da positivere Ausdrucksart gelten natürlich auch nicht nur für die Telefonkommunikation. Sie sollten sich auch für Ihre persönlichen Gespräche vornehmen, sich „gewählter", serviceorientierter und einfach nur freundlicher auszudrücken.

Beispiele:

Bisher	Ab morgen	Bemerkungen
„Das war ich nicht …"	„Ich werde mich gern sofort darum kümmern, daß …"	Das Einnehmen einer Rechtfertigungshaltung mag zwar im Einzelfall verständlich sein, Sie wollen jedoch für Ihren Kunden eine Lösung des Problems erreichen. Also bieten Sie es auch im Sinne einer Lösung an!
„Da kann ich Ihnen nicht helfen …"	„Ich mache folgendes … (Lösung!)"	Sie können und Sie müssen! Weil es Ihr Kunde ist, er Sie für Ihre Leistung bezahlt und es ihm zusteht.
„Sie müssen schon noch ein bißchen warten!"	„Im Augenblick laufen die Behandlungen anderer Tiere. Es dauert noch 15 min, dann kommen Sie dran. Darf ich Ihnen noch eine Tasse Kaffee anbieten?"	Der Kunde „muß" erst einmal gar nichts!
„Vielleicht sind die Laborergebnisse ja heute nachmittag da!"	„Die Laborergebnisse sind definitiv bis morgen um 10.00 Uhr bei uns in der Praxis. Darf ich Sie um 11.00 anrufen, um Ihnen die Ergebnisse mitzuteilen?"	Gut gemeinte „Vielleicht"-Aussagen induzieren eher Streß, als daß sie Entlastung bringen. Im schlechtesten Fall muß der Kunde gleich dreimal anrufen, weil das mit dem „Vielleicht" eben doch nicht geklappt hat.
„Möglicherweise können wir Ihr Pferd in der nächsten Woche operieren."	„Wir operieren Ihr Pferd definitiv am kommenden Donnerstag um 14.00 Uhr. Sind Sie bitte um 13.00 Uhr zur Aufnahme hier?"	Wenn Sie dem Kunden eine Lösung seines Problems in Aussicht stellen, dann tun Sie es bitte i. d. R. erst dann, wenn Sie es können. Dann aber definitiv. Es entfallen unnötige Enttäuschungen.
„Das müssen Sie entschuldigen!"	„Bitte entschuldigen Sie, daß der vorgesehene Termin nicht eingehalten werden konnte. Ihr Ausweichtermin ist am Mittwoch um 10.00 Uhr. Sind Sie damit einverstanden?"	Der Kunde „muß" erst einmal nicht entschuldigen und erst recht nicht pauschal. Sagen Sie konkret, für was Sie sich entschuldigen und bieten Sie auch hier wieder (unmittelbar) eine Lösung des Problems an!
„Ehrlich gesagt, hat unser Tierarzt immer Zeit für Sie!"	(Sparen Sie sich das!)	Dieses „Ehrlich gesagt …" impliziert, daß es auch eine „unehrliche" Kommunikation gibt. Also ist diese Formulierung/Redewendung zu vermeiden.

Bisher	Ab morgen	Bemerkungen
„War außer der Impfung sonst noch was!"	„Darf ich außer der Impfung noch etwas für Sie tun? Haben Sie noch Fragen an mich?"	Service gegenüber dem Kunden drückt sich natürlich durch die gewählten Worte aus. Das erste (schlechtere) Beispiel ließe sich durchaus auch wie folgt übersetzen: „Also, ich habe jetzt meinen Job gemacht und jetzt nerven Sie mich bitte nicht mehr."
„Ich muß Ihnen noch einige Fragen stellen!"	„Darf ich Ihnen noch einige Fragen stellen?"	Auch wenn das Praxispersonal Fragen stellen „muß", um gut weiterarbeiten zu können, ist es ein „darf", mit der Zeit des Kunden umzugehen.
„Ich würde mir vorstellen, daß wir folgendes machen..."	„Wir machen ganz konkret folgendes ... (Lösung)!"	Auch hier wieder: Konjunktiv weglassen (wird als Unsicherheit interpretiert) und Lösung anbieten!
„Das mit dem frühen Terminwunsch ist ein Problem!"	„Das ist eine echte Herausforderung, weil unsere Praxis zu dieser Uhrzeit noch nicht geöffnet hat. Ich biete Ihnen folgende Termine an ... Sind Sie mit einem der Termine einverstanden?"	Probleme werden erst dann zu einem Problem, wenn man sie nicht angeht. Und dadurch, daß man dann auch „Problem" sagt, präsentiert der Dienstleister sich nicht als der „Problemlöser". Als solcher wird er schließlich beauftragt. Also: Positivere Umschreibung finden und konkrete Lösung anbieten.

Zur Wiederholung: Die obenstehenden, „besseren" Aussagen leben natürlich von einer entsprechend positiven und freundlichen Stimmwirkung. Auch die besten und positivsten Sätze klingen kalt und unfreundlich, wenn die Person, die es sagt, nicht auch um eine positive Ausstrahlung bemüht ist.

Wenn Sie Ihre Kunden aufgrund Ihrer Patientendatei anschreiben, um auf kommende/künftige Impftermine hinzuweisen, dann sollten Sie auch überprüfen, welche Kunden der Aufforderung gefolgt sind und welche nicht. Hier bietet sich dann ein hervorragender Anlaß, um das Telefon als Marketinginstrument einzusetzen. Rufen Sie die Kunden an, nehmen Sie Bezug auf das Informationsschreiben und fragen Sie mit einem freundlichen Lächeln nach, ob der Impftermin noch wahrgenommen wird. Die richtige Stimme und das „Lächeln" am Telefon bringen dabei Ihre Sorge um das Tier zum Ausdruck.

Beispiel für aktives Telefonmarketing

Sie werden feststellen, daß einige Kunden sich durch eine erneute Ansprache zum Praxisbesuch motivieren lassen. In anderen Fällen werden Tierhalter mitteilen, daß die Impfung bereits durchgeführt wurde.

Sie haben dann die Möglichkeit zu erfragen, wo die Impfung vorgenommen wurde, ob ein Tierarztwechsel zugrundeliegt, wenn ja, weshalb usw.

Insgesamt können Sie Ihren Absatz fördern oder erhalten für Sie wichtige Informationen. Diese Telefonate können problemlos durch eine Praxismitarbeiterin, sofern diese entsprechend motiviert wurde, geführt werden. Manche Menschen haben vor der Durchführung solcher Telefongespräche eine verständliche Scheu. Unsere Erfahrung hat gezeigt, daß nach einigen Telefonaten dieser Art auch die Scheu verschwindet.

19 Schlußwort

Vielleicht haben manche Leserinnen und Leser dieses Buch als ständige Kritik an sich und der geleisteten Arbeit empfunden. So war es nicht gemeint, sondern als Hilfe (manchmal sehr aufrüttelnd, das ist uns bewußt) zur Lösung jetziger und zukünftiger Herausforderungen. Sollten Sie also den in dem ersten Satz dieses Schlußwortes beschriebenen Eindruck gewonnen haben, dann bitten wir Sie, das Buch noch einmal zu lesen ... oder erst wieder in 10 Jahren. Dann vergleichen Sie unsere Ausführungen mit den tatsächlichen Entwicklungen im Markt und in Ihrer Praxis.

Wir wünschen Ihnen zum Schluß dieses Buches viel Glück und Erfolg für Ihre weitere Arbeit. Es würde uns sehr freuen, wenn wir daran mitwirken durften, Sie und Ihre Praxis erfolgreicher zu machen.

Und ganz zum Schluß noch eine „Formel", von der wir glauben, daß das Zusammenspiel der beinhalteten Faktoren die Schlüssel für den Erfolg sind:
- Kommunikationsfähigkeit und -wille
- Positive Denkhaltung
- In Lösungen denken („Wie ... ?")
- Lösungen unmittelbar umsetzen
- Wissen/Interesse/*Neugier*

→ Und das alles mit Ausdauer und Konsequenz.

Abbildung 19.1
Ihre Schlüssel für den Erfolg

Abbildung 19.2
Denkhaltung „Wenn und Wie?"

- „Wenn das passiert ..., dann aber...!!!"

- „Wie gehe ich vor, wenn das passiert oder ich ein Ziel erreichen will?"

„Erfolg" heißt nicht, Millionen zu verdienen bzw. verdient zu haben, „Erfolg" eher im Sinne von Zufriedenheit mit den eigenen Rollen in unterschiedlichsten Umfeldern. Die obenstehenden Schlüssel lassen sich nicht automatisch anwenden. Zuvor ist es erforderlich, eine entsprechende Denkhaltung („Wie löse ich eine Herausforderung?" statt „Wenn das passiert, ist es aber schlimm!") zu entwickeln.

Dies dauert seine Zeit und wird von vielen Erfahrungen geprägt. Wichtig allerdings ist, daß diese Schlüssel *tatsächlich funktionieren*.

Ein wichtiger Hinweis zum Schluß: Über die Internet-Seite des Verlages (http://www.blackwell.de/Buecher/7/26332830.htm) können Sie umfangreiches Dateimaterial zu diesem Buch herunterladen (Checklisten etc.). Weiterhin können Sie gegen eine Unkostenerstattung auch Disketten mit ständig aktualisierten Dateien bei den Autoren bestellen (s. Anschrift auf der Impressumseite).

Die Autoren bei der Bucharbeit.
Hier: Stephan und Willhelm Dolle

Die Autoren bei der (angenehmen) Bucharbeit.
Hier: Gerd Ziffus

Medizinischer Nutzen und seine Kundenwirkung

Modern ausgestattete Operationsräume gehören heute, soweit der Kunde es mitbekommt, zum vom Kunden erwarteten Standard. Erkennbar veraltete Technik (Geräte, Einrichtungen etc.) führt immer auch zur Stellung der Kompetenzfrage des Kunden, sobald er einmal vergleichen kann.

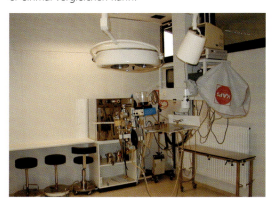

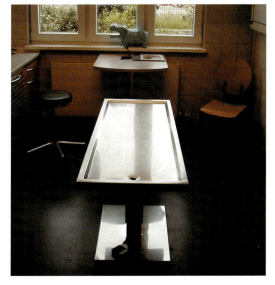

Ein Erinnerungsfoto nach der Welpengeburt in der Praxis für Ihre Kunden – warum eigentlich nicht? Ein solcher Service erhöht die Kundenbindung enorm und wird gerne weitererzählt...

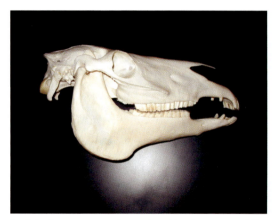

Jegliche Präparate, an denen dem Kunden etwas erklärt werden kann, sind einzusetzen. Geben Sie Ihrem Kunden etwas zum „anfassen" und machen Sie sich die Kommunikation einfacher (Der Kunde versteht Bilder besser als Worte!).

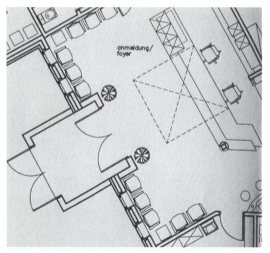

Bei der Neubauplanung einer Praxis / Klinik gibt es verschiedene Besonderheiten zu berücksichtigen. Eine Checkliste mit den wichtigsten Punkten halten die Autoren auf Diskette/CD-ROM bereit.

Beispiele guter und weniger guter Rezeptions- und Wartebereiche

Wenn der Kunde nicht mehr so häufig über Preise „schimpfen" soll, dann gestalten Sie den Praxisbesuch von Beginn an als ein möglichst positives Erlebnis. Und das beginnt, neben den Außenanlagen, an der Rezeption und mit der Freundlichkeit des Personals. Jede Mark, die Sie an Einrichtung und Aussehen Ihrer Tierarztpraxis sparen, kostet Sie später mindestens das Doppelte, wenn der Kunde nicht das Gefühl erhält, eine hervorragende Dienstleistung zu erhalten.

Ein sicherlich außerordentliches Beispiel für eine gelungene Kleintierklinik-Anlage (Außenbereich).

Arbeitsplätze müssen „Spaß" machen, damit die Motivation der Mitarbeiter stimmt. In diesen Fotobeispielen (Räume vor Umbau) zeigt sich, daß es zu eng ist und auch die Organisation (z.B. Apotheke) darunter leidet.

Literaturverzeichnis

Gabler-Wirtschafts-Lexikon, 14. Auflage, Gabler, Wiesbaden, 1997
Askew H: Behandlung von Verhaltensproblemen bei Hund und Katze, Blackwell Wissenschafts-Verlag, 1997
Bailey K, Leland K: Customer Service For Dummies, 1. Auflage, IDG Books Worldwide, Inc., 1995
Beck: Unternehmensbewertung bei Akquisitionen, 1. Auflage, Deutscher-Universitäts-Verlag, 1996
Birkenbihl M: Train the trainer - Arbeitshandbuch für Ausbilder und Dozenten, 14. Auflage, Verlag Moderne Industrie, 1998
Birkenbihl V: Signale des Körpers - Körpersprache verstehen, 13. Auflage, mvg Verlag, 1998
Conen: Die Kunst, mit Menschen umzugehen, Weltbild Verlag, 1996
Ebeling: Rhetorikhandbuch - Frei reden, sicher vortragen, 2. Auflage, Dt. Sparkassenverlag Stuttgart, 1997
Eibl-Eibesfeldt: Die Biologie des menschlichen Verhaltens, 3. Auflage, Seehamer Verlag, 1997
Enkelmann: Power der Verkaufsrhetorik, Gabler-Verlag, 1996
Goldmann: Hooffacker, Pressearbeit und PR, Heyne Verlag, 1996
Greff: Telefonverkauf mit noch mehr Power, 2. Auflage, Gabler-Verlag, 1996
Hiam A: Marketing For Dummies, 1. Auflage, IDG Books Worldwide, Inc., 1997
Hinrichs: Marketinginstrument Telefon, Verlag Moderne Industrie, 1990
Hofstätter: Das Fischer Lexikon "Psychologie", 7. Auflage, Fischer Verlag, 1977
Holzapfel, Pöllath: Unternehmenskauf in Recht und Praxis, 8. Auflage, RWS Verlag Kommunikationsforum, 1997
Kotler P, Bliemel F: Marketing - Management, 9., überarb. und aktualisierte Aufl., Schäffer - Poeschel, Stuttgart, 1999
Kralicek P: MBA Pocket-Guide, 1. Auflage, Wirtschaftsverlag Ueberreuther, 1996
Maier: Personalmanagement für Klein- u. Mittelbetriebe, Sauer-Verlag, 1992
Meffert H, Bruhn M: Dienstleistungsmarketing, 2., überarb. und erweiterte Aufl., Gabler, Wiesbaden, 1997
Molcho: Körpersprache im Beruf, Goldmann Verlag, 1988
Nelson B, Economy P: Management für Dummies, 2. Nachdruck, MITP, Bonn, 1998
Nitschke: Erfolgreiche Vorträge und Seminare, Expert Verlag, 1992

Red. Falken-Verlag: Umgangsformen heute, 2. Auflage, Falken-Verlag, 1990

Red. Haufe-Verlag: Lehr, Praxis-Lexikon: Kostenrechnung und Kalkulation von a-z, Band I, Ergänzungslfg., Rudolf Haufe Verlag

Red. Haufe-Verlag: Lehr, Praxis-Lexikon: Kostenrechnung und Kalkulation von a-z, Band II, Ergänzungslfg., Rudolf Haufe Verlag

Rückle: Körpersprache, 2. Auflage, Falken-Verlag , 1996

Rückle: Coaching, Econ Executive Verlag, 1992

Rüegg-Stürm J: Controlling für Manager, 2. Auflage, Campus Verlag Frankfurt/New York, 1997

Seifert, Pattay: Visualisieren, Präsentieren, Moderieren, 10. Auflage, Gabal Verlag GmbH, 1997

Sprenger R K: Mythos Motivation, 9. Auflage, Campus Verlag Frankfurt/New York, 1995

Vollmuth H J: Marktorientiertes Kostenmanagement, 1. Auflage, WRS, Verlag Wirtschaft, Recht und Steuern, 1997

Withers J: Vipperman C, Marketing Your Service, 3. Auflage, International Sel – Counsel Press Ltd., 1998

Wolff G: Göschel G, Führung 2000, 1. Auflage, Frankfurter Allgemeine Zeitung GmbH, 1987

Zemke R: Anderson K, Coaching für den umwerfenden Service, 1. Auflage, Campus Verlag Frankfurt/New York, 1997

Sachwortverzeichnis

Seitenangaben **in Fettdruck** verweisen auf Abbildungen bzw. Tabellen.

A
ABC-Analyse 67
Abschreibung(en) **51**, 64
Aggressionen 145
Aktiv zuhören! 166
Akzeptanz **25**
Alterssicherung 39
Anforderungsprofil 12, 103
Angebot 20
Anmeldung 82
Anzeige(n) 161
Arbeitsabläufe 119
Arbeitsanweisungen 130
Assistent(en) 13
Attraktivität **25**
Aufnahmeformular 83
Außenstände 84

B
Behandlungserfolg 16
Behandlungsräume 82
Beschwerdegründe 29
Bestands- und
Wettbewerbsschutz 150
Bestellmengen 58
Bestellpraxis 50
Bewerbungsgespräch 103
Bewerbungsunterlagen 102
Blickkontakt 82

C
Controlling 50, 107

D
Darlehen 46
Datensicherung 92
Debitorenzahl 61
Deckungsbeitrag 63
Delegieren 105
Dienstleistung **25**

Direktmarketing 158
Distribution(sweg) **25**
Drucker 91

E
Ede Friend 3
EDV(-Anlage) 53, 89
Effektivität 49
Effektivrendite 61
Effizienz 49
Einkauf 56
–, -(s)konditionen 56
Einzugsermächtigung 85
Electronic Cash 85
Entscheidungsprozeß 34
Erfolg **33**
–, -(s)potentiale **33**
Erreichbarkeit **25**
Erschwinglichkeit **25**
Euthanasie 140
Existenzgründung 45

F
Fahrpraxis 13
Finanzierungsbedarf 47
Fortbildung 122
Franchise-System(e) 11
Freundlichkeit 18
Führung **26**, 50

G
Gebührenordnung 11
Gehälter **51**
Gemeinschaftspraxis 37
Gesellschaftsvertrag 41
–, Checkliste 42
Gewinnoptimierung 49
Gewinnschwelle 75
Globalisierung 7
Gruppenpraxis 37

H
Harrie Hai 2
Hauptziel 34
Hausservice 9
Homöopathie 9
Hygienefaktoren 113

I
Informationsschreiben (an Kunden) 158
Investitionen 53, 70

K
Kapitalbedarfsrechnung 46
Kfz-Kosten 51
Kinderspielecke 81
Kollege(n)
–, -stammtisch 22
Kommunikation 137
Kontrolle 107
Körpersprache 141
Kosten
–, -analyse 50
–, fixe 51
–, leicht meßbare 51
–, -management 49
–, -optinierung 50
–, -senkung 50
–, -treiber 51
–, variable 51
–, versteckte 51
Kosten-Nutzen-Verhältnis 54
Kredit(e) 46
–, -karte 86
Kreditorenziel 61
Kritikgespräche 121
Kunde 15
–, -(n)anschreiben 159
–, -(n)bedürfnisse 33
–, -(n)befragung 30
–, -(n)bindung **26**
–, -(n)frequenz 79
–, -(n)orientierung 25
–, -(n)selektion 19
–, -(n)treue 16
–, -(n)verhalten 20
–, -(n)(-Zielgruppen) 33
–, -(n)zufriedenheit 132

Kunz Kauz 2

L
Lächeln 146
Lagerbestände 52
Lagerhaltung 52
Laptop 91
Leistungsspektrum 80
Liquidität **33**
Lohnkosten **51**
–, Gehälter **51**
–, Lohnnebenkosten **51**

M
Mailing 55
–, -Aktionen 158
Marketing-Mix 25
–, Personnel 25
–, Place 25
–, -Planung 26
–, Price 25
–, Product 25
–, Promotion 25
Markt 5
–, -entwicklung 5
–, -anteil 21
–, -bereinigung 12
Me-too-Produkt 17
Miete **51**
Minderheitsbeteiligung 41
Mission 33
Mission statement 34
Mitarbeitergespräche 118
Motivation 107
–, Eigen- 107
–, Fremd- 107
–, -(s)faktoren 113
Mund-Propaganda **55**

N
Nachfragesteigerung 32
Nutzen
–, Neben- 18
–, Zusatz- 18
Nutzungsdauer 72

O
Organisation 13, 50

Sachwortverzeichnis

P
Pacht 51
Partnerschaftsvertrag 41
Patient
–, -(en)besitzer 6
–, -(en)information 157
Personal
–, -beschaffung **26**, 95
–, -entwicklung 95
–, -führung 95
–, -kosten 52
–, -planung 12
Pet-Shop **25**
Pharmaunternehmen 11
Physiotherapie 8
Planung 49
Prämien 117
Praxis
–, -angebot 9
–, -besuch(e) 15
–, -broschüre 30, 157
–, -EDV 17
–, -einrichtung 9
–, -gemeinschaft 37
–, -gründung 21
–, -logo 150, 154
–, -manager 14
–, -personal 80
–, -räume 79
–, -schild 155
–, -sprache 131
–, -übernahme 39
–, -wert 40
Preis **25**
–, -anrufer 18
–, -erhöhung 63
–, -gestaltung 19
–, -kampf 11
–, -senkung 63
–, -spanne 18
–, -spannenverordnung **25**
Produkt **25**
Provisionen 117

Q
Qualitätszirkel 50

R
Rezeption 82

S
Service-Leistungen **25**
Skonto 61
Slogan 156
Software 92
Spezial-Leistungen **25**
Spezialisierung 6
Spezialkenntnisse 7
Spielregeln (in der Tierarztpraxis) 127
Sprechzeiten 30
Stammkunde(n) 54
Standesrecht 149
Standortauswahl 23
Stellenanzeige(n) 100, 161
Stellenbeschreibung 12, 97, 120
Stellensuche 100
Steuerberater 37
Strategie 8
–, defensive 8
–, offensive 8
Stromkosten **51**
Stundensatzkalkulation 64

T
Teachie Turtle 2
Teamgespräche 118
Teamwork 105
Telefongespräche 163
Telefonmarketing **55**, 169
Tierarzthelferin 30
Tierarztzahlen 10
Tierhalter 6
Tierpflege 9
Tierzahlen
–, Ermittlung (von) 21
„Todsünden" 12

U
Überweisung(en) 38
Umsatz 10
Umsatz-Gewinn-Relation 10
Unternehmensstrategie 19
Unternehmerlohn 67
Unzufriedenheit (von Kunden) 29

V
Verändern 108

Verbrauchsmaterial **51**
Verfügbarkeit **25**
Verhaltenstherapie **8**
Verkaufen 151
Video(s) 81, 160
Vision 1
Visitenkarte(n) 154
Vorsorgeprogramm(e) 20

W
Wartezimmer 9, 80
Weiterbildung 123

Werbekosten **51**
Werbung **26**
Wettbewerb **8**
–, -(s)fähigkeit 49

Z
Zahlungsverkehr 85
Zeitmanagement 52
Ziel 34
–, operative Frage 35
–, strategische Frage 34

TIERMEDIZIN

Erfolgreiches Tumormanagement: mit Parey!

Die Kleintieronkologie hat in den letzten Jahren einen großen Interessenzuwachs verzeichnet. Dieses Buch bringt, neben allgemeinen Grundlagen und Erkenntnissen aus der Krebsbehandlung bei Tieren, auch **spezifisch »europäische Daten«** (z.B. zur Epidemiologie von Tumorerkrankungen) ein.

Das Werk umfaßt **vier große Abschnitte** und ist in 29 Kapitel unterteilt. Im ersten Abschnitt werden im Stile eines Lehrbuches die **Grundlagen der Onkologie** (Ätiologie und Pathologie) abgehandelt. Der zweite Abschnitt beschäftigt sich mit der **klinischen Vorgehensweise bei Tumorpatienten**, und es werden die verschiedenen diagnostischen Techniken (bildgebende Diagnostik, Gewebediagnose) erläutert. Der dritte Teil des Buches ist den **Grundlagen der Tumortherapie** gewidmet. Im letzten Abschnitt schließen sich die Kapitel an, die **Informationen zu speziellen Tumoren der einzelnen Organsysteme** geben (Epidemiologie, Klinik, Diagnose, Therapie, Prognose).

Das Buch genügt sowohl den Anforderungen eines wissenschaftlichen Lehrbuches als auch eines praxisorientierten Nachschlagewerkes, das dem Tierarzt Entscheidungshilfe und präzise Anleitung für ein erfolgreiches Tumormanagement bietet.

Renommiertes, internationales Autorenteam!

Parey Buchverlag Berlin
Kurfürstendamm 57
D-10707 Berlin
Telefon (030) 32 79 06 - 27/28
Telefax (030) 32 79 06 - 44
e-mail: parey@blackwis.de
Internet: http:// www.parey.de

Martin Kessler (Hrsg.)
Kleintieronkologie
Diagnose und Therapie von Tumorerkrankungen bei Hunden und Katzen
2000. 592 Seiten mit 449 meist farbigen Abbildungen und 167 Tabellen. 21 x 28 cm. Gebunden.
DM 268,– / öS 1956,– / sFr 247,–   ISBN 3-8263-3236-9   Preisstand: 1.10.1999

Modernes Praxiswissen:
PAREY BUCHVERLAG

TIERMEDIZIN

ALLES
über Ziervögel: von Parey!

Die Autorin ließ ihre über zwanzigjährige Erfahrung aus der Ziervogelpraxis in dieses Werk einfließen, um die für die **tägliche Praxis relevanten Informationen** über Handling, Diagnose, Therapie, Prophylaxe und Kundenberatung **übersichtlich zusammenzustellen**.

Das Werk beginnt mit einer Einführung, in der Biologie, Haltung, Ernährung, Handling, klinische Untersuchung und die therapeutischen Maßnahmen dargestellt werden. In den sich anschließenden Kapiteln werden die **einzelnen Krankheitsbilder** und deren **Ursachen, Diagnose** und **Therapie** ausführlich besprochen.

Neben der klassischen nach Organsystemen gegliederten Systematik findet der Leser im **speziellen Kapitel »Leitsymptome«** zusätzlich einen schnellen **problemorientierten Informationszugang**. Kapitelverweise dirigieren den Leser präzise zu Besprechungsschwerpunkten.

Neben Tierärzten und Tiermedizinstudenten spricht dieses Buch auch Tierzüchter an, die wichtige Informationen über **korrekte Haltung, Krankheitsprophylaxe, Fütterung und Pflege** von Ziervögeln in menschlicher Obhut und über die **rechtlichen Grundlagen** der Vogelhaltung vorfinden werden.

Modernes Praxiswissen:
PAREY BUCHVERLAG

Parey Buchverlag Berlin
Kurfürstendamm 57
D-10707 Berlin
Telefon (030) 32 79 06 - 27/28
Telefax (030) 32 79 06 - 44
e-mail: parey@blackwis.de
Internet: http://www.parey.de

Angelika Wedel
Ziervögel
Erkrankungen · Haltung · Fütterung
1999. 342 Seiten mit 115 Abbildungen, davon 98 farbig.
17 x 24 cm. Gebunden.
DM 148,– / öS 1080,– / sFr 136,50   ISBN 3-8263-3235-0   Preisstand: 1.10.1999